深圳市综研软科学发展基金会·资助出版

China's Financial Center Index (CDI CFCI 11)

Zooms in Xiamen

深圳市综研软科学发展基金会资助项目

中国金融中心指数（CDI CFCI）报告（第十一期）

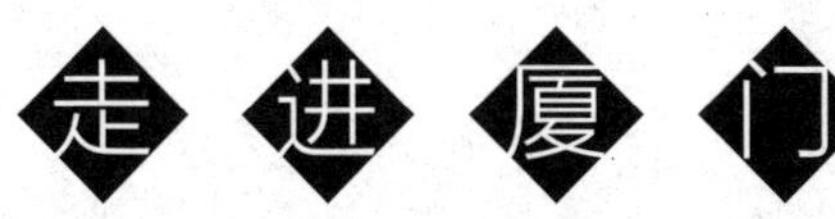

China's Financial Center Index (CDI CFCI 11) Zooms in Xiamen

中国（深圳）综合开发研究院课题组 主编

中国经济出版社
CHINA ECONOMIC PUBLISHING HOUSE
北京

图书在版编目（CIP）数据

中国金融中心指数（CDI CFCI）报告（第十一期）：走进厦门 / 中国（深圳）综合开发研究院课题组 主编.
—北京：中国经济出版社，2020. 1
ISBN 978-7-5136-5781-5

Ⅰ.①中… Ⅱ.①中… Ⅲ.①金融事业—研究报告—中国②地方金融事业—研究报告—厦门 Ⅳ.①F832

中国版本图书馆 CIP 数据核字（2019）第 159569 号

责任编辑　赵静宜
责任印制　巢新强
封面设计　久品轩

出版发行　中国经济出版社
印 刷 者　北京柏力行彩印有限公司
经 销 者　各地新华书店
开　　本　710mm×1000mm　1/16
印　　张　14. 25
字　　数　222 千字
版　　次　2020 年 1 月第 1 版
印　　次　2020 年 1 月第 1 次
定　　价　88. 00 元
广告经营许可证　京西工商广字第 8179 号

中国经济出版社 **网址** www. economyph. com **社址** 北京市东城区安定门外大街 58 号 **邮编** 100011

本版图书如存在印装质量问题，请与本社销售中心联系调换（联系电话：010-57512564）

编委会成员

（按名字拼音排列顺序）

课题组联系方式：

联系人：张祥

电话：0755-82470464

电邮：zx@ cdi. com. cn

中国金融中心信息网：http://www. cfci. org. cn

序　言

金融中心城市集聚金融人才，汇聚资本力量，配置稀缺资源，联结全球脉动，是深化金融改革、扩大金融开放、创新金融服务、服务实体经济至关重要的载体。当前，全球经济与贸易形势风云变幻，国内经济下行压力依然较大，防范化解系统性金融风险、增强金融服务实体经济质效的任务仍很艰巨，扎实做好金融工作已成为畅通国民经济循环、加快新旧动能转换、促进经济高质量发展的重要支撑。在此背景下，加快金融中心城市的建设和发展，对我国更好应对复杂严峻的国内外形势，增强国内经济的活力与国内市场的吸引力，具有重要的现实意义。

我院长期跟踪、关注我国金融中心的发展，本期指数的结论显示，金融中心已成为国内头部城市竞争的重要领域，指数跟踪研究的31个国内金融中心城市，金融业增加值占全国的比重达到了历史最高的56%，集聚和辐射服务能力进一步提升，区域金融中心建设亮点纷呈，相互竞争亦是相当激烈。

本期主题城市——厦门，有跨境经贸融资的悠久历史传承，有金融改革开放的成功探索经验，有辐射服务海西的雄厚的金融实力，是国家批复的内地唯一冠以“两岸”的区域性金融中心。厦门正在建设两岸金融合作先行区、闽南语系财富管理高地、金融科技创新发展高地，未来将全面辐射华东、华南地区，顺畅连通海峡两岸，高效服务“海上丝绸之路”。

是为序。

樊纲

2019年8月于深圳

本期摘要

中国(深圳)综合开发研究院(CDI)中国金融中心指数(以下简称"CDI CFCI")构建了一套适应我国金融中心发展特点的竞争力评价体系①,旨在为研究者提供跟踪、了解金融中心发展状况的研究工具,为决策者提供促进金融中心发展、促进政策制定优化的参考依据,为广大群众提供一个观察我国金融业改革和创新发展成效的窗口。首期 CDI CFCI 于 2009 年发布,其后每年更新一次。

第 11 期 CDI CFCI 使用了 4 级架构共计 94 项指标,涵盖金融产业绩效、金融机构实力、金融市场规模和金融生态环境四个方面,对我国 31 个具有代表性的金融中心的综合发展情况进行了全面、深入的竞争力评估。

以下是本期核心观点摘要:

综合竞争力排名前 10 的分别是上海、北京、深圳、广州、成都、杭州、天津、重庆、南京和武汉。

本期 31 个金融中心中,综合竞争力排名上升的城市有 11 个,排名下降的城市有 10 个,其余 10 个城市的排名维持不变。排名上升幅度最大的城市是南宁,较上期提升 6 个名次,上升至榜单第 24 位。排名降幅最大的城市是福州,较上期下跌了 4 个名次,排名降至榜单第 20 位。

31 个金融中心中仅有 7 个中心的综合竞争力得分出现小幅减少,其余 24 个中心的得分均实现了不同程度的增长。本期得分增长最快的依旧是三大全国性金融中心,得分减少最多的是乌鲁木齐,减少了 2.67 分。

上海、北京和深圳三大全国性金融中心综合竞争力得分继续保持与

① 详见附录"第十一期 CDI CFCI 评价方法"。

同区域金融中心相比的领先优势,三者连续两期保持综合竞争力得分增长速度的前三名,与区域金融中心排名之首(广州)的分差分别扩大到了3倍、2倍和1倍。

广州、成都、杭州、天津、重庆、南京、武汉、西安和郑州属于28个区域金融中心中的第一梯队,已经较其他区域金融中心有比较明显的竞争优势。

表1　中国金融中心综合竞争力TOP 10

城市	CFCI 11		CFCI 10		变化	
	得分	排名	得分	排名	得分	排名
上海	269.43	1	235.62	1	▲33.81	—
北京	203.77	2	184.43	2	▲19.33	—
深圳	138.18	3	123.83	3	▲14.35	—
广州	73.47	4	74.33	4	▼0.86	—
成都	63.62	5	56.78	6	▲6.84	▲1
杭州	63.10	6	59.22	5	▲3.88	▼1
天津	59.84	7	56.75	7	▲3.10	—
重庆	57.30	8	51.52	9	▲5.79	▲1
南京	54.46	9	56.73	8	▼2.27	▼1
武汉	52.54	10	48.20	10	▲4.34	—

金融产业绩效排名前10的分别是上海、北京、深圳、成都、广州、天津、郑州、杭州、重庆和南京。

本期金融产业绩效上榜的31个城市中,11个城市的名次有所提升,12个城市的名次下滑,8个城市的名次维持不变。其中,排名提升最大的是南宁,上升了4个名次,排名第16;排名降幅最大的是大连,下滑了4个名次,跌至分项榜单第20位。

本期金融产业绩效得分增长呈现“负多正少”的情况,31个城市中只有12个城市得分呈正增长,19个城市出现了负增长。其中,金融产业绩效得分增长最大的是宁波,增长了7.34分,得分减少最多的是厦门,减少了9.95分。

受宏观经济发展速度放缓、金融行业"调结构、去杆杠"等因素的影响,本期大多数城市的金融业发展速度放缓。

表2 第11期CDI CFCI金融产业绩效TOP 10

城市	CFCI 11		CFCI 10		变化	
	得分	排名	得分	排名	得分	排名
上海	260.56	1	255.86	1	▲4.70	—
北京	247.98	2	243.68	2	▲4.29	—
深圳	131.52	3	128.69	3	▲2.82	—
成都	107.93	4	110.59	4	▼2.66	—
广州	101.53	5	103.05	5	▼1.52	—
天津	98.73	6	94.16	7	▲4.57	▲1
郑州	96.31	7	95.99	6	▲0.32	▼1
杭州	88.36	8	83.83	10	▲4.53	▲2
重庆	85.12	9	88.51	9	▼3.39	—
南京	83.88	10	90.78	8	▼6.89	▼2

金融机构实力排名前10的分别是北京、上海、深圳、杭州、重庆、天津、广州、成都、武汉和南京。

本期31个金融中心的金融机构实力排名呈现出较为固化的状态,20个金融中心的排名与上期保持一致,其他11个发生排名变化的城市,排名变化也均在2个名次以内。其中,重庆和郑州排名上升最快,均上升2个名次,分别排在第5名和第21名。排名降幅最大的是无锡,排名下滑2个名次,至第23位。

本期金融机构实力得分整体呈小幅增长态势,31个金融中心中只有

7个城市的得分出现小幅减少,其他24个中心均保持了增长。其中,得分增长最多的前三个城市是北京、深圳和上海,分别增长了39.26分、14.19分和9.08分。

表3 第11期CDI CFCI金融机构实力TOP 10

城市	CFCI 11		CFCI 10		变化	
	得分	排名	得分	排名	得分	排名
北京	307.30	1	302.30	1	▲5.00	—
上海	250.11	2	242.34	2	▲7.78	—
深圳	199.22	3	185.03	3	▲14.19	—
杭州	57.95	4	57.13	4	▲0.81	—
重庆	56.72	5	55.11	7	▲1.61	▲2
天津	56.53	6	56.77	5	▼0.23	▼1
广州	54.76	7	55.12	6	▼0.36	▼1
成都	42.73	8	42.59	8	▲0.14	—
武汉	36.28	9	36.42	9	▼0.14	—
南京	36.10	10	35.17	10	▲0.93	—

金融市场规模排名前10的分别是上海、深圳、北京、郑州、大连、杭州、南京、广州、武汉和苏州。

本期31个金融中心中,金融市场规模分项排名上升的城市有10个,排名下降的城市有14个,排名维持不变的有7个。排名上升幅度最大的是苏州,提升17个名次,排在第10位。排名下降幅度最大的是济南,下滑19个名次,排名第29位。

我国金融市场资源高度集中,包括货币市场、股票市场、债券市场、黄金市场、外汇市场、衍生品市场等在内的几乎所有全国性金融市场都集中于上海,上海的金融市场规模超过了其他30个金融中心的规模总和。

除上海之外,深圳、北京、大连和郑州在全国性金融市场资源方面也占有一席之地。

表 4　第 11 期 CDI CFCI 金融市场规模排名 TOP 10

城市	CFCI 11		CFCI 10		变化	
	得分	排名	得分	排名	得分	排名
上海	384.30	1	363.66	1	▲20.63	—
深圳	85.72	2	81.93	2	▲3.78	—
北京	55.81	3	23.12	3	▲32.69	—
郑州	17.80	4	11.81	5	▲5.98	▲1
大连	17.39	5	20.46	4	▼3.07	▼1
杭州	15.09	6	7.45	6	▲7.64	—
南京	13.55	7	1.90	19	▲11.66	▲12
广州	11.31	8	6.80	7	▲4.51	▼1
武汉	11.01	9	6.50	9	▲4.51	—
苏州	9.25	10	0.46	27	▲8.79	▲17

金融生态环境排行榜排名前 10 的分别是北京、上海、广州、深圳、成都、武汉、青岛、杭州、南京和西安。

本期金融生态环境分项排名的变化不明显,31 个金融中心中 20 个城市的排名维持不变,6 个城市的排名上升,5 个城市的排名下降。

我国金融中心的整体金融生态环境处于持续改善、优化的状态,本期 31 个金融中心中,仅 1 个城市的得分出现了负增长,其他 30 个城市均保持了连续增长。

西安首次进入榜单十强,排名上升 2 位至全国第 10,而天津则排名下滑至第 13 位,跌出榜单十强。

天津是唯一一个连续两年金融生态环境得分出现减少的城市,自 CFCI 9 达到分项得分高点以来,得分就开始下降,本期已经降低到 2015 年同期的水平。

金融生态环境是深圳唯一落后于区域金融中心的领域,本期深圳分项排名全国第4,与分项排名第3的广州之间的分差在扩大。

表5　第11期 CDI CFCI 金融生态环境排名 TOP 10

城市	CFCI 11		CFCI 10		变化	
	得分	排名	得分	排名	得分	排名
北京	182.70	1	181.87	1	▲0.83	—
上海	177.67	2	168.57	2	▲9.10	—
广州	135.78	3	131.41	3	▲4.37	—
深圳	123.39	4	119.65	4	▲3.73	—
成都	104.03	5	98.37	5	▲5.65	—
武汉	97.03	6	92.57	6	▲4.46	—
青岛	95.19	7	87.14	8	▲8.06	▲1
杭州	95.06	8	91.36	7	▲3.70	▼1
南京	91.34	9	86.09	9	▲5.24	—
西安	87.33	10	82.12	12	▲5.20	▲2

上海、北京、深圳三大全国性金融中心功能定位更加清晰,但深圳与北京和上海的规模差距在扩大。

9个国家中心城市的金融中心地位特征显著,中部中心城市表现相对较弱。

15个副省级城市中半数城市的金融中心综合实力表现弱于区域金融中心平均水平。

东北地区整体的发展陷入低迷,金融中心竞争实力不足,金融生态发展相对落后。沈阳金融产业的发展水平首次超过大连位列东北区域第1。

北部沿海地区4个金融中心整体发展速度放缓,金融市场短板明显。

东部沿海地区6个金融中心竞争分化,各自发展特色显现。

南部沿海地区中,广州的竞争实力大幅领先,厦门与福州两者规模劣势有所放大。

中部地区整体实力偏弱,武汉与郑州的区域竞争加剧。

西部地区成都领跑区域发展,部分城市的区域金融中心特征显现。

2019 年度中国金融中心法人机构综合实力十强:北京、上海、深圳、天津、杭州、广州、南京、成都、福州和重庆。

2019 年度中国金融中心地方金融机构实力十强:深圳、重庆、上海、天津、杭州、大连、北京、武汉、成都和广州。

2019 年度中国金融中心资本市场利用水平十强:北京、上海、深圳、苏州、南京、杭州、广州、成都、无锡和武汉。

2019 年度中国金融中心基金业发展水平十强:上海、北京、深圳、杭州、广州、天津、成都、福州、厦门和南京。

2019 年度中国金融中心金融人才集聚能力十强:北京、上海、天津、重庆、深圳、成都、杭州、广州、西安和济南。

2019 年度中国金融中心金融开放发展水平十强:上海、北京、深圳、广州、天津、南京、成都、杭州、青岛和苏州。

2019 年度中国金融中心金融风险管理水平十强:深圳、温州、苏州、上海、无锡、北京、厦门、宁波、青岛和重庆。

2019 年度中国金融中心金融政策综合支持十强:深圳、广州、济南、成都、厦门、西安、杭州、上海、青岛和大连。

目录 CONTENTS

下篇 厦门金融中心发展报告

上篇

中国金融中心评价报告

第一章　中国金融中心竞争力评价

1.1　综合竞争力评价：竞争格局相对稳定，发展速度整体放缓

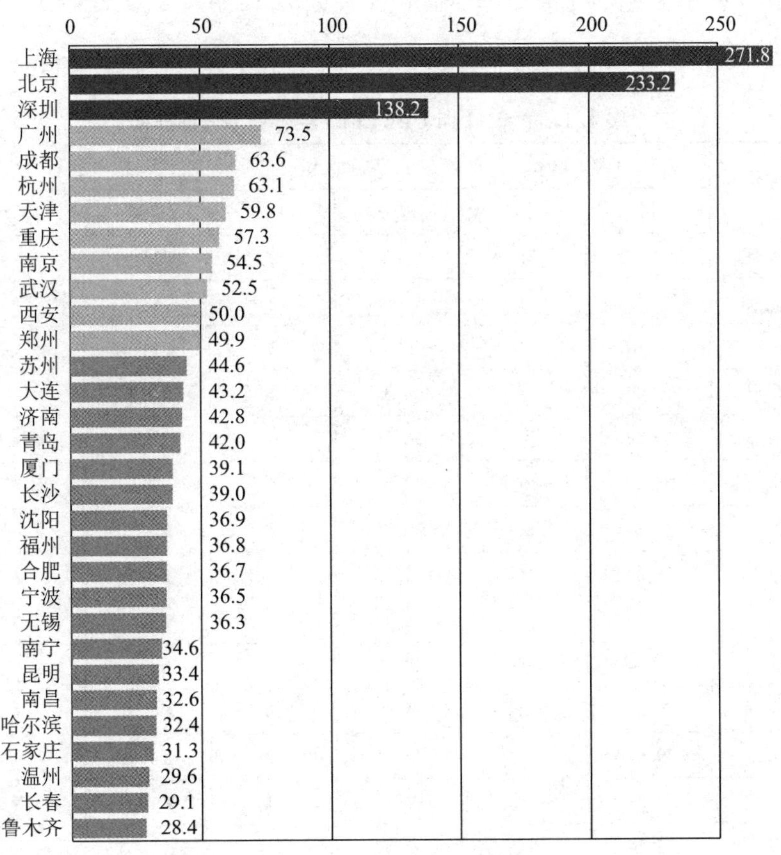

图 1.1.1　第 11 期 CFCI 综合竞争力得分

第11期CDI CFCI综合竞争力排名依次是:上海、北京、深圳、广州、成都、杭州、天津、重庆、南京、武汉、西安、郑州、苏州、大连、济南、青岛、厦门、长沙、沈阳、福州、合肥、宁波、无锡、南宁、昆明、南昌、哈尔滨、石家庄、温州、长春和乌鲁木齐。

第11期CDI CFCI综合竞争力十强上榜城市与上一年度一致,仅个别城市交换位次。其中,4个一线城市连续11年蝉联前四名,成都和重庆分别上升1名,杭州和南京均下降1名,天津和武汉则继续保持上期排名。

本期上榜的31个金融中心中,排名上升的城市有11个,排名下降的城市有10个,其余10个城市排名维持不变。

本期排名上升幅度最大的是南宁,较上期提升6个名次,上升至榜单第24位。本期排名降幅最大的是福州,较上期下跌了4个名次,排名降至榜单第20位。

表1.1.1　第11期CDI CFCI综合竞争力排行榜

城市	CFCI 11		CFCI 10		变化	
	得分	排名	得分	排名	得分	排名①
上海	271.80	1	235.62	1	▲36.18	—
北京	233.17	2	184.43	2	▲48.73	—
深圳	138.18	3	123.83	3	▲14.35	—
广州	73.47	4	74.33	4	▼0.86	—
成都	63.62	5	56.78	6	▲6.84	▲1
杭州	63.10	6	59.22	5	▲3.88	▼1
天津	59.84	7	56.75	7	▲3.10	—
重庆	57.30	8	51.52	9	▲5.79	▲1
南京	54.46	9	56.73	8	▼2.27	▼1
武汉	52.54	10	48.20	10	▲4.34	—
西安	50.01	11	44.59	13	▲5.42	▲2
郑州	49.87	12	45.55	12	▲4.32	—
苏州	44.59	13	46.44	11	▼1.85	▼2
大连	43.24	14	42.59	14	▲0.65	—

① 本书各表格中的"—"表示排名没有变化。

续表

城市	CFCI 11		CFCI 10		变化	
	得分	排名	得分	排名	得分	排名
济南	42.76	15	41.20	15	▲1.56	—
青岛	42.05	16	39.01	17	▲3.03	▲1
厦门	39.06	17	38.05	18	▲1.01	▲1
长沙	39.00	18	37.64	19	▲1.36	▲1
沈阳	36.86	19	35.90	20	▲0.96	▲1
福州	36.80	20	39.15	16	▼2.35	▼4
合肥	36.69	21	33.38	24	▲3.31	▲3
宁波	36.53	22	33.92	22	▲2.61	—
无锡	36.25	23	35.12	21	▲1.13	▼2
南宁	34.59	24	28.47	30	▲6.12	▲6
昆明	33.40	25	33.78	23	▼0.38	▼2
南昌	32.56	26	31.15	27	▲1.40	▲1
哈尔滨	32.37	27	32.24	25	▲0.13	▼2
石家庄	31.31	28	31.24	26	▲0.07	▼2
温州	29.61	29	24.30	31	▲5.31	▲2
长春	29.12	30	29.69	29	▼0.57	▼1
乌鲁木齐	28.43	31	31.09	28	▼2.67	▼3

本期上榜的31个金融中心中，仅有7个中心的竞争力得分出现小幅减少，其余24个中心均实现了不同程度的得分增长。本期得分增长最快的依旧是三大全国性金融中心，得分减少最多的是乌鲁木齐，减少2.67分。

上海、北京和深圳三大全国性金融中心综合竞争力得分继续拉开同区域金融中心之间的距离，三者连续两期保持综合竞争力得分增长前三名，当前得分已经分别是区域金融中心排名之首广州的4倍、3倍和2倍。

广州、成都、杭州、天津、重庆、南京、武汉、西安和郑州属于28个区域金融中心中的第一梯队，已经较其他区域金融中心有比较明显的竞争优势。

苏州、大连、济南、青岛、厦门和长沙等6个城市暂处于区域中心发展的第二梯队，最大分差在6分以内，约15%的分差，具备追赶第一梯队的基础。

排名在后13位的区域金融中心的得分呈现平缓梯度过渡状态,得分轻微的波动就容易引起排名的变化,排名竞争十分激烈。

1.2 金融产业绩效评价:得分增长负多正少,京沪发展齐头并进

第11期CDI CFCI的金融产业绩效分项排名分别是:上海、北京、深圳、成都、广州、天津、郑州、杭州、重庆、南京、西安、济南、武汉、苏州、厦门、南宁、沈阳、无锡、石家庄、大连、青岛、福州、哈尔滨、合肥、长沙、昆明、温州、宁波、乌鲁木齐、南昌和长春。

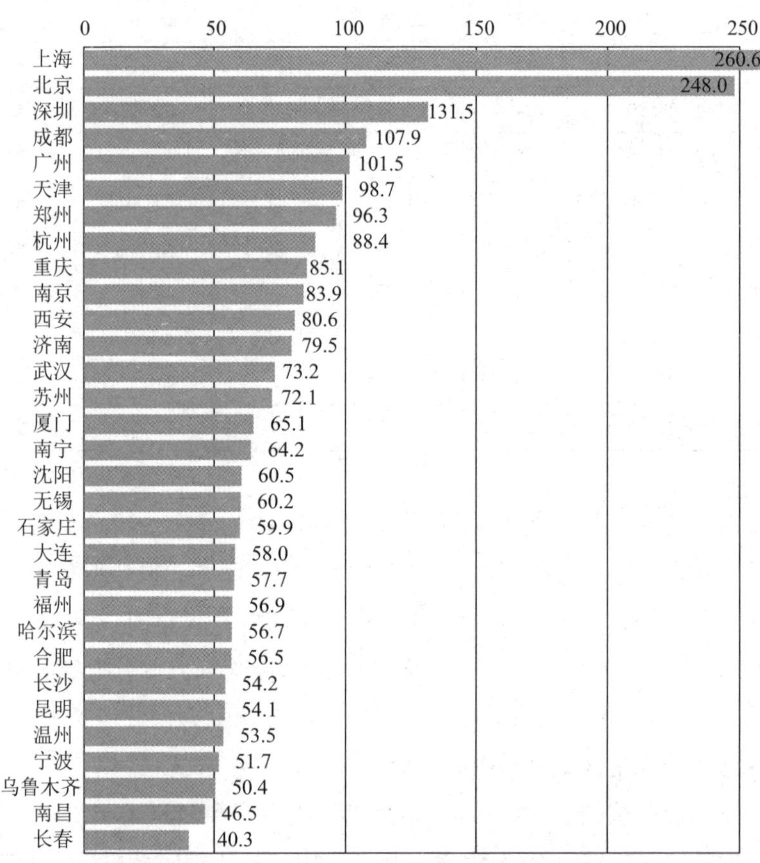

图1.2.1 31个金融中心的金融产业绩效分项排名

本期排名前10的城市名单与上期相同,仅天津和郑州,杭州和南京两组

互换了名次。分项排名越靠前的城市,其金融业发展的规模效应和业务效益水平就越突出。

本期金融产业绩效上榜的 31 个城市中,11 个城市排名得到提升,12 个城市排名出现下滑,8 个城市排名维持不变。其中,排名提升最大的是南宁,上升了 4 个名次,排名榜单第 16;排名降幅最大的是大连,下滑了 4 个名次,跌至分项榜单第 20。

本期金融产业绩效得分增长呈现“负多正少”的情况,31 个城市中只有 12 个城市得分呈正增长,19 个城市出现了负增长。其中,金融产业绩效得分增长最大的 5 个城市依次是宁波(增长 7.34 分)、上海(4.7 分)、天津(增长 4.57 分)、杭州(增长 4.53 分)和北京(4.29 分),得分减少最多的 5 个城市依次是厦门(减少 9.95 分)、南昌(减少 7.08 分)、南京(减少 6.89 分)、大连(减少 6.46 分)和青岛(5.47 分)。

表 1.2.1　第 11 期 CDI CFCI 金融产业绩效排行榜

城市	CFCI 11		CFCI 10		变化	
	得分	排名	得分	排名	得分	排名
上海	260.56	1	255.86	1	▲4.70	—
北京	247.98	2	243.68	2	▲4.29	—
深圳	131.52	3	128.69	3	▲2.82	—
成都	107.93	4	110.59	4	▼2.66	—
广州	101.53	5	103.05	5	▼1.52	—
天津	98.73	6	94.16	7	▲4.57	▲1
郑州	96.31	7	95.99	6	▲0.32	▼1
杭州	88.36	8	83.83	10	▲4.53	▲2
重庆	85.12	9	88.51	9	▼3.39	—
南京	83.88	10	90.78	8	▼6.89	▼2
西安	80.57	11	83.17	12	▼2.60	▲1
济南	79.46	12	83.17	11	▼3.71	▼1
武汉	73.15	13	71.61	15	▲1.54	▲2
苏州	72.11	14	73.83	14	▼1.72	—

续表

城市	CFCI 11		CFCI 10		变化	
	得分	排名	得分	排名	得分	排名
厦门	65.10	15	75.05	13	▼9.95	▼2
南宁	64.19	16	62.29	20	▲1.91	▲4
沈阳	60.52	17	63.38	18	▼2.86	▲1
无锡	60.18	18	63.48	17	▼3.30	▼1
石家庄	59.90	19	59.08	21	▲0.82	▲2
大连	57.98	20	64.43	16	▼6.46	▼4
青岛	57.66	21	63.14	19	▼5.47	▼2
福州	56.86	22	58.88	22	▼2.02	—
哈尔滨	56.72	23	58.10	24	▼1.38	▲1
合肥	56.48	24	58.59	23	▼2.11	▼1
长沙	54.21	25	51.64	28	▲2.57	▲3
昆明	54.05	26	56.21	25	▼2.15	▼1
温州	53.52	27	50.37	29	▲3.15	▲2
宁波	51.72	28	44.38	31	▲7.34	▲3
乌鲁木齐	50.40	29	55.14	26	▼4.74	▼3
南昌	46.54	30	53.61	27	▼7.08	▼3
长春	40.30	31	44.46	30	▼4.16	▼1

金融产业绩效呈现双头竞争态势,上海和北京两者分差仅在5%左右,金融产业规模和业务效益水平基本上同处一个发展水平。

相对来说,深圳在金融产业规模方面较上海和北京有明显差距,金融业增加值仅相当于上海一半左右,且规模差距有被进一步扩大的趋势。近三年,深圳金融业增加值平均增速较上海要低近4个百分点。

受宏观经济发展放缓、金融调结构去杆杠等因素影响,本期大多数城市的金融业发展速度放缓。31个金融中心2018年的金融业增加值增速全部回落至个位数增长,平均增速仅为5%左右,较上一年回落2个百分点,低于同期各城市GDP平均增速约2个百分点。

1.3　金融机构实力评价：三大中心占比五成，金融牌照发放放缓

第 11 期 CDI CFCI 的金融机构实力分项排名依次是北京、上海、深圳、杭州、重庆、天津、广州、成都、武汉、南京、西安、大连、福州、合肥、宁波、苏州、长沙、沈阳、青岛、济南、郑州、厦门、无锡、南昌、长春、哈尔滨、温州、南宁、石家庄、昆明和乌鲁木齐。

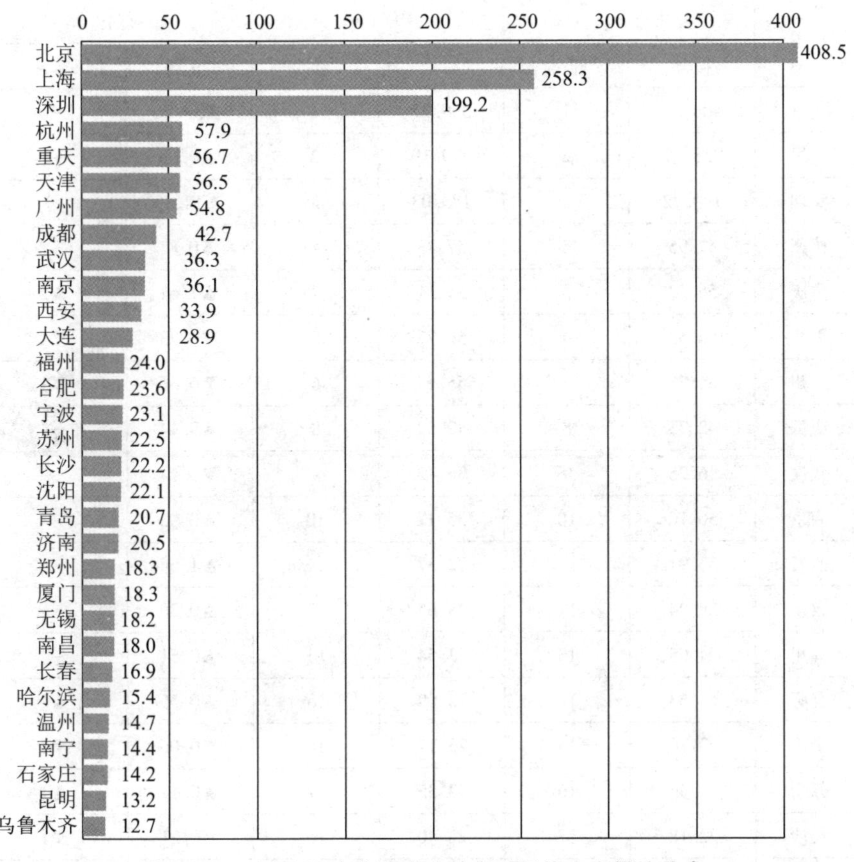

图 1.3.1　中国 31 个金融中心的金融机构实力得分分布

本期 31 个金融中心的金融机构实力排名呈现出较为固化的状态，20 个金融中心的排名与上期保持一致，剩下 11 个发生排名变化的城市，排名变化也均在 2 个名次以内。其中，重庆和郑州排名上升最快，均上升 2 个名次，分

别排在第5名和第21名。排名降幅最大的是无锡,排名下滑2个名次,至第23位。

本期金融机构实力得分整体呈小幅增长态势,31个金融中心中只有7个城市的得分出现小幅减少,剩余24个中心均保持了增长。其中,得分增长最多的前三个城市是北京、深圳和上海,分别增长了39.26分、14.19分和9.08分。

表1.3.1 第11期CDI CFCI金融机构实力排行榜

城市	CFCI 11		CFCI 10		变化	
	得分	排名	得分	排名	得分	排名
北京	408.54	1	369.27	1	▲39.26	—
上海	258.27	2	249.19	2	▲9.08	—
深圳	199.22	3	185.03	3	▲14.19	—
杭州	57.95	4	57.13	4	▲0.81	—
重庆	56.72	5	55.11	7	▲1.61	▲2
天津	56.53	6	56.77	5	▼0.23	▼1
广州	54.76	7	55.12	6	▼0.36	▼1
成都	42.73	8	42.59	8	▲0.14	—
武汉	36.28	9	36.42	9	▼0.14	—
南京	36.10	10	35.17	10	▲0.93	—
西安	33.91	11	32.37	11	▲1.54	—
大连	28.94	12	28.65	12	▲0.30	—
福州	24.05	13	23.54	13	▲0.51	—
合肥	23.63	14	23.09	15	▲0.55	▲1
宁波	23.10	15	23.17	14	▼0.06	▼1
苏州	22.46	16	22.35	17	▲0.11	▲1
长沙	22.18	17	22.40	16	▼0.21	▼1
沈阳	22.10	18	21.78	18	▲0.32	—
青岛	20.68	19	20.52	19	▲0.16	—
济南	20.50	20	19.91	20	▲0.59	—
郑州	18.31	21	18.09	23	▲0.21	▲2

续表

城市	CFCI 11		CFCI 10		变化	
	得分	排名	得分	排名	得分	排名
厦门	18. 30	22	18. 20	22	▲0. 10	—
无锡	18. 15	23	18. 41	21	▼0. 26	▼2
南昌	17. 97	24	17. 93	24	▲0. 05	—
长春	16. 94	25	16. 53	25	▲0. 41	—
哈尔滨	15. 43	26	14. 66	26	▲0. 77	—
温州	14. 71	27	13. 73	27	▲0. 98	—
南宁	14. 38	28	13. 49	28	▲0. 89	—
石家庄	14. 20	29	12. 93	30	▲1. 27	▲1
昆明	13. 16	30	13. 16	29	▼0. 01	▼1
乌鲁木齐	12. 69	31	12. 55	31	▲0. 14	—

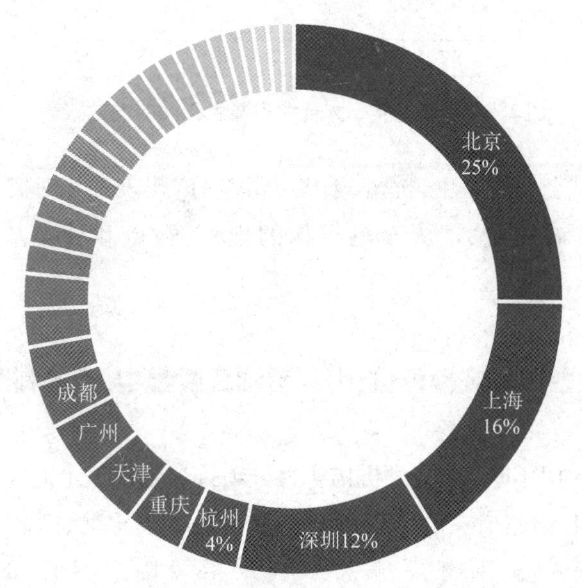

图 1. 3. 2　中国 31 个金融中心的金融机构实力得分相对比较

值得注意的是，金融机构资源的集聚呈现极强的“马太效应”，全国金融机构的资源主要集中在三大全国性金融中心，三者金融机构实力得分之和超过其他 28 个区域金融中心的总和。

近年来国内审批发放金融牌照的量显著减少,各金融中心城市的持牌金融机构数量几乎没有增长,区域竞争格局相对固化,本期得分增长不明显。

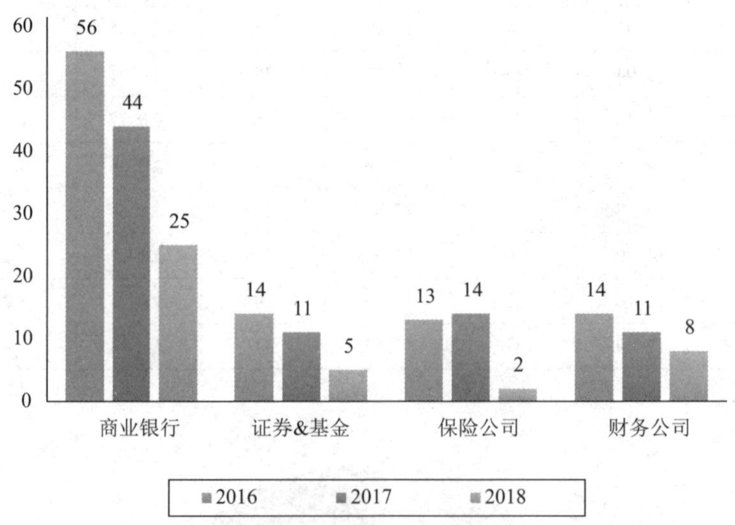

图 1.3.3　近三年三大行业主要金融牌照发放数量

28 个区域金融中心中,杭州、重庆、天津和广州表现相对突出,四者的金融机构实力比较接近,法人金融机构的规模、数量和种类基本处于同一水平。

1.4　金融市场规模评价:市场资源高度集中,市场利用贡献提升

第 11 期 CDI CFCI 的金融机构实力分项排名依次是上海、深圳、北京、郑州、大连、杭州、南京、广州、武汉、苏州、长沙、成都、宁波、南昌、福州、合肥、厦门、无锡、西安、天津、重庆、青岛、乌鲁木齐、沈阳、石家庄、南宁、哈尔滨、长春、济南、昆明和温州。

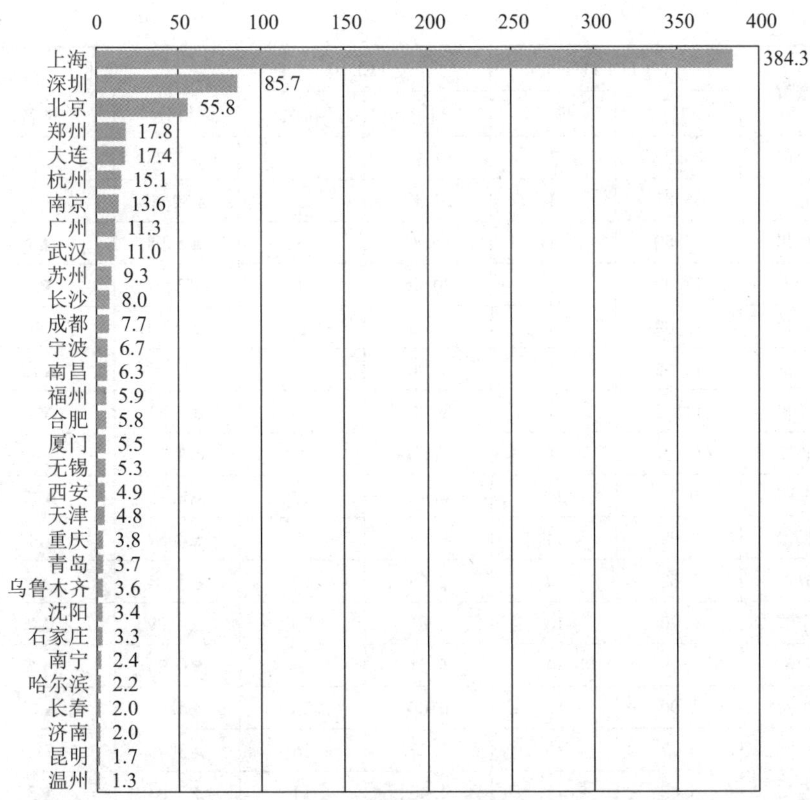

图 1.4.1　中国 31 个金融中心的金融机构实力分项排名

本期上榜的 31 个金融中心中，金融市场规模分项排名上升的城市有 10 个，排名下降的城市有 14 个，排名维持不变的有 7 个。排名上升幅度最大的是苏州，提升 17 个名次，排在第 10 位。排名下降幅度最大的是济南，下滑 19 个名次，排名第 29。

本期排名靠前的城市中，前五名恰好是国内少数几个具备全国性金融市场的城市，余下城市则主要凭借在资本市场利用以及区域股权交易市场方面的突出表现，跻身本期十强行列。

表 1.4.1　第 11 期 CDI CFCI 金融市场规模排行榜

城市	CFCI 11		CFCI 10		变化	
	得分	排名	得分	排名	得分	排名
上海	384. 30	1	363. 66	1	▲20. 63	—

续表

城市	CFCI 11		CFCI 10		变化	
	得分	排名	得分	排名	得分	排名
深圳	85.72	2	81.93	2	▲3.78	—
北京	55.81	3	23.12	3	▲32.69	—
郑州	17.80	4	11.81	5	▲5.98	▲1
大连	17.39	5	20.46	4	▼3.07	▼1
杭州	15.09	6	7.45	6	▲7.64	—
南京	13.55	7	1.90	19	▲11.66	▲12
广州	11.31	8	6.80	7	▲4.51	▼1
武汉	11.01	9	6.50	9	▲4.51	—
苏州	9.25	10	0.46	27	▲8.79	▲17
长沙	7.99	11	3.42	12	▲4.57	▲1
成都	7.68	12	2.65	13	▲5.04	▲1
宁波	6.70	13	1.81	20	▲4.89	▲7
南昌	6.29	14	6.51	8	▼0.23	▼6
福州	5.90	15	0.00	28	▲5.90	▲13
合肥	5.77	16	2.37	16	▲3.40	—
厦门	5.48	17	2.46	14	▲3.03	▼3
无锡	5.28	18	0.00	28	▲5.28	▲10
西安	4.88	19	1.63	21	▲3.25	▲2
天津	4.77	20	2.19	17	▲2.58	▼3
重庆	3.82	21	0.93	24	▲2.89	▲3
青岛	3.73	22	1.93	18	▲1.80	▼4
乌鲁木齐	3.57	23	1.17	23	▲2.40	—
沈阳	3.36	24	2.40	15	▲0.96	▼9
石家庄	3.32	25	1.63	22	▲1.69	▼3
南宁	2.44	26	3.69	11	▼1.25	▼15
哈尔滨	2.19	27	0.91	25	▲1.28	▼2
长春	2.02	28	0.75	26	▲1.27	▼2
济南	1.97	29	4.24	10	▼2.27	▼19
昆明	1.67	30	0.00	28	▲1.67	▼2
温州	1.30	31	0.00	28	▲1.30	▼3

我国金融市场资源高度集中，包括货币市场、股票市场、债券市场、黄金市场、外汇市场、衍生品市场等在内的几乎所有全国性金融市场都集中于上海。根据本期的评估得分，上海的金融市场规模超过了其他 30 个金融中心的规模总和。

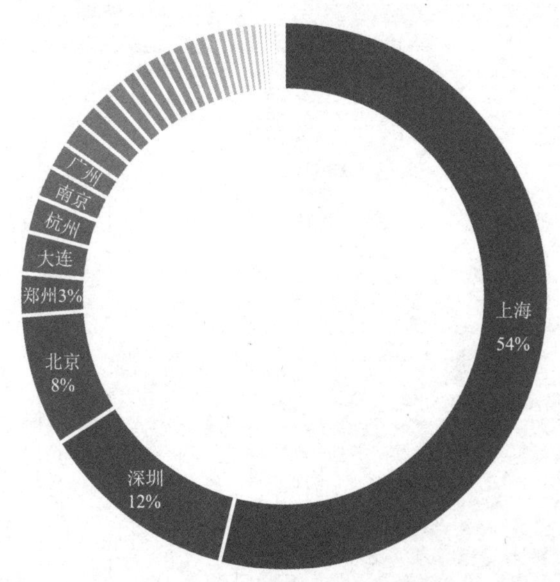

图 1.4.2　中国 31 个金融中心的金融市场规模得分相对比较

除上海之外，深圳、北京、大连和郑州在全国性金融市场资源方面占有一席之地。其中，深圳凭借多层次资本市场的发展优势紧随上海继续保持第 2 的排名，北京依托“新三板”交易市场排名全国第 3，郑州和大连则凭借全国性期货市场分别排名第 4 和第 5。

需要指出的是，本期指数在金融市场规模评价分类中新引入了资本市场利用的评价指标，用以衡量各城市在利用资本市场服务本地实体经济的能力和水平。因此，本期各金融中心得分评比项增多，较上期得分和排名有较大波动。

1.5　金融生态环境评价：得分水平普遍提升，政策支持普遍增强

第 11 期 CDI CFCI 的金融生态环境分项排名依次是北京、上海、广州、深

圳、成都、武汉、青岛、杭州、南京、西安、重庆、苏州、天津、长沙、济南、郑州、厦门、大连、昆明、宁波、无锡、沈阳、合肥、福州、南昌、南宁、长春、哈尔滨、温州、石家庄和乌鲁木齐。

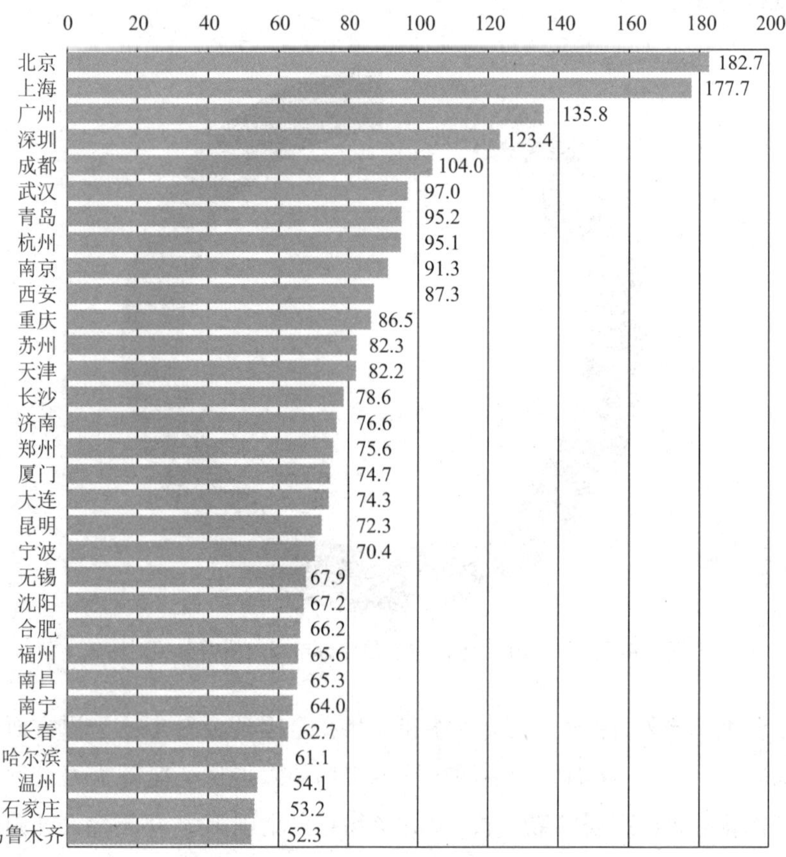

图 1.5.1　中国 31 个金融中心的金融生态环境分项排名

本期金融生态环境分项排名变化不明显,31 个金融中心中 20 个城市排名维持不变,6 个城市排名上升,5 个城市排名下降。其中,西安首次进入榜单十强,排名上升 2 位至全国第 10,而天津则排名下滑至第 13 位,跌出榜单十强。

表 1.5.1　第 11 期 CDI CFCI 金融生态环境排行榜

城市	CFCI 11		CFCI 10		变化	
	得分	排名	得分	排名	得分	排名
北京	182.70	1	181.87	1	▲0.83	—
上海	177.67	2	168.57	2	▲9.10	—
广州	135.78	3	131.41	3	▲4.37	—
深圳	123.39	4	119.65	4	▲3.73	—
成都	104.03	5	98.37	5	▲5.65	—
武汉	97.03	6	92.57	6	▲4.46	—
青岛	95.19	7	87.14	8	▲8.06	▲1
杭州	95.06	8	91.36	7	▲3.70	▼1
南京	91.34	9	86.09	9	▲5.24	—
西安	87.33	10	82.12	12	▲5.20	▲2
重庆	86.50	11	83.55	11	▲2.95	—
苏州	82.33	12	80.02	13	▲2.31	▲1
天津	82.21	13	84.82	10	▼2.61	▼3
长沙	78.57	14	75.55	14	▲3.02	—
济南	76.62	15	74.68	15	▲1.94	—
郑州	75.59	16	72.57	18	▲3.02	▲2
厦门	74.70	17	73.45	17	▲1.25	—
大连	74.31	18	73.50	16	▲0.81	▼2
昆明	72.26	19	70.84	19	▲1.42	—
宁波	70.38	20	67.90	20	▲2.48	—
无锡	67.85	21	66.11	21	▲1.74	—
沈阳	67.16	22	64.68	22	▲2.48	—
合肥	66.19	23	64.12	23	▲2.07	—
福州	65.59	24	64.10	24	▲1.49	—
南昌	65.31	25	62.48	25	▲2.83	—
南宁	64.04	26	61.05	27	▲2.99	▲1
长春	62.73	27	61.70	26	▲1.03	▼1
哈尔滨	61.13	28	59.78	28	▲1.34	—
温州	54.09	29	51.96	30	▲2.13	▲1
石家庄	53.20	30	52.86	29	▲0.35	▼1
乌鲁木齐	52.33	31	50.18	31	▲2.14	—

我国金融中心的整体金融生态环境处于持续改善、优化的状态,本期31个金融中心中,仅1个城市的得分出现了负增长,其他30个城市均保持连续增长。本期得分增长幅度最大的是上海,增长9.1分。得分减少幅度最大的是天津,减少2.61分。

天津是唯一一个连续两年金融生态环境得分出现减少的城市,自CDI CFCI 9达到分项得分高点以来,得分就开始下降,本期已经降低到2015年同期相对水平。

北京和上海的金融生态环境最优,两者在金融人才环境、商业环境和国际化程度方面,均是全国前三的水平。其中,北京的金融人才环境和商业环境全国第1,上海在国际化程度方面保持全国第1。

金融生态环境是深圳唯一落后于区域金融中心的领域,本期分项排名全国第4,与分项排名第3的广州之间的分差在扩大。深圳在金融生态环境方面的最大短板在金融人才环境方面,受教育、医疗等公共服务资源不足以及房价过高等因素影响,其金融人才环境几乎处于31个金融中心倒数的位置。

第二章　全国发展比较

2.1　全国性金融中心比较:功能定位更加清晰,深圳发展差距扩大

根据 CDI CFCI 分类方法,全国性金融中心是指拥有全国性的金融交易市场,本地的法人金融机构业务活动覆盖全国,具备调配全国金融资源的功能,金融影响力和辐射力实现覆盖全国范围的金融中心,目前我国内地能达到上述条件的为上海、北京和深圳三个城市。

表 2.1.1　三大全国性金融中心在 CFCI 11 中的评价结果

城市	综合竞争力		金融产业绩效		金融机构实力		金融市场规模		金融生态环境	
	得分	排名	得分	排名	得分	排名	得分	排名	得分	排名
上海	271.80	1	260.56	1	258.27	2	384.30	1	177.67	2
北京	233.17	2	247.98	2	408.54	1	55.81	3	182.70	1
深圳	138.18	3	131.52	3	199.22	3	85.72	2	123.39	4

上海、北京、深圳综合竞争力继续保持绝对领先优势,本期排名再次蝉联全国前三,地位进一步巩固。

上海综合竞争力得分 271.80 分,增长 36.18 分,排名全国第 1。

北京综合竞争力得分 233.17 分,增长 48.73 分,排名全国第 2。

深圳综合竞争力得分 138.18 分,增长 14.35 分,排名全国第 3。

三大全国性金融中心的竞争力得分增长速度明显高于区域中心平均水平,领先优势呈现出逐渐拉大的趋势。

上海、北京和深圳自身之间的综合竞争力得分差距也在扩大,深圳与前两者的分差有被拉大的趋势。

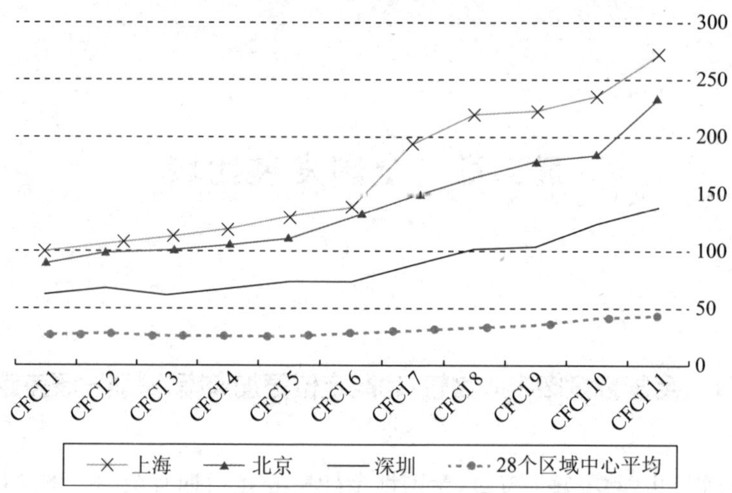

图 2.1.1 三大全国性金融中心综合竞争力得分历期变化

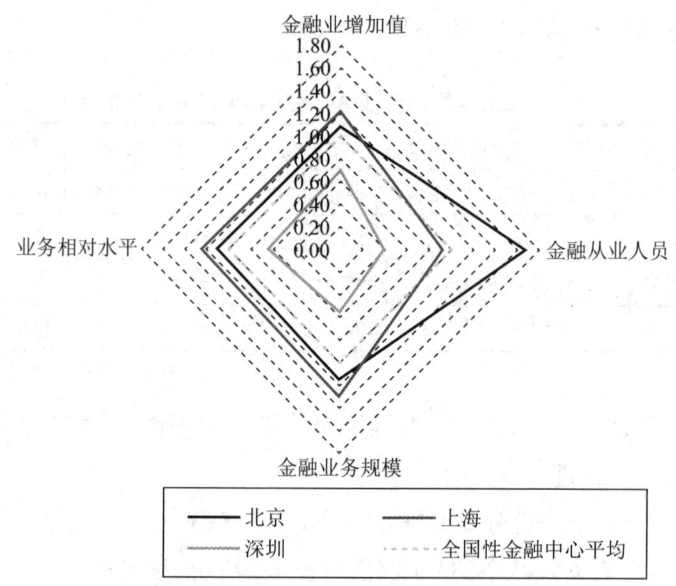

图 2.1.2 全国性金融中心金融产业绩效比较

北京和上海的金融产业绩效得分相差 12.58 分,分差仅 5%左右,几乎处于同一发展水平。

北京、上海金融业增加值均突破 5000 亿元,产业规模十分接近。2018

年,北京的金融业增加值达到了 5085 亿元,同比增速达到 7.2%,占 GDP 比重达到 16.8%,同期上海的规模是 5782 亿元,两者之间相差大约 700 亿元。

北京作为全国性金融机构集聚中心和金融监管中心,金融业务规模显著大于上海。2018 年北京的金融机构本外币存款余额达到了 15.7 万亿元,超过上海 3.6 万亿;保险深度接近 6%,高于上海 1.6 个百分点;保险密度达到 8325 元/人,超出上海同期约 2500 元。

与北京、上海相比,深圳金融业规模体量显著不足。2018 年,深圳金融业增加值达到 3067.2 亿元,远低于上海和北京;金融从业人员仅有 11.5 万人,不及上海的 1/3;此外,深圳金融机构本外币存款余额为 72550 亿元,分别是同期北京和上海的 50%和 60%左右。

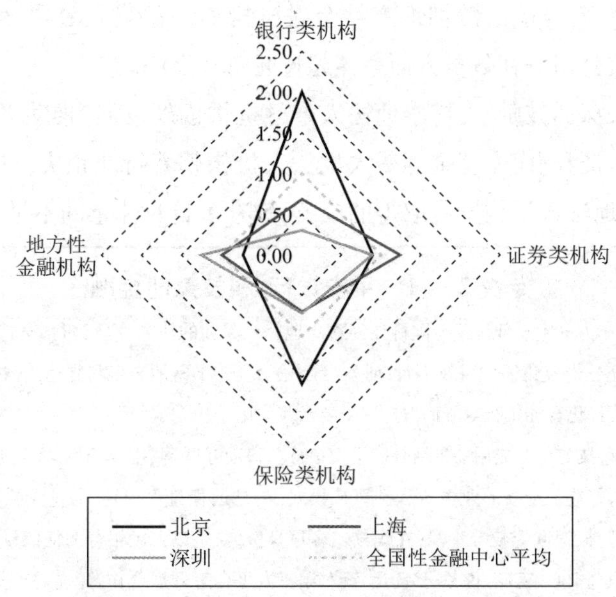

图 2.1.3　全国性金融中心金融机构实力比较

北京、上海金融机构规模实力具有显著优势。本期金融机构实力得分方面,北京、上海和深圳分别达到 307.3 分、250.11 分和 199.22 分。

北京是全国性大型金融机构总部集聚中心,特别是在银行类机构及保险类机构方面保有巨大优势。截至 2018 年底,北京拥有法人商业银行 17 家,资产规模达到 22.86 万亿元,远高于上海和深圳。在保险机构数量和规模方面,北京以63家法人保险机构和7.83万亿元保险机构资产规模遥遥领先。

上海的优势主要体现在证券类金融机构实力方面,作为全国性证券交易市场所在地,2018年上海法人证券公司资产总规模达到19077亿元,有56家公募基金,并且管理了4.3万亿元资产,是北京的2倍之多。此外,上海期货公司数量、私募基金数量等也均高于北京和深圳。

深圳以本地法人金融机构发展质量见长,地方性金融机构发展成效相对突出。2018年,深圳尽管在法人商业银行数量上不及北京和上海,但资产总额却达到11.17万亿元,与上海持平;拥有法人证券公司18家,资产总规模1.7万亿元,远超北京、略输上海;18家法人保险机构资产总规模3.78万亿元,高于上海。此外,深圳地方性金融机构如小额贷款公司、融资担保公司、融资租赁公司等在数量方面整体超过北京和上海。

近年来,深圳鼓励、支持本地法人金融机构创新发展,推动平安保险、招商银行、国信证券、南方基金等一大批法人机构朝着行业顶尖发展。深圳依托于这些本地法人机构发展取得的成就,弥补了自身体量的不足。

专栏 2.1.1　平安银行:科技赋能金融

平安银行作为一家总部位于全国科技创新高地——深圳的法人商业银行,坚持“科技引领”的发展策略,充分借鉴集团的科技力量,研发、推出了先进、丰富的金融科技运用,在推动传统业务转型,打造现代化智能银行等方面发挥了重要示范作用。

推进前沿科技与金融应用场景结合。平安银行在移动互联网、生物识别、大数据和人工智能技术应用方面,打造了全新的业务流程和风控模式:一是远程身份识别,通过人脸识别、声纹识别、公安联网核查、银联鉴权等手段,在线核实客户身份;二是以人民银行的征信数据为基础,通过与银联、公积金中心、工商、税务、移动运营商、第三方平台等开展合作,建立基于多维度实时数据的信用评估能力、反欺诈能力和风险预警能力;三是将移动端应用与远程集中运营相结合,在提高业务运营效率的同时有效控制风险。

打造智能供应链金融。平安银行构筑“科技+服务+场景”的新型发展模式,基于特定交易场景,围绕行业产业链提供多元化、嵌入式的智能供应链金融服务。平安银行于2018年推出了供应链应收账款服务平台(SAS平台),应用“平安区块链”四大核心技术,提供线上应收账款的转让、融资、管理、结算等综合金融服务。2018年末,SAS平台累计交易量突破100亿元,已为111家核心企业及其上游中小微企业提供了金融服务支持,有效解决了供应商融资难、融资贵问题,支持实体经济的健康发展。

推出一站式移动综合金融服务平台。口袋财务 APP 是平安银行面向 B 端客户推出的一站式移动综合金融服务平台，作为平安银行对公领域“实践金融+科技”的标杆产品之一，广泛运用成熟的科技创新应用产品，在客户高频业务场景中嵌入生物识别、OCR（图像识别能力）、云签约、大数据等互联网金融应用中的最新金融科技成果，为企业客户打造极致的用户体验，提高业务办理效率。截至 2018 年末，口袋财务累计注册客户已达 28 万户，累计交易数达 150 万笔，交易金额超过 8300 亿元。

同时，为更好落实“科技引领、零售突破、对公做精”策略方针，支持金融科技敏捷转型，平安银行于 2018 年 9 月制订了 IT 三年（2019—2021）发展规划。通过分析平安银行现状与未来发展要求，结合行业最佳实践以及本行特点，确定了“未来三年整体科技能力进入股份制银行第一梯队，部分领域成为引领者”的整体目标。

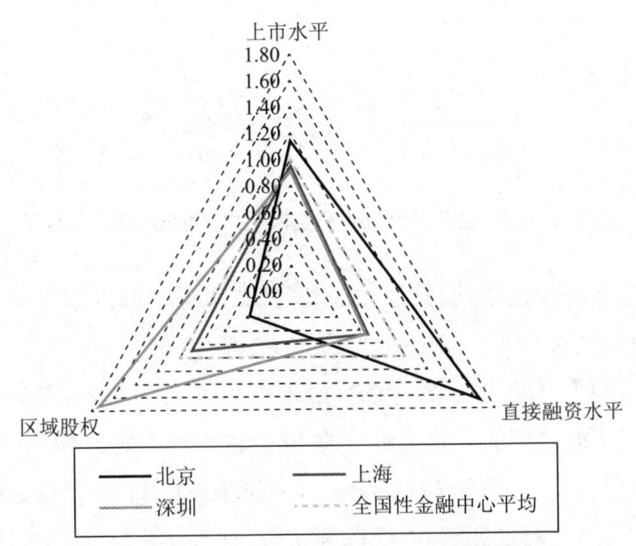

图 2.1.4　全国性金融中心金融市场规模比较

上海金融市场体系健全，全国性金融市场中心的地位突出，金融市场规模具有绝对的领先优势。

截至 2018 年底，上海证券交易所上市公司数量达到 1450 家，上市公司总市值达到 26.96 万亿元，成交金额 40.32 万亿元。同期深圳证券交易所上市公司数量为 2134 家，但总市值为 16.54 万亿元，成交金额达到 50 万亿元。

在本地 A 股上市公司数量方面，上海、深圳和北京相差不大，分别达到

287 家、285 家和 317 家。

在直接融资水平方面,北京则远超过上海和深圳,达到 1.94 万亿元。

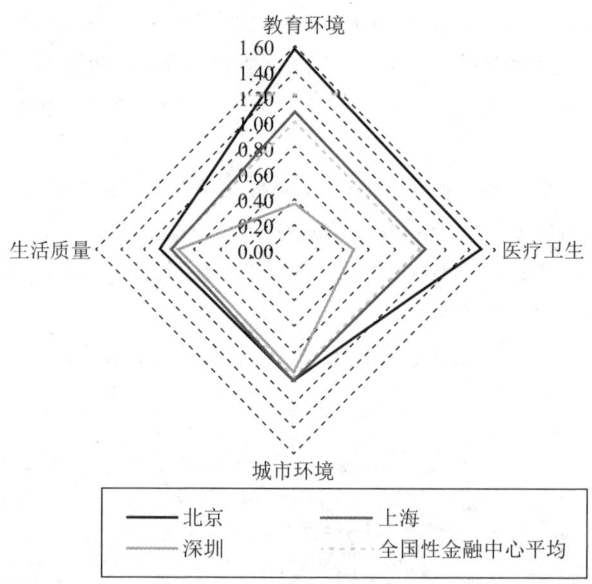

图 2.1.5 全国性金融中心金融人才环境分领域比较

与北京、上海相比,深圳教育、医疗等公共服务资源严重不足,金融人才环境存在明显短板。

自第 7 期 CDI CFCI 以来,深圳金融生态环境的得分正与北京、上海拉开差距,深圳与上海之间的分差从最小的 20 分扩大到本期的 54 分。

在教育环境领域,截至 2018 年底,北京拥有 93 所高等学校,在校学生数接近 90 万人,而上海也拥有 64 所高等学校,在校学生数达到 66.6 万人,相比之下,深圳仅有 8 所高校及 9.7 万在校学生数。同时,深圳每一普通中学专任教师负担学生数达到 12.8 人,高于北京的 6.5 人和上海的 10 人,反映出深圳普通中学师资力量的不足。

在医疗卫生领域,深圳每万人拥有的病床数仅有 31.8 张,不仅远低于北京和上海,与全国多数区域性金融中心相比也有较大差距。

在生活质量与城市环境方面,三个全国性金融中心城市差距并不明显。

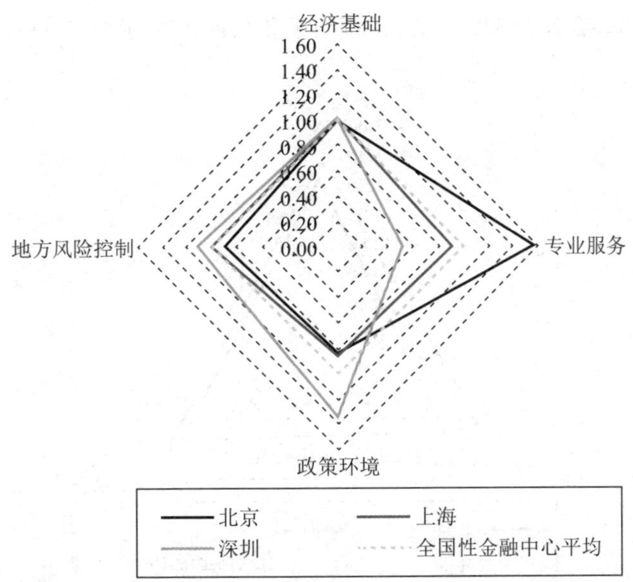

图 2.1.6　全国性金融中心的商业环境分领域比较

北京专业服务优势明显，这主要得益于北京执业律师、注册会计师和保险中介机构数量等均远高于上海和深圳。

深圳则在政策环境评分方面全面超过北京和上海，这主要是由于深圳出台了较为详尽的金融业发展促进政策，政策覆盖面较广，对法人金融机构培育发展支持力度较大。

深圳地方风险控制做得更好。2018 年，深圳地方政府负债率和地方政府债务率仅为 3.1% 和 21%，而同期北京为 31.4% 和 164%，上海为 18.7% 和 86%。

在整体国际化水平方面，上海经济外向度、机构国际化和国际影响力均位列全国第一。

深圳金融国际化水平有待进一步提升，在三个方面存在明显不足。

机构国际化方面，2018 年深圳外资金融机构仅有 68 家，而北京和上海分别有 117 家和 181 家。

经济外向度方面，深圳直接利用外资总额均低于北京和上海，仅相当于两者同期一半不到的水平。

国际影响力方面，深圳与上海和北京存在较大差距，2018 年深圳全年的国际航班起降架次为32531次,只相当于北京的1/5、上海的1/7。

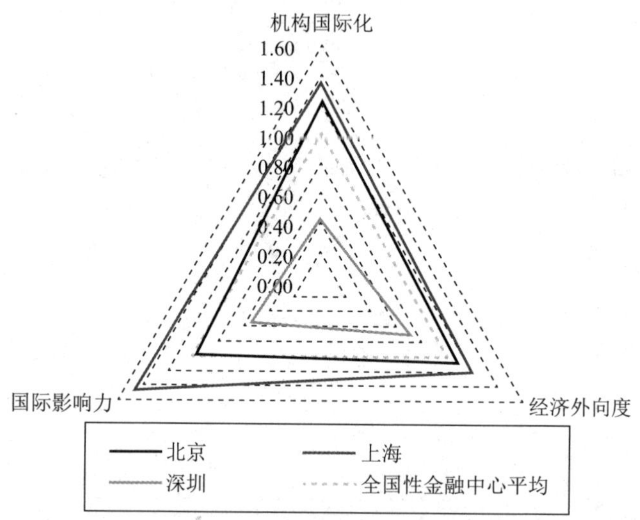

图2.1.7 全国性金融中心的国际化水平分领域比较

2.2 国家中心城市比较:金融中心地位特征显著,中部中心城市相对较弱

国家中心城市在我国的金融、管理、文化和交通等方面发挥着重要的作用,具有全国范围的中心性和一定区域的国际性两大基本特征。目前,经中央审批确立的国家中心城市共有9个,分别是北京、上海、天津、重庆、广州、成都、武汉、郑州和西安。比较分析这些城市的金融综合竞争力,有助于了解国家中心城市的金融集聚和承载作用。

表2.2.1 国家中心城市之间的金融中心综合竞争力排名比较

城市	综合竞争力		金融产业绩效		金融机构实力		金融市场规模		金融生态环境	
	得分	排名	得分	排名	得分	排名	得分	排名	得分	排名
上海	269.43	1	260.56	1	250.11	2	384.30	1	177.67	2
北京	203.77	2	247.98	2	307.30	1	55.81	2	182.70	1
广州	73.47	3	101.53	4	54.76	5	11.31	4	135.78	3

续表

城市	综合竞争力		金融产业绩效		金融机构实力		金融市场规模		金融生态环境	
	得分	排名	得分	排名	得分	排名	得分	排名	得分	排名
成都	63.62	4	107.93	3	42.73	6	7.68	6	104.03	4
天津	59.84	5	98.73	5	56.53	4	4.77	8	82.21	8
重庆	57.30	6	85.12	7	56.72	3	3.82	9	86.50	7
武汉	52.54	7	73.15	9	36.28	7	11.01	5	97.03	5
西安	50.01	8	80.57	8	33.91	8	4.88	7	87.33	6
郑州	49.87	9	96.31	6	18.31	9	17.80	3	75.59	9

各城市金融实力与国家中心城市的定位基本相符。从历期 CFCI 评价结果来看,除上海和北京之外的 7 个国家中心城市,其金融中心综合竞争实力均进入区域金融中心十强行列,在国内城市中其具备较强的金融发展基础。即使是 7 个城市中排名和得分相对靠后的西安和郑州,自 2015 年(CFCI 8)起,其金融中心综合竞争力也全面超越了全国 28 个区域金融中心的平均水平,反映出国家中心城市的金融实力与其城市的定位相匹配。

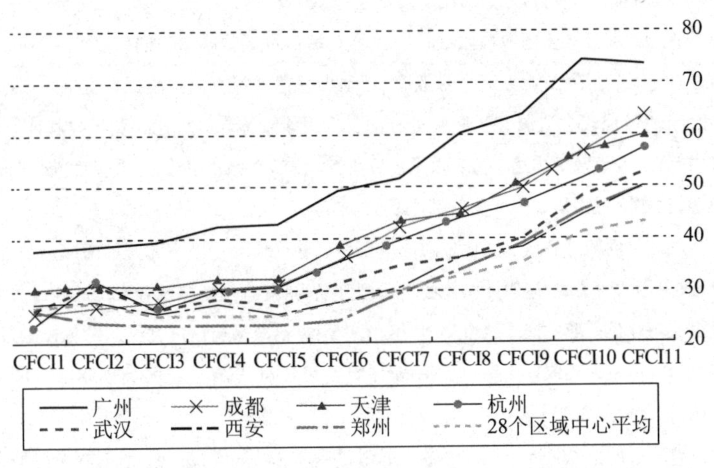

图 2.2.1　七大国家中心城市的金融中心综合竞争力比较

广州金融中心综合竞争力仅次于三大全国性金融中心,在 28 个区域金融中心中地位稳固。

目前,广州正着力完善现代金融服务体系,加快建设广州区域金融中心,推进经济高质量发展,为广州提升全球资源配置能力提供有力金融支持。为更好地推动金融资源的集聚,广州全面推进“一核多点”的金融功能区建设,构建了以国际金融城为核心、各区金融功能区为节点的空间发展格局。

专栏 2.2.1 广州:全面推进“一核多点”的金融功能区建设

目前,广州金融以建设粤港澳大湾区金融枢纽为落脚点,大力优化金融服务体系,增强金融服务功能,完善金融产业和城市空间布局,打造了以国际金融城为核心,各区金融功能区为节点的空间发展格局。

广州国际金融城。作为广州建设国家中心城市、提升国际影响力的重要抓手,广州国际金融城定位是:突出国际金融功能、突出低碳智慧幸福、突出综合配套服务、突出岭南文化特色、突出以人为本的理念,建设成为全国领先、世界一流的金融总部聚集区,成为广东金融强省和广州区域金融中心的形象代表。2018 年,广州国际金融城已有 13 家金融机构购地进驻,成功引进太平保险、广发银行、中国人寿、中国人保等重点金融机构。

广州金融创新服务区。经过 10 年的建设,广州金融创新服务区已成为各类风险投资机构的“乐土”,截至 2018 年底,金融创新服务区集聚各类金融创新企业约 350 家,各类风险投资机构 300 多家。中国风险投资科学城大厦吸引了百度风投、前润母基金、元禾原点、赛伯乐投资、国民创投等 51 家国内知名风投机构入驻,注册资本超过 125 亿元。

南沙现代金融服务区。南沙现代金融服务区立足自贸试验区金融创新改革,借助毗邻香港的区位优势,在引进金融机构、丰富金融业态、推动项目落地等方面不断提升金融发展能级。截至 2018 年底,南沙现代金融服务区共引进金融类金融企业 6333 家,比自贸区挂牌前增加了 50 倍。其中,持牌法人金融机构达 11 家,占全市近 1/5。南沙在融资租赁、商业保理、股权投资等领域发展迅速,构建了有竞争力的产业金融体系。

绿色金融改革创新试验区。绿色金融改革创新试验区作为全国率先开展的绿色金融改革创新试点,以改革创新为主线,以服务实体经济转型升级为导向,创新绿色金融产品和服务方式,突出绿色金融支持绿色产业发展。截至 2018 年底,广州绿色金融街已进驻广东绿色金融投资控股集团、大业信托、广州碳排放权交易中心、南航保险经纪公司、广东粤科共赢创业投资基金等 201 家绿色机构,注册资本金 114.1 亿元。

农村金融改革创新综合区。农村金融改革创新综合区已形成银行网点、农村金融服务站、助农取款服务点三个层次相互支撑、区域互补、全方位的金融服务体系。截至 2018 年底,共有 22 家银行 188 个营业网点;设立 114 个农村金融服务站,吸收存款金额 11.73 亿元。组建福享资金互助合作社和粤汇资金互助合作社,共有社员 131 名,贷放互助金 58 笔合计 3055.7 万元,贷放互助金余额 806 万元。

此外，广州还建有白鹅潭产业金融服务创新区、万博基金小镇、创投小镇·海珠洋湾岛、广州温泉财富小镇等具有特色的金融集聚区，在统筹金融资源，促进金融机构、人才、资金等金融要素优化配置，推动形成分工明确、结构优化、功能协调的金融产业布局等方面发挥着重要作用。

武汉、郑州等中部中心城市综合竞争力相对较弱。与西部地区中心城市成都、重庆相比，中部中心城市武汉、郑州的综合竞争力处于较低水平，本期综合竞争力得分分别为52.54分与49.87分，国家中心城市中排名第7和第9。其中，武汉综合竞争力较弱的原因在于金融产业绩效得分较低，排名位列国家中心城市最末，而郑州综合竞争力较弱的原因在于金融机构实力排名全国第21，且金融生态环境排名全国第16，因此整体竞争力水平较低。

成都在金融产业规模和业务发展水平方面超过广州，排名第3。天津和西安分别上升1位和2位，而郑州下降1位，其他城市与上期保持不变。

近几年，成都正在积极打造西部金融中心，金融产业绩效增长迅速。截至2018年底，成都金融业实现增加值1729亿元，与广州的差距逐渐缩小，同时，成都金融业增加值三年平均增长率达到8.3%，占GDP比重达到11.3%，这两项指标均优于广州。不过，成都在金融机构本外币存贷款余额方面均低于广州，规模与广州仍存在一定差距。

表2.2.2 国家中心城市之间的金融绩效排名比较

金融产业绩效	CFCI 11		CFCI 10		变化	
	得分	国家中心城市内排名	得分	国家中心城市内排名	得分	国家中心城市内排名
上海	260.56	1	255.86	1	▲4.7	—
北京	247.98	2	243.68	2	▲4.3	—
成都	107.93	3	110.59	3	▼2.66	—
广州	101.53	4	103.05	4	▼1.52	—
天津	98.73	5	94.16	6	▲4.57	▲1
郑州	96.31	6	95.99	5	▲0.32	▼1
重庆	85.12	7	88.51	7	▼3.39	—
西安	80.57	8	83.17	8	▼2.6	—
武汉	73.15	9	71.61	9	▲1.54	—

本期国家中心城市金融机构实力排名中,北京、上海仍然保持全国第1和第2的地位,天津、广州和武汉的得分均出现下降。

重庆地方金融组织发展助推金融机构实力增长。重庆金融机构实力得分由上期的55.11分提升至本期56.72分,上升1.61分,排名仅次于北京和上海。截至2018年底,重庆拥有274家小额贷款公司,数量和规模全国第1;拥有132家融资担保公司,数量在全国也是排名第1;此外,还有82家融资租赁公司。

表2.2.3 全国中心城市金融机构实力评价比较

金融机构实力	CFCI 11		CFCI 10		变化	
	得分	国家中心城市内排名	得分	国家中心城市内排名	得分	国家中心城市内排名
北京	307.30	1	302.3	1	▼11.97	—
上海	250.11	2	242.34	2	▲0.92	—
重庆	56.72	3	55.11	5	▲1.61	▲2
天津	56.53	4	56.77	3	▼0.23	▼1
广州	54.76	5	55.12	4	▼0.36	▼1
成都	42.73	6	42.59	6	▲0.14	—
武汉	36.28	7	36.42	7	▼0.14	—
西安	33.91	8	32.37	8	▲1.54	—
郑州	18.31	9	18.09	9	▲0.21	—

在金融市场规模方面,除上海和北京外,国家中心城市中只有郑州拥有全国性金融交易市场,具有其他城市无可比拟的资源优势。

郑州作为郑州商品交易所的总部所在地,该项指标评分在全国中心城市中排名第3,仅次于上海和北京。

郑州商品期货市场发展于1990年,经过近30年的发展,郑州商品期货业已成为郑州乃至中部地区较具有集聚影响力和竞争力的金融产业之一。

郑州商品市场是中、西部地区唯一的全国性金融市场,是郑州独有的金融资源，具有较强的金融发展比较优势。

专栏 2.2.2　郑州商品交易所：探索金融服务于实体经济的新模式

郑州商品交易所（以下简称“郑商所”）从最初以农产品为主的交易所逐步发展成为综合性交易所，成长为具有大宗商品定价权的交易所之一。2018 年，郑商所累计成交量为 8.18 亿手，成交金额为 38.23 万亿元，比上年分别增长 39.55%和 78.88%，在全球衍生品交易所中排名第 13 位。

作为我国首家期货市场试点单位，中西部唯一、全国 4 家期货交易所之一，郑商所自成立以来已多次创造业内第一：国内第一个化工品种 PTA 期货挂牌，拉开了郑商所向综合性期货交易所转变的序幕；上市国内第一个危化品种甲醇期货，上市中国最大市值能源品种动力煤期货，相继推出 5 个世界独有的期货品种。

如今，郑商所品种创新能力明显提升，承担起更为重大的金融服务实体经济重任。为深入贯彻落实中央“稳步扩大‘保险+期货’试点”的政策精神，按照证监会相关部署，郑商所于 2016 年开始以“扩大覆盖范围、助力精准扶贫，丰富试点内涵、贴近农户需求”为原则，积极开展“保险+期货”试点建设工作。3 年来，郑商所“保险+期货”试点品种从 2 个增加到 3 个，试点项目从 6 个增加到 40 个，从单点开展到县域全覆盖，从 4 个省（区）增加至 9 个省（区），惠及农户从 7675 户增加到 50132 户，支持资金从 425 万增加到 5000 万，试点赔付率从零赔付增加到 72.23%，平均保险费率从 5.68%降低到 3.56%。

本期国家中心城市金融生态环境评分和排名与上期相比基本稳定，没有出现太大变化。其中，西安和郑州评分各上升 5.2 分和 3.02 分，均上升了 2 位，而天津评价得分下降 2.61 分，与上期相比排名降低了 3 位。

广州经济基础雄厚，GDP 在全国中心城市中仅次于上海和北京，达到 2.29 万亿元；广州人才发展环境在全国也有领先优势，拥有 82 所高校，仅次于北京和武汉，在校学生数达到 106.7 万人，也高于所有全国中心城市；此外，广州医疗卫生全国也处于领先水平，每万人拥有亿元病床数达到 56.4 张，但广州城市交通状况在全国中心城市中并不具备明显优势，体现在城市交通健康指数相对较低。

在金融政策环境方面，近年来，包括广州、成都、西安等城市都出台了多项支持金融业发展的政策，这也使得这几座城市的政策吸引力在不断提升。

表 2.2.4　全国中心城市金融生态环境评价比较

金融生态环境	CFCI 11		CFCI 10		变化	
	得分	国家中心城市内排名	得分	国家中心城市内排名	得分	国家中心城市内排名
北京	182.70	1	181.87	1	▲0.83	—
上海	177.67	2	168.57	2	▲9.10	—
广州	135.78	3	131.41	3	▲4.37	—
成都	104.03	4	98.37	4	▲5.65	—
武汉	97.03	5	92.57	5	▲4.46	—
西安	87.33	6	82.12	8	▲5.20	▲2
重庆	86.50	7	83.55	7	▲2.95	—
天津	82.21	8	84.82	6	▼2.61	▼2
郑州	75.59	9	72.57	9	▲3.02	—

2.3　副省级城市比较:半数城市表现弱于平均,东北地区尤为明显

我国自 1994 年正式实施副省级行政建制市体制以来,目前共有 15 个城市被列为副省级市,分别是广州、武汉、哈尔滨、沈阳、成都、南京、西安、长春、济南、杭州、大连、青岛、深圳、厦门和宁波。

表 2.3.1　副省级城市内的金融中心排名比较

城市	综合竞争力		金融产业绩效		金融机构实力		金融市场规模		金融生态环境	
	得分	排名	得分	排名	得分	排名	得分	排名	得分	排名
深圳	138.18	1	131.52	1	199.22	1	85.72	1	123.39	2
广州	73.47	2	101.53	3	54.76	3	11.31	5	135.78	1
成都	63.62	3	107.93	2	42.73	4	7.68	7	104.03	3
杭州	63.10	4	88.36	4	57.95	2	15.09	3	95.06	6
南京	54.46	5	83.88	5	36.10	6	13.55	4	91.34	7

续表

城市	综合竞争力		金融产业绩效		金融机构实力		金融市场规模		金融生态环境	
	得分	排名	得分	排名	得分	排名	得分	排名	得分	排名
武汉	52.54	6	73.15	8	36.28	5	11.01	6	97.03	4
西安	50.01	7	80.57	6	33.91	7	4.88	10	87.33	8
大连	43.24	8	57.98	11	28.94	8	17.39	2	74.31	11
济南	42.76	9	79.46	7	20.50	12	1.97	15	76.62	9
青岛	42.05	10	57.66	12	20.68	11	3.73	11	95.19	5
厦门	39.06	11	65.10	9	18.30	13	5.48	9	74.70	10
沈阳	36.86	12	60.52	10	22.10	10	3.36	12	67.16	13
宁波	36.53	13	51.72	14	23.10	9	6.70	8	70.38	12
哈尔滨	32.37	14	56.72	13	15.43	15	2.19	13	61.13	15
长春	29.12	15	40.30	15	16.94	14	2.02	14	62.73	14

15 个副省级城市中，济南、青岛、厦门、沈阳、宁波、哈尔滨和长春 7 个城市综合竞争力得分低于全国区域金融中心平均得分，这反映出这些副省级城市尽管较其他地级城市拥有更高的行政地位，但在调配金融资源、发展金融中心方面的能力还存在不足，其金融业发展水平与城市经济地位不匹配。

副省级城市中，沈阳、哈尔滨和长春三个东北区域金融中心城市综合竞争力分别排名第 12、第 14 和第 15 位，整体处于副省级城市末位，这三个城市金融市场规模和金融生态环境得分在全国所有金融中心中都处于末位水平，因此影响了其整体竞争力的排名。

全国副省级城市中，深圳和广州金融综合竞争力一直占据第 1 和第 2 的地位，显著高于其他副省级城市。

成都和杭州紧随广州之后，近 5 年来综合竞争力得分一直处于相互接近的状态，本期成都仅以 0.5 分的微弱优势，暂时领先于杭州，位居副省级城市第 3 位，杭州位列第 4 位。

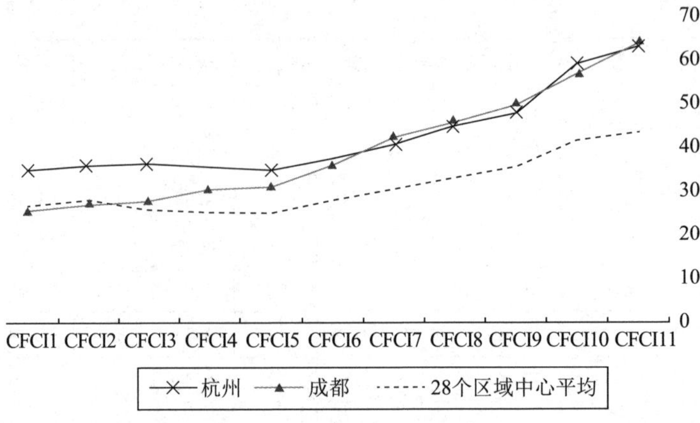

图 2.3.1　成都和杭州综合竞争力得分变化示意

本期副省级城市金融产业绩效评分中,深圳、广州和成都均超过 100 分,远超过杭州、南京、西安等城市。

杭州与广州、成都之间的差距主要体现在金融业规模指标方面,2018 年杭州金融业实现增加值 1197 亿元,同期成都为 1729 亿元,广州为 2080 亿元。

杭州在金融业增加值占 GDP 的比重、金融从业人员数等方面,也要弱于广州与成都。

表 2.3.2　杭州金融产业绩效发展指标同其他副省级城市比较

金融业发展指标	年份	深圳	杭州	广州	成都
金融业增加值数额/亿元	2018	3067.2	1197.0	2079.5	1729.0
金融业增加值三年平均增长率/%	2018	5.80%	7.20%	8.10%	8.30%
金融业增加值占当地 GDP 的比例/%	2018	12.70%	8.90%	9.10%	11.30%
金融从业人员总数/万人	2017	11.5	11.6	12.0	12.7
金融从业人员占常住人口比重/%	2017	0.92%	1.23%	0.83%	0.79%
金融机构本外币存款余额/亿元	2018	72550	39811	54788	37826
金融机构本外币贷款余额/亿元	2018	52540	36598	40749	32637
本地证券交易量/亿元	2018	163501		53232	84000
保费收入/亿元	2018	1192	664	1163	927

西部地区除成都外,西安金融产业绩效得分连续两期保持大幅增长,区

域金融中心建设显成效。2018 年金融业增加值达到 874.9 亿元,占 GDP 的比重达到 10.5%,成为全市支柱产业,本期金融绩效排名全国第 11,副省级城市中排名第 6。

近年来,西安积极推动“丝绸之路金融中心”建设,重点发展能源金融、绿色金融、离岸金融、文化金融、军民融合金融等特色金融。其中,西安绿色金融探索较早,在金融组织、金融制度、金融产品等方面取得积极成效。

专栏 2.3.1　西安:争当绿色金融先行者

西安是副省级城市中较早提出发展绿色金融的城市之一,2016 年,西安浐灞生态区被确立为西北首个国家生态区和西安市统筹定位的绿色功能区,为绿色金融探索和实践奠定了重要基础。

绿色金融推进机制初具雏形。西安金融机构积极探索了绿色金融的运行机制和标准,其中,建行西安分行在总行的领导下,建立绿色金融的长效发展机制,并以“五个专门”为主的绿色金融政策作为其配套措施,建立了以绿色信贷为主,绿色债券、绿色产业基金为辅,兼营资产证券化、信托租赁等绿色金融产品和绿色金融服务体系;西安银行则针对生产制造业等高污染、环保敏感企业,研究制定了专门的绿色信贷准入标准,建立了适合环保企业的绿色信贷考评机制;兴业银行西安分行和西安银行则采用国际上通行的绿色标准——“赤道原则”,加强对环境和社会风险的识别能力。

积极开发绿色金融产品和服务。西安金融机构不断探索新的绿色产品,其中,浦发银行根据丰水季、枯水季的发电收入对水电企业制定并收取灵活、确定的利息征收金额;恒丰银行西安分行的高新环保数据贷,解决了小微企业扩大规模或开发新利润增长点的资金需求。同时,西咸新区沣西新城开发建设(集团)有限公司于 2017 年 8 月发行了陕西首只绿色债券,也是全国首支城投平台绿色债券。浦发银行西安分行率先探索碳金融业务,发展 CDM 财务顾问业务,跨出碳金融领域里程碑式的第一步。

加大绿色金融政策支持。早在 2007 年,西安市环保局和中国人民银行西安分行营业管理部就联合在全市推行绿色信贷政策,积极开展了环境管理机制创新的探索。2010 年,西安市环保局首次向社会公布了《绿色信贷工作管理办法(暂行)》。2015 年以来,人民银行西安分行先后印发了《关于加大金融支持力度　助推陕西追赶超越的指导意见》等文件,指导西安市内的金融机构加大、加强对高端能源以及化工产业的支持力度。西安市政府也颁布了《绿色信贷工作管理办法》,明确将企业对环境的贡献、环保风险纳入商业银行的信贷统一管理中,以期通过绿色信贷政策手段来防范因客户违约而给银行造成的风险。

不同副省级城市金融机构实力出现分化。本期副省级城市金融机构实力评价中,深圳作为全国性金融中心,本地法人金融机构实力强大,因此其在此领域的评分远高于其他城市,达到 199.22 分,而排名第 2 的杭州仅有 57.95 分。排名靠后的城市,金融机构实力得分急剧下降,这反映出实力雄厚的金融机构倾向于向重点中心城市集聚的特征。

银行类机构,尽管深圳 2018 年仅有 9 家本地法人机构,但其资产规模达到 11.17 万亿元,而杭州拥有 12 家本地法人银行机构,其资产规模仅有 3.19 万亿元。

证券业金融机构及保险业金融机构主要集聚于北京、上海和深圳,而其他副省级城市在该领域几乎不具备比较优势。

近几年,各副省级城市均加快了地方性金融机构的建设,但由于地方性金融机构规模参差不齐,实力相差较大,因此在该领域各城市的得分也相差较大。

表 2.3.3 副省级城市金融机构实力评价比较

金融机构实力	CFCI 11		CFCI 10		变化	
	得分	国家中心城市内排名	得分	国家中心城市内排名	得分	国家中心城市内排名
深圳	199.22	1	185.03	1	▲14.19	—
杭州	57.95	2	57.13	2	▲0.81	—
广州	54.76	3	55.12	3	▼0.36	—
成都	42.73	4	42.59	4	▲0.14	—
武汉	36.28	5	36.42	5	▼0.14	—
南京	36.10	6	35.17	6	▲0.93	—
西安	33.91	7	32.37	7	▲1.54	—
大连	28.94	8	28.65	8	▲0.30	—
宁波	23.10	9	23.17	9	▼0.06	—
沈阳	22.10	10	21.78	10	▲0.32	—
青岛	20.68	11	20.52	11	▲0.16	—
济南	20.50	12	19.91	12	▲0.59	—
厦门	18.30	13	18.20	13	▲0.10	—
长春	16.94	14	16.53	14	▲0.41	—
哈尔滨	15.43	15	14.66	15	▲0.77	—

本期副省级城市金融生态环境评分中，成都金融生态环境得分较上期提升 5.65 分，达到 104.03 分，与深圳的差距进一步缩小，有赶超深圳的趋势。

近几年，成都围绕建设西部金融中心的目标，积极推动金融与经济良性互动、有机融合，打造产融结合、供需匹配、创新高效的金融生态环境。

在金融人才环境方面，成都在教育、医疗资源以及生活质量等方面显著优于深圳。例如，2017 年成都普通高等学校在校学生数超过 81 万人，而深圳仅有 9.7 万人；成都每万人拥有医院病床数为 68.9 张，是深圳的 2 倍。此外，成都住宅房价收入比远低于深圳，仅有 3.61，而深圳高达 16.18。深圳主要在城市环境，如空气质量优良率、人均公园绿地面积及轨道交通等方面具备较强优势。

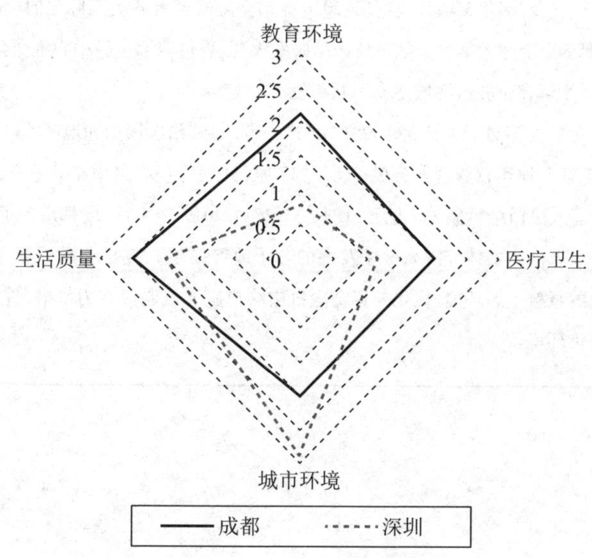

图 2.3.2　成都与深圳在金融人才环境方面的评分比较

专栏 2.3.2　成都：打造对接全球的金融生态圈

近年来，成都金融政策竞争力持续提升，基本构建起涵盖金融机构、平台、市场、人才、服务等各领域的独具特色的金融规划与政策体系。同时，成都积极对标借鉴国际先进地区金融生态环境建设，努力构建与全球对接的金融生态环境。

构建地方金融监管沙箱。成都学习中国香港地区、英国等地先进经验,建设成都市地方金融监管沙箱,通过一体化全域金融风险监测平台以及"7+4"地方金融机构动态业务监管平台,提升跨地域、跨行业交叉性金融风险的甄别、防范和化解能力。

强化国际金融法治保障。成都遵循国际惯例,提升金融纠纷解决效率,探索实施"金融审判庭、金融法庭、金融审判专门法院""三步走",强化金融法治保障。依法推动知识产权权属转移,建设成都知识产权交易中心、"区块链"知识产权融资服务平台,促进科技成果孵化、转化以及产业化。

积极推动金融开放。2017 年 9 月,成都被正式纳入全球金融中心指数(GFCI)榜单,是"全球金融中心指数"中,我国中西部地区唯一上榜的城市。截至 2018 年底,成都共有外资银行 16 家、外资保险机构 25 家、外资股权投资基金 6 家、外资小贷公司 7 家,同样处于西部地区领先地位。

开展国际金融交流合作。成都始终秉持国际化视野,探索多样化国际合作形式,高度重视国际化金融交流合作,已成为世界高规格金融盛会落户西部的首选城市,已举办了 2016 年第三次 G20 财长和央行行长会、国际金融科技论坛、2018 亚信金融峰会等各类国际化的金融会议。成都先后举办了"成都 80"全球大学生金融科技产品研发大赛、香港西部金融中心推介会,成都金控集团、天府国际基金小镇在伦敦金融城建立了联络处。

支持"一带一路"金融建设。成都不断扩大与"一带一路"沿线国家和地区跨境人民币业务规模,全市开展外汇资金池运营管理业务的企业达 17 家,开展跨境人民币结算业务的银行机构达 36 家,2018 年跨境人民币结算额 811 亿元,增长 33.2%。2019 年 4 月,成都出台了《关于扩大金融服务业对外开放　助力实体经济高质量发展的若干政策措施》,提出奖励外资金融机构招引、构建与国际接轨的金融生态环境、优化外资金融机构落户服务机制等有力举措,进一步完善了成都金融开放的政策环境。

第三章　区域发展比较

3.1　东北地区比较：竞争实力整体不足，金融生态发展落后

本书所指东北地区包括黑龙江、辽宁和吉林三省，总面积79万平方公里，边境线与俄罗斯、朝鲜相接，且邻近韩国，东北地区为我国重工业制造基地以及全国大粮仓。地区内有4个城市提出了明确的金融中心定位，分别是长春、大连、哈尔滨和沈阳。

表3.1.1　东北区域金融中心在CFCI 11中的评价结果

城市	综合竞争力		金融产业绩效		金融机构实力		金融市场规模		金融生态环境	
	得分	排名	得分	排名	得分	排名	得分	排名	得分	排名
大连	43.24	14	57.98	20	28.94	12	17.39	5	74.31	18
沈阳	36.86	19	60.52	17	22.10	18	3.36	24	67.16	22
哈尔滨	32.37	27	56.72	23	15.43	26	2.19	27	61.13	28
长春	29.12	30	40.30	31	16.94	25	2.02	28	62.73	27

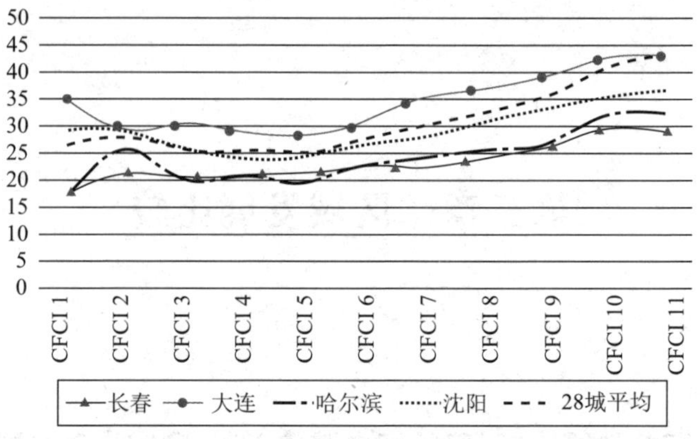

图 3.1.1 东北区域金融中心历期 CFCI 得分

东北地区金融中心整体发展水平落后于 28 个区域金融中心的平均水平。本期东北区域排名第 1 的大连,金融中心综合竞争力得分 43.24,仅略高于 28 个区域金融中心平均水平。其他 3 个东北城市的综合得分均大幅低于 28 个城市的平均水平,其中沈阳本期排名上升 1 位至全国第 19 位,长春及哈尔滨表现不佳,排名有所下滑,已经基本处于全国末位。

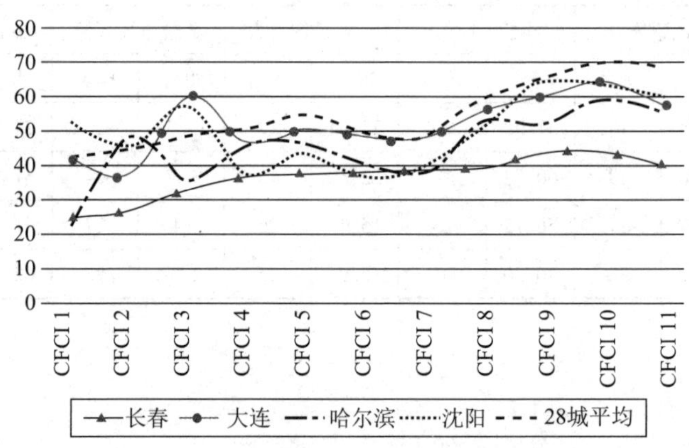

图 3.1.2 东北区域金融中心历期金融产业绩效得分

本期东北地区金融业整体发展放缓,4 个城市的金融产业绩效得分全部下降。得分降幅最大的是大连,受区域经济发展低迷影响,大连金融业发展陷入低增长状态,分项得分较上期减少了 6.46 分,排名下滑到全国第 20、区域第 2。

本期沈阳金融产业绩效得分降幅相对较小，得分反超大连，排名从第 18 名上升至第 17 名，成为东北区域第 1。

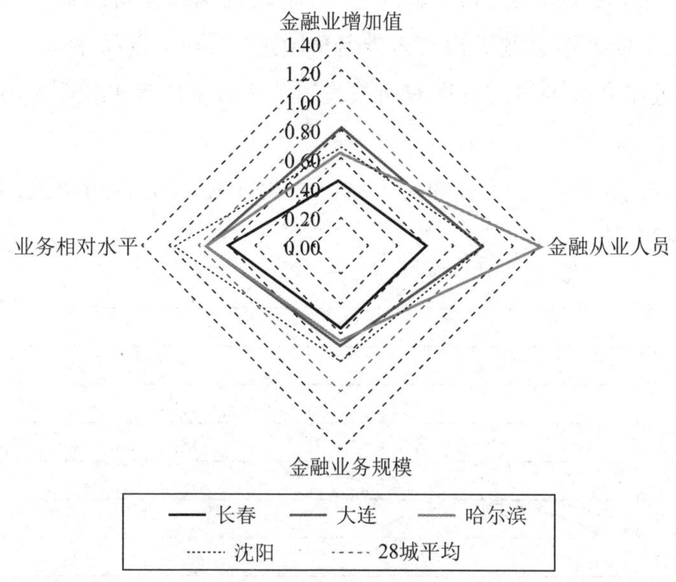

图 3.1.3 东北区域金融中心本期金融产业绩效对比雷达图

沈阳在金融业务规模和业务相对水平方面在东北地区有较强的比较优势。特别是在银行业市场业务发展方面，2018 年，沈阳本外币存款余额达到 1.77 万亿元，本外币贷款余额达到 1.49 万亿元，均居东北地区首位。

除此之外，沈阳当年证券交易量达到了 2.7 万亿元，与 GDP 之比达到 425.4%，在东北区域是表现最好的。

表 3.1.2 东北地区金融业务主要发展指标比较

金融业发展指标	年份	长春	大连	哈尔滨	沈阳
金融机构本外币存款余额/亿元	2018	11551	13999	11616	17746
金融机构本外币贷款余额/亿元	2018	11488	12006	11080	14912
本地证券交易量/亿元	2018	13881	20915		26765
保费收入/亿元	2018	257	335	344	329
保险深度/%	2018	3.6%	4.4%	5.5%	5.2%
保险密度/元每人	2018	3425	4798	3169	3950

东北地区除大连外,各金融中心的金融机构实力均大幅弱于 28 个区域金融中心的平均水平。

大连金融机构的实力相对较好,一直是区域龙头并持续保持高于 28 城平均水平,本期大连金融机构实力排名全国第 12,与上期持平。

沈阳近年来金融机构发展有所放缓,与 28 城平均水平差距也有所扩大,本期排名第 18。

哈尔滨与长春的金融机构实力则一直处于相对落后的状态,分别排第 26 名及第 25 名。

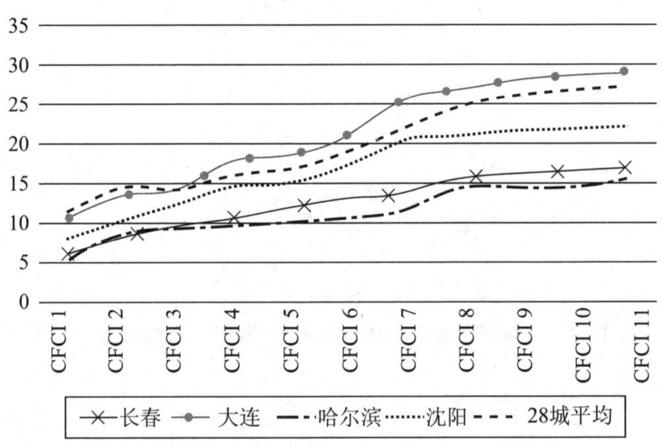

图 3.1.4　东北区域金融中心历期金融机构实力得分

大连的保险机构实力及地方金融组织实力在东北地区最强,且远超 28 个区域中心的平均水平。大连目前有 3 家法人保险公司、1 家法人保险类资管公司,法人保险公司总资产规模超过千亿元。

哈尔滨银行类机构实力在区域内最强,拥有 8 家法人商业银行、1 家法人信托、2 家法人财务公司。

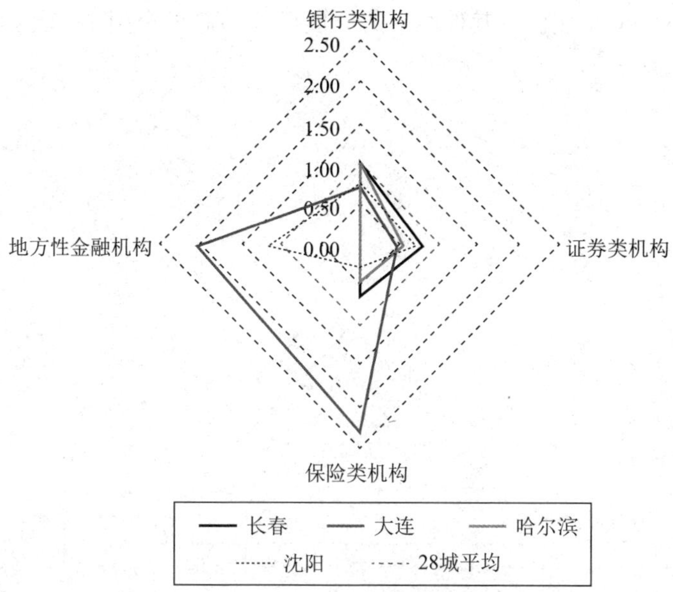

图 3.1.5　东北区域金融中心本期金融机构实力对比雷达图

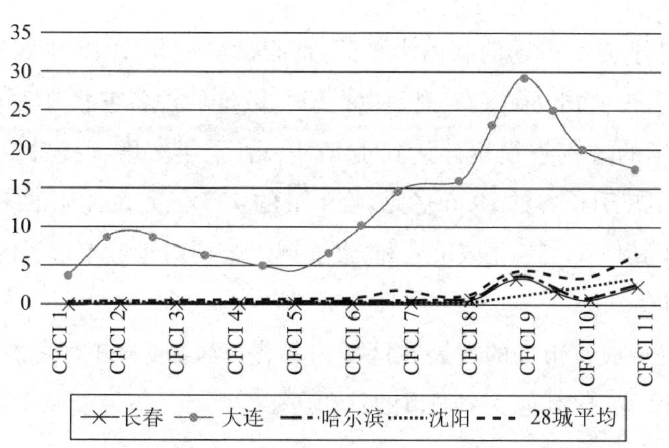

图 3.1.6　东北区域金融中心历期金融市场规模得分

在金融市场规模方面，大连的优势是区域其他城市无法比拟的。大连是国内少数几个具有全国性金融市场的金融中心，依托于大连商品期货交易所的发展，大连在金融市场规模方面排在全国前 5。

不过，近年来，大连期货交易市场并没有实现较大增长，近两期分项得分有较大回落。

除大连外,东北区域其他城市的分项得分均低于全国 28 个区域金融中心平均水平。

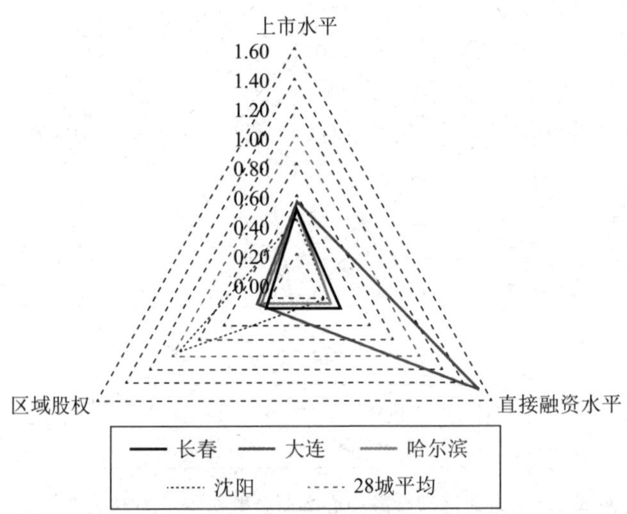

图 3.1.7　东北区域金融中心本期金融市场规模对比雷达图

大连对于资本市场的利用水平区域内最高,截至 2018 年底,大连拥有 29 家 A 股上市公司、86 家新三板挂牌公司,数量均排名东北地区第 1。大连在 A 股市场的融资规模累计达到 1457 亿元,全年新增直接融资规模达到 187 亿元,相较于长春的 29.6 亿元、哈尔滨的 4.7 亿元及沈阳的 10.2 亿元,大连 4 倍于其他 3 个东北城市之和,大连域内公司对于资本市场的利用水平位列全国第 5。

沈阳区域股权市场的发展在区域内领先,区域股权市场的挂牌企业数达到了 1712 家,比其他 3 个城市的总和还多。

表 3.1.3　东北地区资本市场利用主要发展指标比较

金融业发展指标	年份	长春	大连	哈尔滨	沈阳
本地 A 股上市公司数	2018	24	29	27	23
新三板挂牌公司数	2018	42	86	55	62
本地 A 股市场累计融资额	2018	534.1	1456.7	601.7	483.0
年度新增直接融资规模	2018	29.6	187.0	4.7	10.2

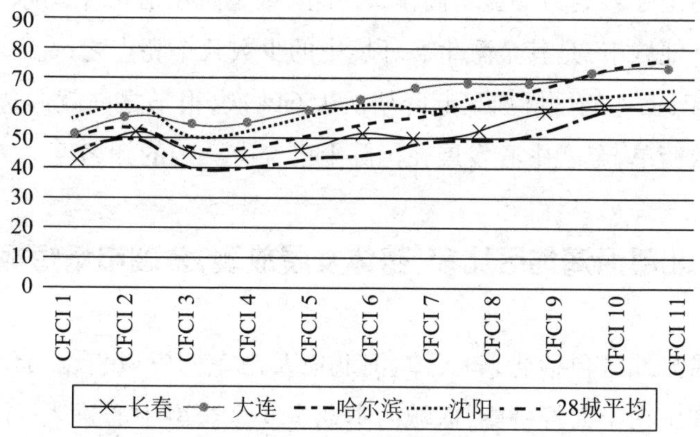

图 3.1.8　东北区域金融中心历期金融生态环境得分

区域内金融生态环境排名第 1 的大连，近两年的得分逐渐落后于 28 个区域金融中心的平均水平，本期排名仅位列全国第 18。

除大连外，沈阳、长春及哈尔滨金融生态环境的得分与平均水平的差距更为明显，三者本期排名分别为第 22、第 27 和第 28，处在全国末位。

东北地区的金融生态环境整体低于全国平均水平，近年来东北地区饱受全社会诟病的营商环境，对金融业发展的影响已经开始显现。

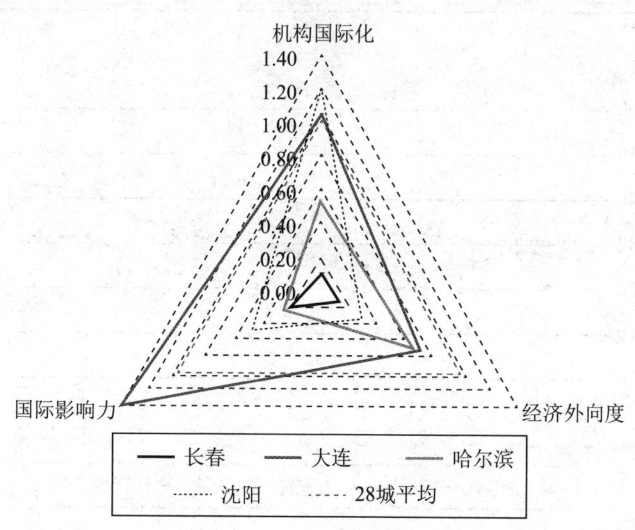

图 3.1.9　东北区域金融中心本期国际化程度对比雷达图

大连的国际影响力要显著高于 28 个区域金融中心的平均水平,远高于东北地区其他城市,是其金融生态环境中的少数几个亮点之一。

2018 年,大连的国际航班起降架次 15644 次,很早之前就入选了全球金融中心指数榜单,金融中心发展在国际上已经有一定的知名度。

3.2 北部沿海地区比较:整体发展放缓,金融市场短板明显

北部沿海地区包括北京、天津、河北以及山东四省或直辖市组成的京津冀经济圈和山东半岛经济圈,区域内本期有 4 个金融中心进入 CFCI 评价体系,分别是济南、青岛、石家庄以及天津。

表 3.2.1 北部沿海地区金融中心在 CFCI 11 中的评价结果

城市	综合竞争力		金融产业绩效		金融机构实力		金融市场规模		金融生态环境	
	得分	排名	得分	排名	得分	排名	得分	排名	得分	排名
天津	59.84	7	98.73	6	56.53	6	4.77	20	82.21	13
济南	42.76	15	79.46	12	20.50	20	1.97	29	76.62	15
青岛	42.05	16	57.66	21	20.68	19	3.73	22	95.19	7
石家庄	31.31	28	59.90	19	14.20	29	3.32	25	53.20	30

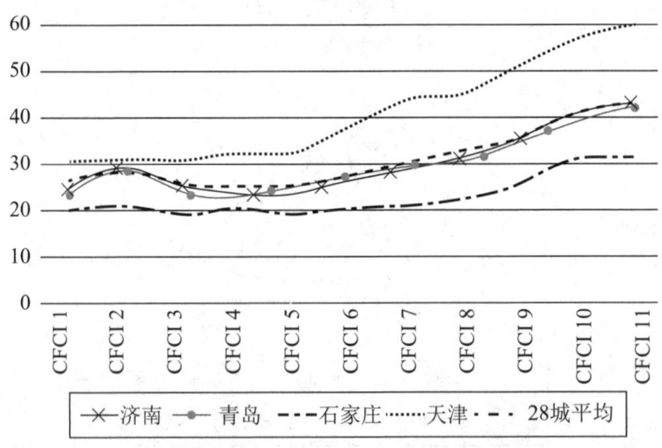

图 3.2.1 北部沿海地区金融中心历期 CFCI 综合竞争力得分

天津在北部沿海地区发展优势明显，综合竞争力位居全国第 7，较区域内其他金融中心的领先优势进一步扩大。

济南与青岛综合实力十分接近，竞争力得分长期处于不相上下的态势，竞争激烈，本期两者分别位列全国第 15 和第 16。

相对来说，石家庄表现最为弱势，本期综合排名位列全国第 28，较上期下降 2 位。

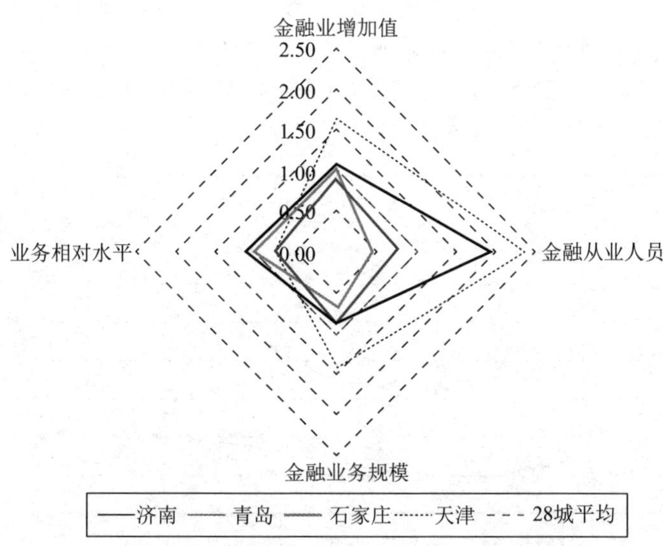

图 3.2.2　北部沿海金融中心本期金融产业绩效对比

北部沿海区域中，天津与济南的金融产业绩效高于全国 28 个区域金融中心的平均水平，而青岛和石家庄则低于平均水平。

济南金融产业绩效增长放缓，但较青岛的发展优势依旧明显。

济南金融从业人员持续保持较快增长，成为济南保持竞争优势的主要因素。

专栏 3.2.1　金融中心建设引才先行,济南金融人才数量暴增

出台金融人才引进政策。在 2016 年出台的《济南市加快区域性金融中心建设 促进金融业发展若干扶持政策》就提出为符合条件的金融人才提供安居补贴、工作补贴及个人所得税减免等优惠措施,还将租房补贴全面覆盖了应届本科毕业生、硕士毕业生及博士毕业生。突出机构作为引进人才的主体作用,对于成功引进不同层次人才的机构给予相应补贴,实行了泉城"5150"引才倍增计划,来泉创业的团队最高可获得 1000 万的资助资金,同时降低了落户济南的门槛,设立了人才集体户,方便来泉发展的人才快速落户,金融人才规模增速北部沿海地区第一。截至 2017 年底,济南金融从业人员达到 10.6 万人,近三年平均增速达到 17.5%,是区域内人才数量增幅最多的金融中心,金融从业人员占常住人口比重达到 1.44%,位居区域内第 2,全国第 4,济南 2018 年常住人口新增 13.88 万人,为北部沿海地区第 1。

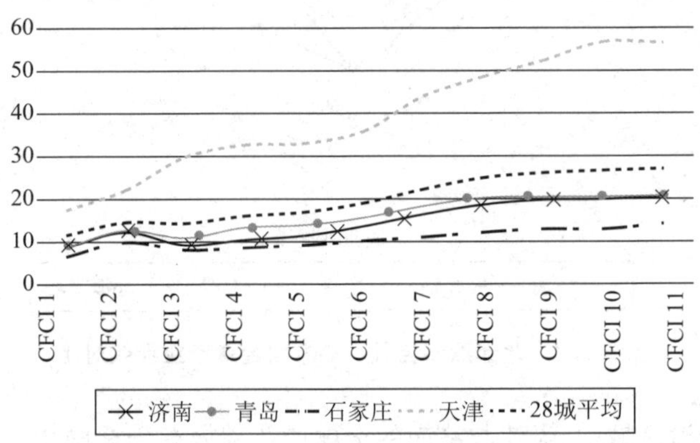

图 3.2.3　北部沿海金融中心历期金融机构实力得分

天津金融机构实力强劲,得分大幅高于 28 个区域金融中心的平均水平,遥遥领先于本区域的其他 3 个金融中心,本期排名全国第 6,较上期下降了 1 位。

除天津外的北部沿海区域金融中心金融机构整体偏弱,济南、青岛、石家庄本期排名分别为第 19、第 20 和第 29。

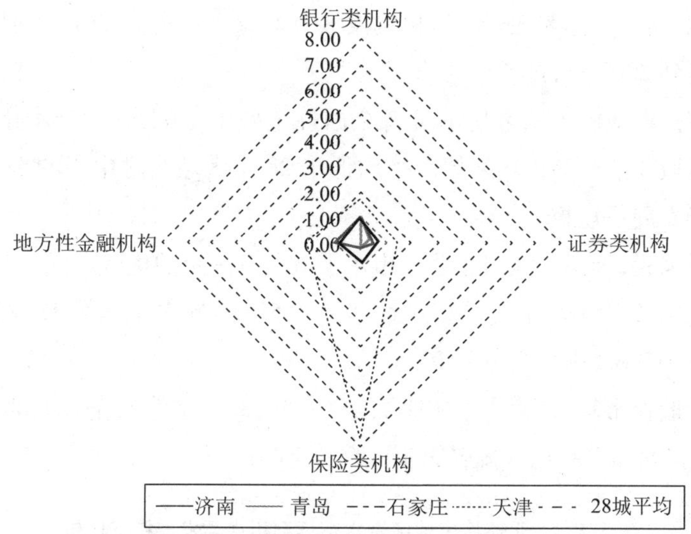

图 3.2.4　北部沿海金融中心本期金融机构实力对比

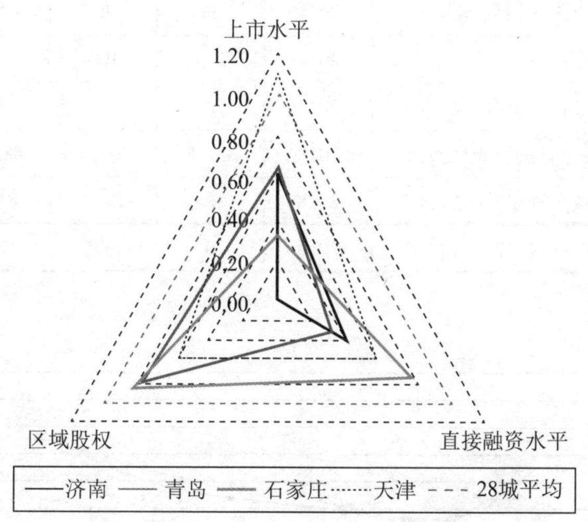

图 3.2.5　北部沿海金融中心本期金融市场规模对比

天津保险类机构实力表现尤为突出。天津拥有6家本地法人保险机构，总资产规模达到6131亿元，并拥有区域内唯一一家保险类资产管理公司。

在证券类机构方面，天津仅凭单独1家公募基金——余额宝产品的管理运营公司——天弘基金，就跻身全国公募基金行业发展前列，天弘基金2018年资金管理规模达到13421亿元。

除此之外,天津在融资租赁机构发展方面有巨大优势,2018 年注册的机构数量达到 2007 家,排名全国第 3。

北部沿海地区各城市均不具备全国性金融中心的水平,资本市场利用水平和区域要素交易市场发展水平均低于 28 个区域金融中心的平均水平,金融市场发展是短板。

相对来说,天津在境内企业上市水平方面有一定的优势。截至 2018 年,天津在境内 A 股市场上市的公司数达到了 51 家,排名全国第 13;新三板挂牌公司数 190 家,排名全国第 10。

区域股权市场发展最好的是石家庄,2018 年挂牌的企业总数达到了 1759 家,在北部沿海地区排名第 1。

表 3.2.3 北部沿海地区资本市场利用主要发展指标比较

金融业发展指标	年份	济南	青岛	石家庄	天津
本地 A 股上市公司数/家	2018	26	30	15	51
新三板挂牌公司数/家	2018	136	100	66	190
年度新增 IPO 公司数/家	2018	0	1	0	1
本地 A 股市场累计融资额/亿元	2018	851.8	408.4	882.0	1012.0
年度新增直接融资规模/亿元	2018	1.3	29.9	81.0	27.6
区域股权市场拥有的挂牌公司数/家	2018	0	1476	1759	902

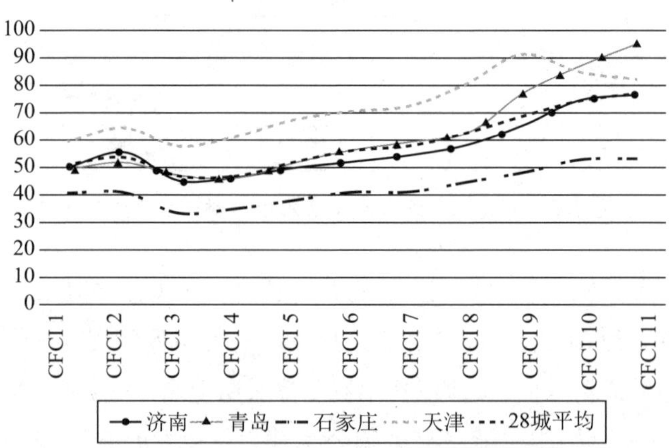

图 3.2.6 北部沿海金融中心历期金融生态环境得分

青岛金融生态环境超越天津，本期得分为 95.19 分，分数提升了 8.06 分，排名全国第 7，区域第 1。

与 28 个区域金融中心的平均水平相比，青岛和天津的金融生态环境具有一定优势，但是天津的金融生态环境得分已经连续 2 年下降，排名大幅度下滑至第 13。

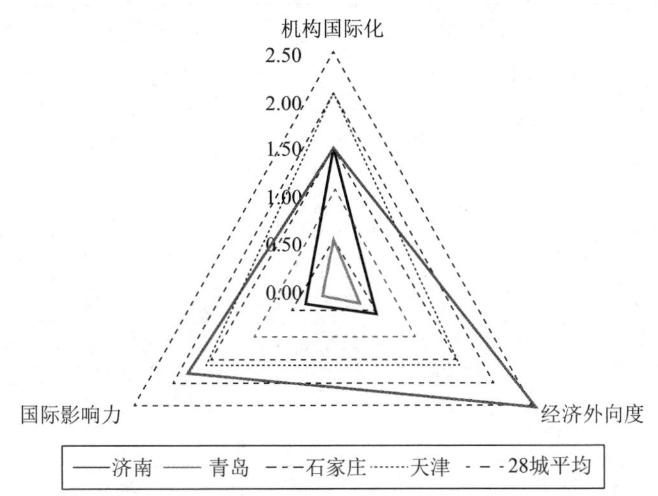

图 3.2.7　北部沿海金融中心本期金融生态环境中国际化程度对比

青岛金融生态环境较强是源于其国际影响力、经济外向度等方面的优势。在经济外向度方面，青岛 2018 年实际利用 FDI 总额为 86.9 亿美元，超过了深圳的 82 亿美元，为全国第 5，区内第 1。在国际影响力方面，青岛进入了全球金融中心评价指数（GFCI），并且其 2018 年国际航班起降架次达到 24553 次，超过了天津成为区内第 1。

天津本期金融生态环境得分下滑的原因之一是其实际利用 FDI 总额大幅下滑，2018 年天津实际利用 FDI 总额仅为 48.5 亿元，同时地方政府对于金融的政策环境支持力度较弱，政策力度低于青岛及济南，导致天津金融生态环境评分表现不佳。

3.3　东部沿海地区比较：区域竞争分化，发展特色显现

东部沿海地区包括浙江和江苏两省，国土面积 21 万平方公里，江浙两省

地处我国东部沿海,是长江三角洲地区的核心区域,与上海市一起合称为"江浙沪"经济圈,是我国经济最为繁荣的地区之一。目前,地区内分别有杭州、宁波、温州、南京、苏州和无锡等6个城市提出了打造区域金融中心的设想,并且在区域金融中心差异化、特色化发展方面取得一定成效。

表 3.3.1　东部沿海地区金融中心在 CFCI 11 中的评价结果

城市	综合竞争力		金融产业绩效		金融机构实力		金融市场规模		金融生态环境	
	得分	排名	得分	排名	得分	排名	得分	排名	得分	排名
杭州	63.10	6	88.36	8	57.95	4	15.09	6	95.06	8
南京	54.46	9	83.88	10	36.10	10	13.55	7	91.34	9
苏州	44.59	13	72.11	14	22.46	16	9.25	10	82.33	12
宁波	36.53	22	51.72	28	23.10	15	6.70	13	70.38	20
无锡	36.25	23	60.18	18	18.15	23	5.28	18	67.85	21
温州	29.61	29	53.52	27	14.71	27	1.30	31	54.09	29

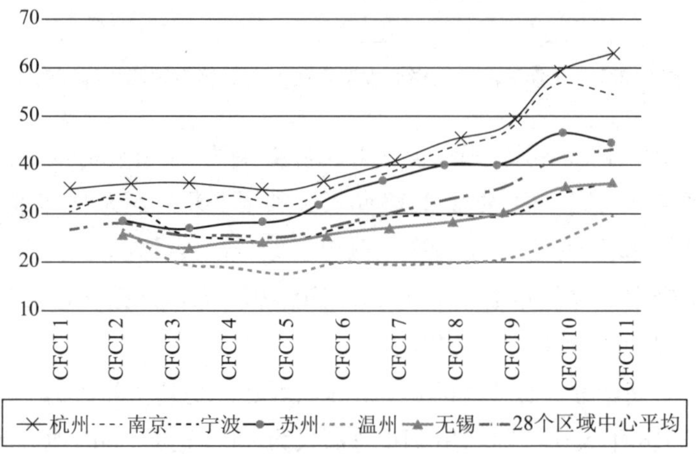

图 3.3.1　东部沿海地区各区域金融中心综合竞争力得分历期变化

根据本期 CDI CFCI 评价结果,本期杭州综合竞争力全国排名下滑 1 个名次,排名全国第 6,在东部沿海区域继续排名第 1。

南京曾在 CFCI 8、CFCI 9 两期中逼近杭州,两者分差最小的时候仅差 1 分左右,但近两期中它们的差距又被拉大,暂时难以撼动杭州"领头羊"的地位。

苏州金融中心发展有所回落，与杭州、南京差距逐渐拉大，本期得分快要跌破 28 个区域金融中心的平均水平，可能是苏州正经历的产业转型阵痛所致。

宁波、无锡两座城市金融中心综合得分多年来步调一致，不同的是，宁波首期上榜中国金融中心指数时，排名仅次于杭州。

温州与其他 5 座城市在金融中心发展中还存在明显差距，虽然近两年的发展有所起色，但是追赶过程较艰难。

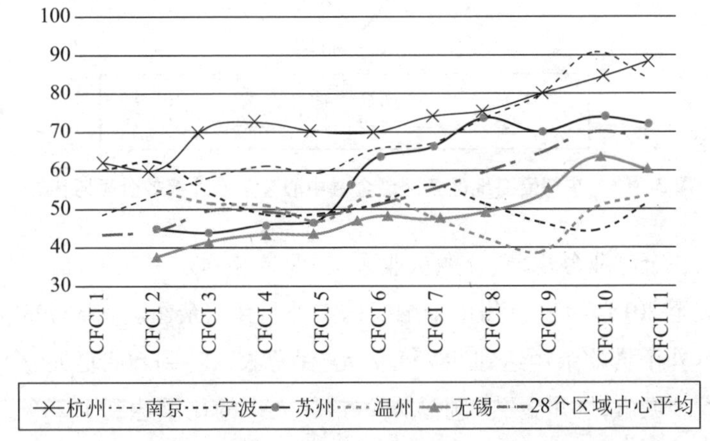

图 3.3.2 东部沿海地区各区域金融中心金融产业绩效分项得分历期变化

杭州是区域内唯一一个金融产业绩效得分保持稳步增长的城市，没有出现过明显的发展波动和下滑。

南京市金融产业绩效进步较快，南京在 CFCI 2 中金融产业绩效得分仅排名第 4，在 CFCI 10 中金融产业绩效得分一度超过杭州，但是在本期指数中得分有明显回落。

相比之下，温州、宁波多年来金融产业绩效得分波动较大，苏州近年来的金融产业绩效得分增长停滞。

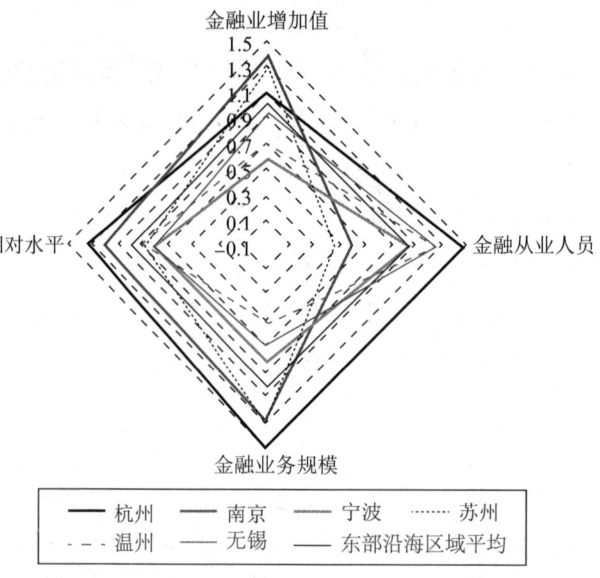

图 3.3.3　东部沿海地区各区域金融中心金融产业绩效分领域比较

杭州在金融业务规模、金融从业人员、业务相对水平三方面均处于区域领先。截至 2018 年底,杭州市金融机构本外币存款余额达到 36598 亿元、金融机构本外币贷款余额达到 58754 亿元,保费收入达到 664 亿元,全面领先于其他 5 个城市;杭州金融从业人员占常住人口的比重达到 1.23%,大幅领先于其他城市;2018 年度,杭州本外币存款余额、贷款余额以及本地证券交易量三个指标与 GDP 的比重分别达到 294.7%、270.9%、467.9%,均大幅领先于其他城市。

南京在金融业增加值分项保持区域领先,2018 年,南京市金融业增加值达到 1473.3 亿元,占当地 GDP 的比重达到 11.5%,是 6 个城市中唯一突破 10%的。

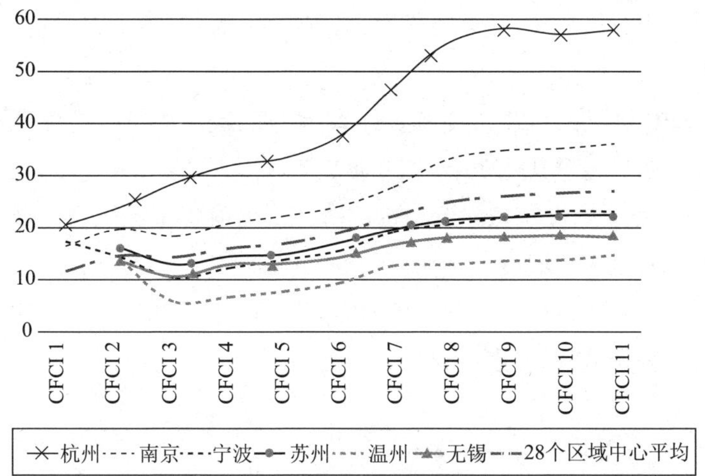

图 3.3.4　东部沿海地区各区域金融中心金融机构实力分项得分历期变化

杭州金融机构实力得分大幅超过东部沿海地区的其他金融中心城市，领先优势明显。

南京位列第 2，虽然与杭州得分差距较大，但对其他 4 个金融中心城市保有较大的领先优势。

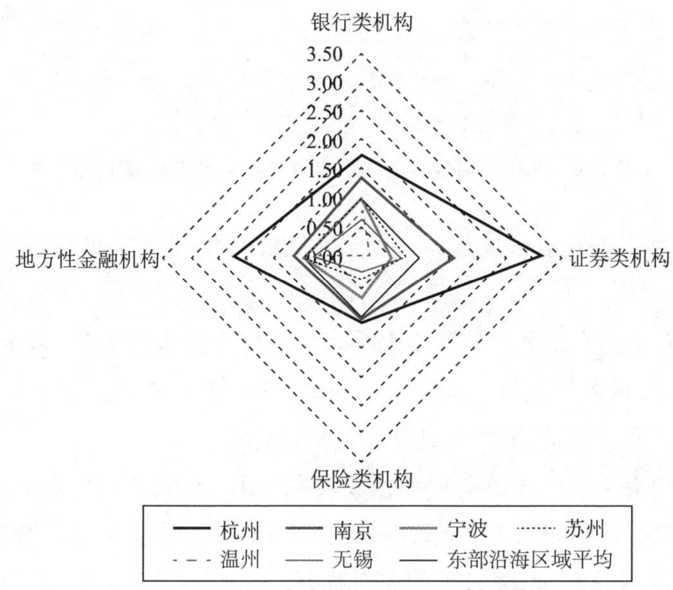

图 3.3.5　东部沿海地区各区域金融中心金融机构实力雷达图

杭州在银行类机构、证券类机构、地方性金融机构三个方面均具有显著领先优势。

截至 2018 年底,杭州市拥有多达 24 家银行类法人金融机构,数量和类型齐全程度明显超过其他 5 个城市;拥有 3 家法人证券公司,证券营业部数量达到 278 家;拥有 217 家融资租赁机构、123 家融资担保机构,这些方面均大幅领先于其他 5 个城市。

南京在保险类机构分项中与杭州实力接近,截至 2018 年底,南京拥有 3 家法人保险公司,资产规模达到 367 亿元。

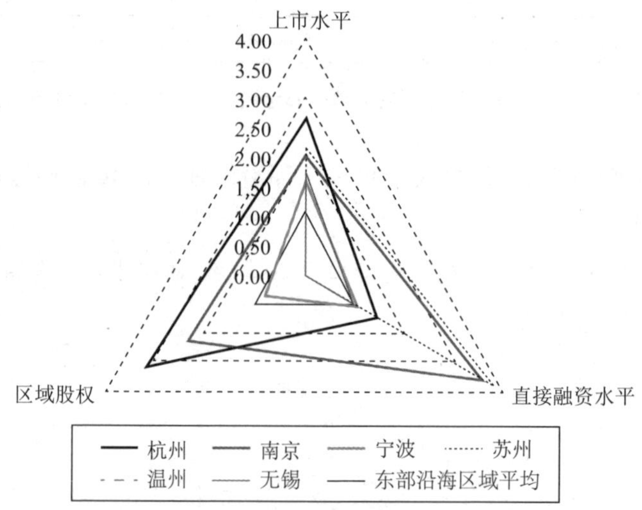

图 3.3.6 东部沿海地区各区域金融中心金融市场规模雷达图

杭州和南京金融市场规模分项得分突出,位列东部地区发展的第一梯队。

杭州在上市水平和区域股权交易市场发展方面表现突出,截至 2018 年底,杭州市区域股权交易市场挂牌公司达到 6642 家,本地 A 股上市公司数量达到 132 家,均明显超过区域内其他 5 个城市。

苏州和南京在直接融资水平领域表现突出。2018 年度,苏州年度新增直接融资规模达到 687.5 亿元,超过其他 5 个城市;南京本地 A 股市场累计融资额达到 3192 亿元,超过其他 5 个城市。

截至 2018 年底,温州本地 A 股市场累计融资额仅为 175.5 亿元,远低于区域内其他城市，这可能是因为其高度发达的民间金融对直接融资有“替代效应”。

表 3.3.2　东部沿海地区资本市场利用主要发展指标比较

金融业发展指标	年份	杭州	南京	宁波	苏州	温州	无锡
本地 A 股上市公司数/家	2018	132	84	75	107	20	77
新三板挂牌公司数/家	2018	299	205	119	249	48	142
年度新增 IPO 公司数/家	2018	3	6	2	2	1	4
本地 A 股市场累计融资额/亿元	2018	2287.0	3192.0	1402.1	1552.2	175.5	667.9
年度新增直接融资规模/亿元	2018	112.0	492.6	125.5	687.5	2.4	112.9

专栏 3.3.2　资本市场“苏州板块”不断发展壮大

苏州是我国制造业强市，依托于其强大的制造业发展基础，苏州资本市场发展优势突出。早在 2005 年，苏州就出台了《苏州市人民政府办公室关于加快发展资本市场的指导意见》，对于苏州资本市场的全方位发展拿出了一整套的政策扶持体系。多年来，苏州市资本市场与其经济发展良性结合，有效支撑了苏州经济高速增长。

2018 年全年，苏州新增上市公司 8 家，年末上市公司总数达 135 家，累计募集资金 2770 亿元。其中境内 A 股上市公司 107 家，数量列全国第 5、全省第 1，累计募集资金 2560 亿元。全年新增债券融资 1184 亿元。年末全市证券机构托管市值总额 5000 亿元，各类证券交易额 4 万亿元，期货市场交易额 2.5 万亿元。从行业分布看，苏州上市公司产业结构与苏州制造业基础优势相匹配。未来，随着苏州经济的加速转型和一大批优秀中小企业的成长壮大，优质的上市资源将源源不断，“苏州板块”将在全国资本市场中占据越来越重要的地位。

金融生态环境杭州和南京位列第一梯队，温州金融生态环境短板明显，与其他城市得分差距较大。

近年来，杭州已经对南京保持了一个稳定优势，而宁波对无锡的优势尚不明显。苏州从 CFCI 7 开始，金融生态环境领域的得分增速放缓，这与其近年来产业转型、经济发展增速放缓密切相关。

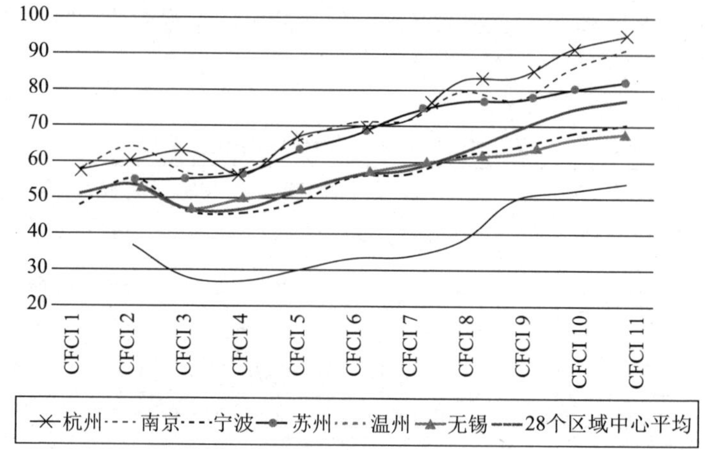

图 3.3.7　东部地区各区域金融中心金融生态环境分项得分历期变化

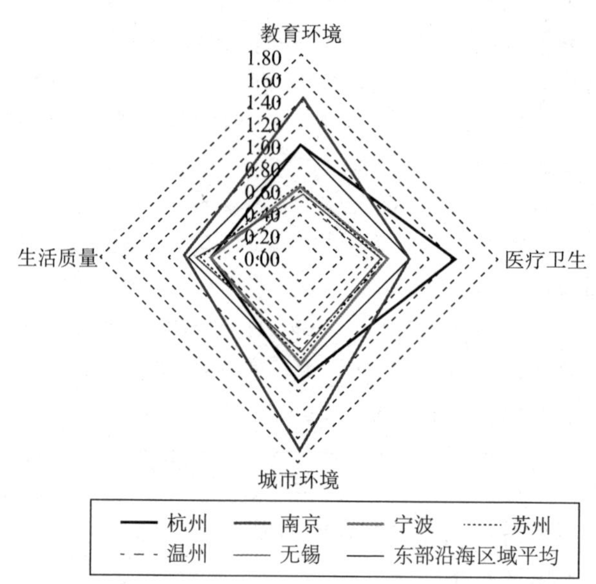

图 3.3.8　东部沿海地区各城市金融人才环境雷达图比较

南京的教育和城市环境两方面优势突出。截至 2018 年底,南京拥有 52 所普通高校,普通高校在校生人数达到 84.1 万人,人均公园绿地面积和每百万人轨道交通里程数均明显超过区域其他城市。

杭州在医疗卫生方面的区域比较优势明显。杭州拥有 6 家具备器官移植资质的医院,这代表着杭州的顶尖医疗资源要远超其他城市。同时,杭州每万人医院病床数达到 74.1 张,每万人执业医师数达到 44.2 人,本地医疗资源丰富性水平排名区域第 1。

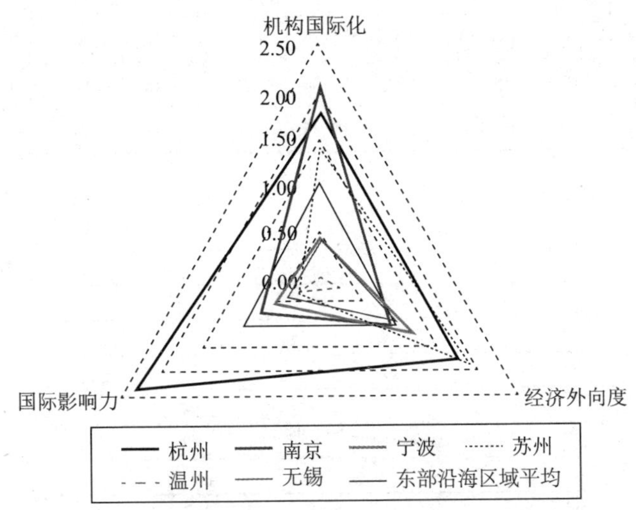

图 3.3.9 东部沿海地区各城市国际化程度雷达图比较

杭州的国际影响力分项领先优势尤为突出。2017 年度,杭州接待入境旅游者人数达到 402 万人,远超区域内其他城市;2018 年度,杭州国际航班起降架次达到 30511 次,同样远超区域内其他城市。

南京在机构国际化方面具有优势,其外资金融机构在本地的营业性机构数达到 46 家,数量排名区域第 1。

苏州则在经济外向度方面具有优势,2018 年进出口总额达到 3541 亿美元,几乎是区域内其他 5 个城市的总和。

3.4 南部沿海地区比较:广州大幅领先,厦门超越福州

南部沿海地区包括广东、福建、海南三省,除了深圳是全国性金融中心,南部沿海地区共有广州、厦门、福州三座城市进入本期 CFCI 指数评价。尽管入选的金融中心城市不多,但是南部沿海地区的总体实力并不弱,综合竞争力平均得分达 49.78,不仅领先于其他区域平均得分,同时高出 28 个区域金融中心平均得分将近 6 分,显示出较高水平的金融资源集聚度。

表 3.4.1 南部沿海地区金融中心在 CFCI 11 中的评价结果

城市	综合竞争力		金融产业绩效		金融机构实力		金融市场规模		金融生态环境	
	得分	排名	得分	排名	得分	排名	得分	排名	得分	排名
广州	73.47	4	101.53	5	54.76	7	11.31	8	135.78	3
厦门	39.06	17	65.10	15	18.30	22	5.48	17	74.70	17
福州	36.80	20	56.86	22	24.05	13	5.90	15	65.59	24

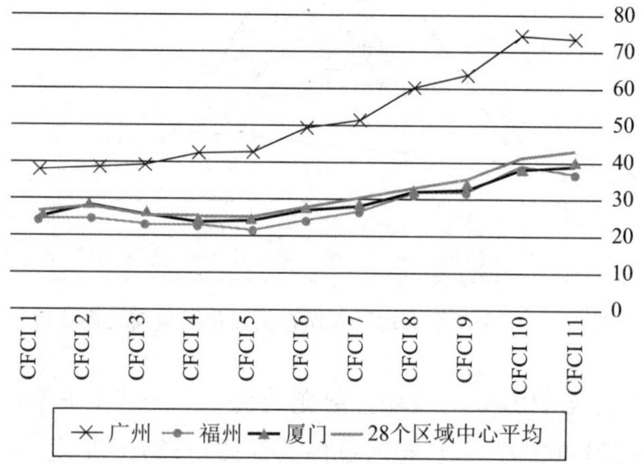

图 3.4.1 南部地区各城市综合竞争力得分历期变化

广州综合竞争力排名南部第 1、全国第 4。本期 CFCI 中,广州综合竞争力得分为 73.47 分,不仅大幅领先于本地区的厦门和福州,稳居南部第 1,同时与成都、杭州拉开将近 10 分的差距,排名全国第 4。

与三大全国性金融中心进行比较,广州综合竞争力差距明显,与上海、北京、深圳的分差分别为 198.33 分、159.70 分、64.71 分,要进一步提升其排名难度较大。究其原因,广州由于缺少全国性金融市场,作为金融中心的集聚和辐射能力受到较大影响。

厦门的综合竞争力排名超越福州,上升至南部地区第 2。本期 CFCI 中,厦门综合竞争力得分从上期的 38.05 分上升至 39.06 分,福州的综合竞争力得分从上期的 39.15 分下降至 36.8 分,厦门反超福州排名南部沿海地区第 2。

值得注意的是,厦门与福州作为福建省的两强,综合竞争力得分排名相近，在历期 CFCI 中出现交替领先，但又同时低于 28 个区域金融中心的平均水平，反映出福建省作为沿海发达省份，其金融资源集聚特征并不明显。

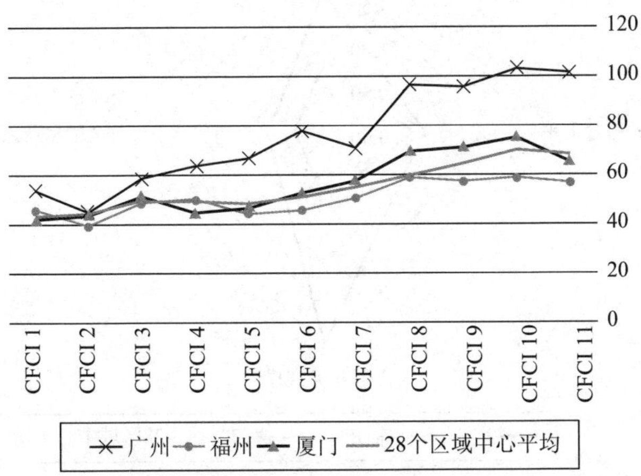

图 3.4.2　南部地区各城市金融产业绩效得分历期变化

表 3.4.2　南部地区各城市金融产业绩效评价比较

金融产业绩效	CFCI 11		CFCI 10		变化	
	得分	排名	得分	排名	得分	排名
广州	101.53	5	103.05	5	▼1.52	—
福州	56.86	22	58.88	22	▼2.02	—
厦门	65.10	15	75.05	13	▼9.95	▼2

本期 CFCI 中，南部区域金融中心的金融产业绩效得分均有下降，但与全国下滑的总体趋势相一致，排名位次变化不大。

广州得分远高于 28 个区域金融中心的平均水平和南部沿海地区的其他 2 个城市，排名全国第 5 位不变。

福州得分仍徘徊于 28 个区域金融中心的平均水平之下，排名全国第 22 位不变。

厦门得分的下降幅度较大，自第 6 期以来首次低于 28 个区域金融中心的平均水平，排名下滑 2 位至全国第 15 位。

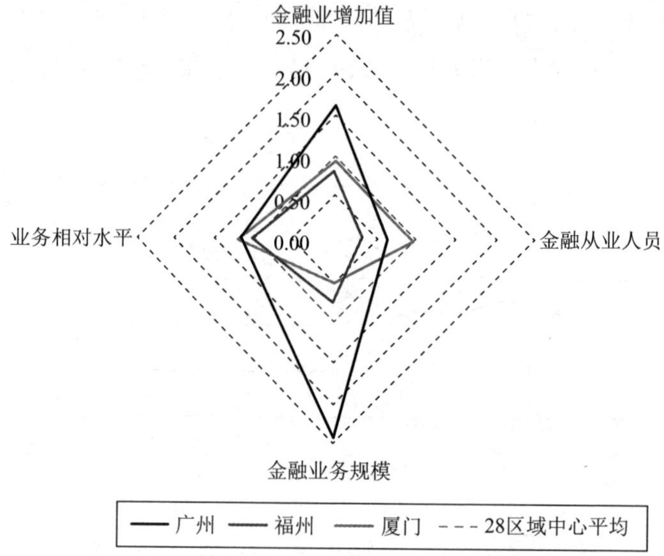

图 3.4.3　南部地区各城市金融产业绩效同南部地区平均水平比较

厦门、福州金融产业的规模劣势有所放大,金融产业绩效得分持续走低。

2018 年,厦门金融业增加值为 524.17 亿元,排名全国第 22 位;福州金融业增加值为 596.62 亿元,排名全国第 19 位。

2018 年,厦门金融机构本外币存款余额 10995 亿元,贷款余额 10554.1 亿元,均排名全国第 28 位;福州金融机构本外币存款余额 14204.3 亿元,贷款余额 15364.3 亿元,分别排名全国第 21 位和第 19 位。

2018 年,厦门实现保费收入 210.5 亿元,排名全国第 28 位;福州实现保费收入 303.12 亿元,排名全国第 24 位。

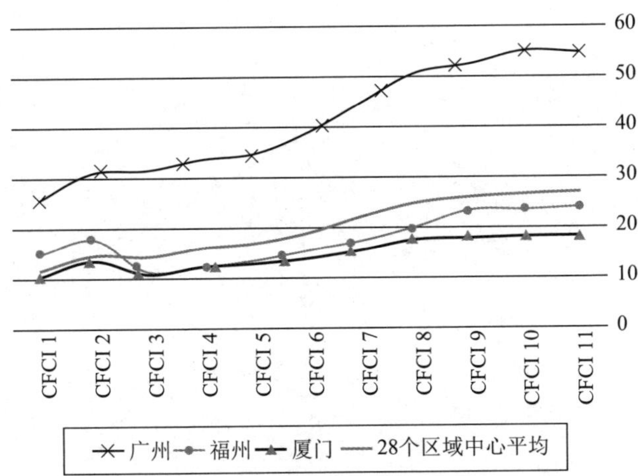

图 3.4.4　南部地区各城市金融机构实力得分历期变化

广州的金融机构实力保持相对领先，但与福州、厦门相比的领先优势有所收窄。

广州得分下降 0.36 分至 54.76 分，尽管依旧保持南部第一，但是全国排名被地方金融机构实力更强的重庆超越，下滑至第 6 位。

福州得分增加 0.51 分至 24.05 分，排名全国第 13 位，在南部地区落后于广州、领先于厦门。

厦门得分增加 0.1 分至 18.30 分，全国排名仍为第 22 位。

表 3.4.3　南部地区各城市金融机构实力评价比较

金融产业绩效	CFCI 11		CFCI 10		变化	
	得分	排名	得分	排名	得分	排名
广州	54.76	7	55.12	6	▼0.36	▼1
福州	24.05	13	23.54	13	▲0.51	—
厦门	18.30	22	18.20	22	▲0.10	—

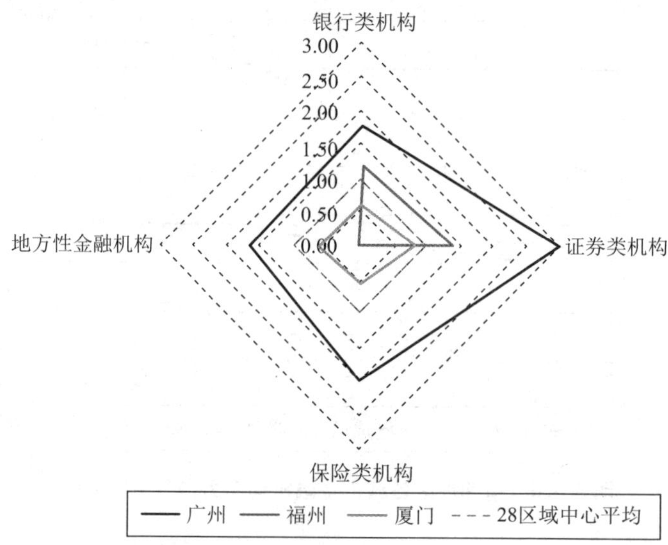

图 3.4.5 南部地区各城市金融机构实力同南部地区平均水平比较

广州金融机构实力在区域内保持全面领先,无论是法人机构数量还是规模均远超其他两个城市。

福州在银行类机构和证券类机构方面具有一定优势,这方面的得分高于全国 28 个区域中心平均水平,主要得益于兴业系银行类、证券类机构的有力支撑。

2018 年,福州法人商业银行资产总规模 69603.1 亿元(其中兴业银行 67142.2 亿元),排名全国第 4 位;法人证券公司资产总规模 1965.79 亿元(其中兴业证券 1551.38 亿元),排名全国第 6 位;法人期货公司资产总规模 118.57 亿元(其中兴业期货 99.25 亿元),排名全国第 6 位;公募基金管理公司 2 家,资产管理总规模 1960.66 亿元(其中兴业基金 1647.69 亿元),排名全国第 5 位。

表 3.4.4 南部地区各城市金融市场规模评价比较

金融产业绩效	CFCI 11		CFCI 10		变化	
	得分	排名	得分	排名	得分	排名
广州	11.31	8	6.80	7	▲4.51	▼1
福州	5.90	15	0.00	28	▲5.90	▲13
厦门	5.48	17	2.46	14	▲3.03	▼3

南部沿海区域各城市的金融市场规模整体上升。

广州得分为 11. 31 分，全国排名下滑 1 位至第 8 位，上市公司数量、直接融资水平与区域股权等方面的表现均好于福州、厦门。

福州得分为 5. 90 分，全国排名从第 28 位上升至第 15 位，主要得益于直接融资水平与区域股权市场的良好表现。

厦门得分为 5. 48 分，全国排名下滑 3 位至第 17 位，直接融资水平为主要短板。

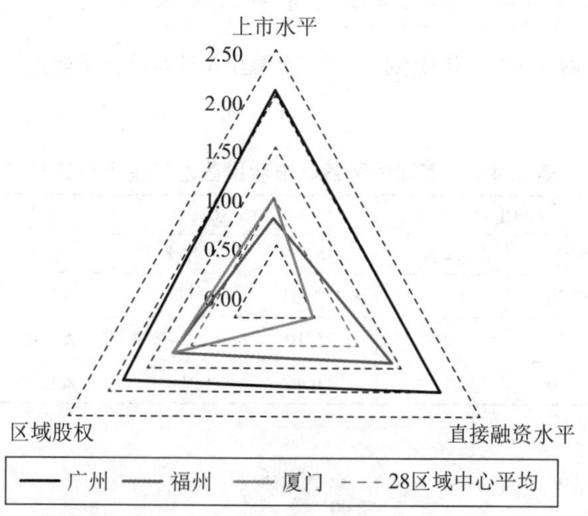

图 3. 4. 6　南部地区各城市金融市场规模同南部地区平均水平比较

南部区域金融中心的金融生态环境方面的得分均有上升，与全国各大城市主动作为改善金融发展生态的趋势一致，排名都维持不变。

广州得分为 135. 78 分，仅次于北京、上海，排名全国第 3，金融人才环境、金融商业环境、国际化程度全面领先于南部地区其他 2 个城市。

福州得分为 65. 59 分，仅排名全国第 24 位，专业服务、教育环境、经济外向度等方面的短板较为明显。

厦门得分为 74. 70 分，排名全国第 17 位，政策环境、地方风险控制表现优异，教育环境、经济基础与专业服务有待提升。

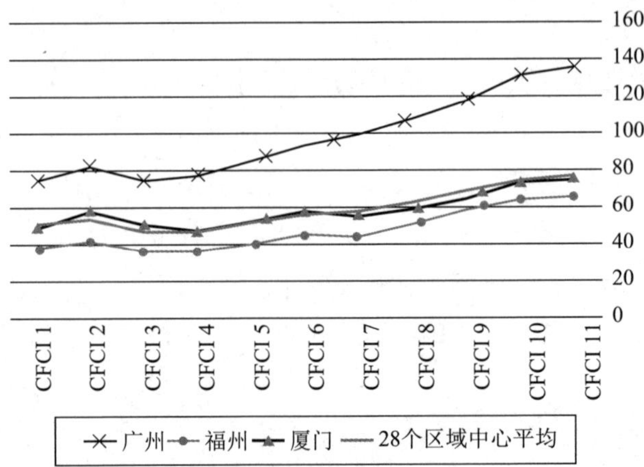

图 3.4.7 南部地区各城市金融生态环境得分历期变化

表 3.4.5 南部地区各城市金融生态环境评价比较

金融产业绩效	CFCI 11		CFCI 10		变化	
	得分	排名	得分	排名	得分	排名
广州	135.78	3	131.41	3	▲4.37	—
福州	65.59	24	64.10	24	▲1.49	—
厦门	74.70	17	73.45	17	▲1.25	—

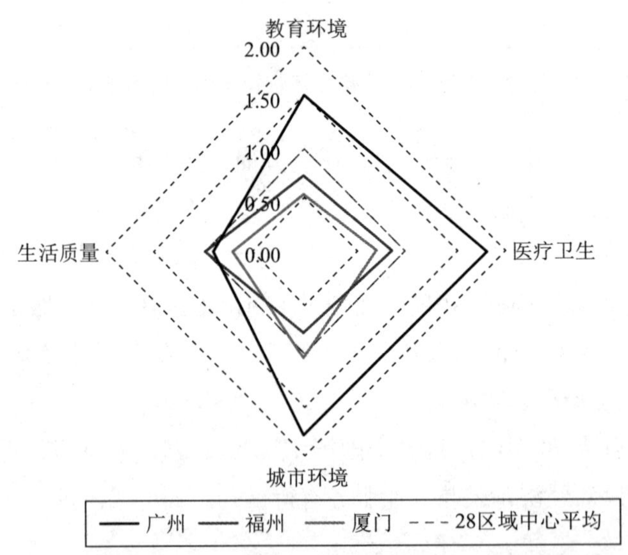

图 3.4.8 南部地区各城市金融人才环境同南部地区平均水平比较

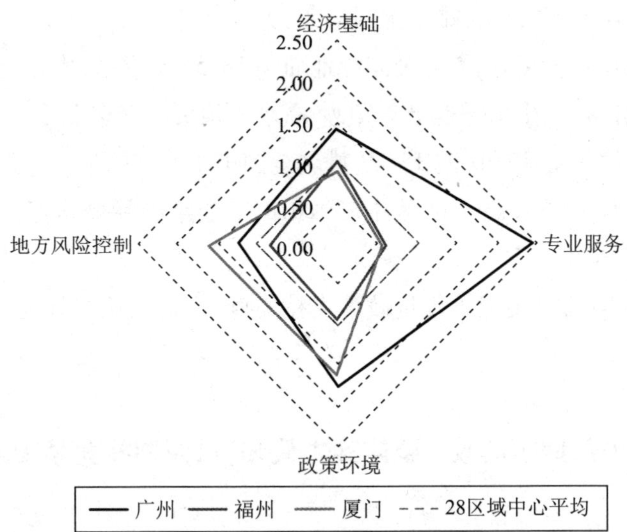

图 3.4.9　南部地区各城市金融商业环境同南部地区平均水平比较

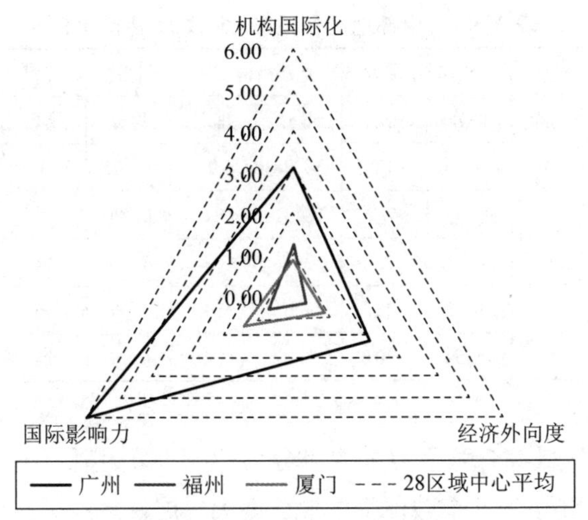

图 3.4.10　南部地区各城市国际化程度同南部地区平均水平比较

金融生态环境是广州的竞争优势项，除金融人才环境方面的生活质量和金融商业环境方面的地方风险控制两项，广州其他各方面在全国都保持有比较优势。

教育环境方面,广州高等教育水平发达。2017 年,广州拥有普通高等学校在校学生 106.73 万人,排名全国第 2。

广州城市环境良好,人均公园绿地面积 18.52 平方米,排名全国第 1。

广州的医疗卫生水平也十分发达,高水平顶尖医疗资源丰富,2018 年拥有具备器官移植资质的医院 15 家,排名全国第 2。

国际化程度显著高于区域中心,2018 年全年国际航班起降架次达到 103947,排名全国第 3。

此外,广州金融业发展促进政策支持力度、产业政策友好度分别排名全国第 3 和第 2。

3.5 中部地区比较:整体实力偏弱,武汉郑州竞争加剧

中部地区包括山西、安徽、江西、河南、湖北、湖南六省,进入本期 CFCI 指数评价榜单的金融中心城市,分别是武汉、郑州、长沙、合肥和南昌。

表 3.5.1 中部地区各城市 CFCI 11 评价比较

城市	综合竞争力		金融产业绩效		金融机构实力		金融市场规模		金融生态环境	
	得分	排名	得分	排名	得分	排名	得分	排名	得分	排名
武汉	52.54	10	73.15	13	36.28	9	11.01	9	97.03	6
郑州	49.87	12	96.31	7	18.31	21	17.80	4	75.59	16
长沙	39.00	18	54.21	25	22.18	17	7.99	11	78.57	14
合肥	36.69	21	56.48	24	23.63	14	5.77	16	66.19	23
南昌	32.56	26	46.54	30	17.97	24	6.29	14	65.31	25

中部地区区域综合竞争力平均得分为 76.54 分,稍低于全国 28 个区域金融中心的平均得分,5 个城市整体形成两大发展梯队。

本期武汉、郑州、长沙、合肥、南昌的综合竞争力排名分别为第 10 位、第 12 位、第 18 位、第 21 位和第 26 位。

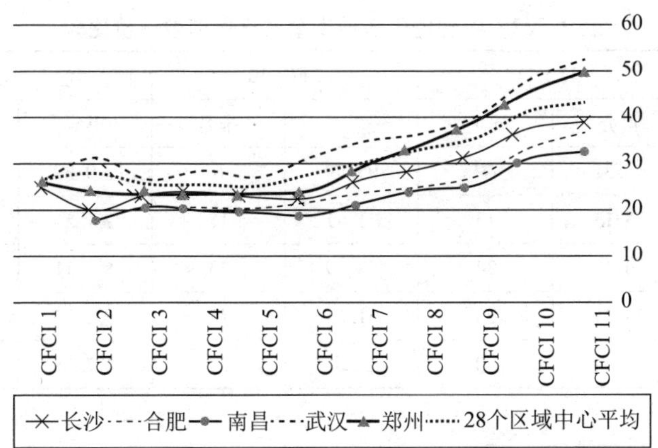

图 3.5.1　中部地区各区域金融中心综合竞争力得分历期变化

本期 CFCI 中,武汉和郑州属于第一梯队,保持中部领先地位,两者综合竞争力得分相差在 10%以内。武汉综合排名不变,维持着全国十强和中部地区排名第一的地位,科技金融发展方面的表现较为突出;郑州综合竞争力得分有较大提升,总体排名不变,发展增速明显。

专栏 3.6.1　武汉奋力迈向中部金融中心,科技金融发展特色突出

金融中心发展提前突破 2020 年预期目标。2015 年出台的《武汉区域金融中心建设 2014—2030 年总体规划》中提出,预计到 2020 年,金融业增加值达到 1200 亿元,2018 年武汉金融业增加值达 1233.3 亿元,提前两年实现目标。金融业增加值同比增长 7.8%,增速位于副省级城市前 3。2018 年末,武汉金融机构本外币各项贷款余额 28270.77 亿元,同比增长 18.05%;本外币各项存款余额 26331.62 亿元,同比增长 7.48%,存贷比达 107.4%,居副省级城市第 1。

科技金融创新发展成为核心亮点。武汉积极建立以科技金融为重点的全国性专业金融中心,发展成绩卓然。2018 年,汉口银行联手多家投资机构成立武汉首个"投贷联盟",以投贷联动为核心,探索"股债联动,资智结合"模式,服务好区域科技企业。3 家投贷联动试点银行先后与 30 家内外部投资公司开展合作,支持科创企业 129 户,投贷联动贷款余额 11.7 亿元,同比增长 84.6%;对应投资总额 41.2 亿元,同比增长 27.4%。截至 2018 年底,全市 23 家中资银行科技贷款(含票据融资)余额为 2057.21 亿元,全年新增 121.18 亿元,同比增长 6.26%。

表 3.5.2　中部地区各城市金融产业绩效评价比较

金融产业绩效	CFCI 11		CFCI 10		变化	
	得分	排名	得分	排名	得分	排名
郑州	96.31	7	95.99	6	▲0.32	▼1
武汉	73.15	13	71.61	15	▲1.54	▲2
合肥	56.48	24	58.59	23	▼2.11	▼1
长沙	54.21	25	51.64	28	▲2.57	▲3
南昌	46.54	30	53.61	27	▼7.08	▼3

金融产业绩效增速放缓,郑州处于领先地位。本期 CFCI 中,中部地区金融产业绩效排名变化较大,武汉和长沙分别上升 2 个和 3 个位次,郑州、合肥和南昌分别下降 1 个、1 个和 3 个位次。

郑州金融产业绩效得分仍远高于区域内平均水平和中部地区其他 4 个城市,武汉稍高于区域内平均水平,长沙、合肥和南昌低于区域内平均水平。

郑州、武汉、合肥、长沙、南昌的金融产业绩效排名分别为第 7 位、第 13 位、第 24 位、第 25 位和第 30 位。

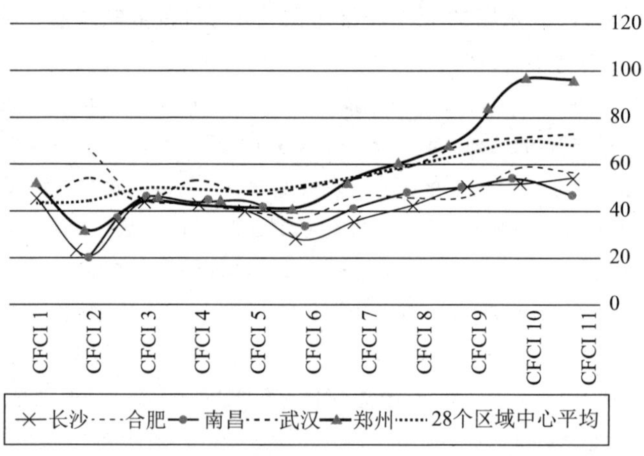

图 3.5.2　中部地区各区域金融中心金融产业绩效得分历期变化

郑州金融产业绩效突出得益于金融产业体量和金融从业人员规模的快速增长。

2017 年郑州金融从业人员达到 8.6 万,近 3 年平均增速高达 22.7%,增速排名全国第 1 位。

2018 年,郑州保险密度为 6993 元/每人,大幅领先于同区域其他金融中心,排名全国第 5 位。

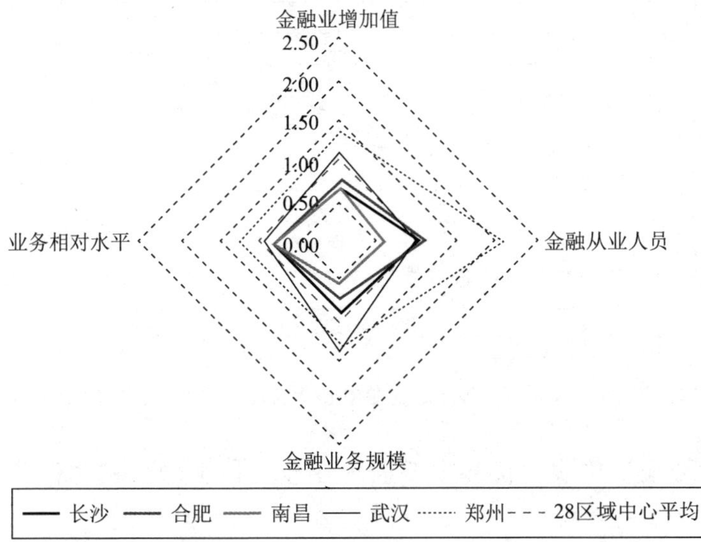

图 3.5.3 中部地区各区域金融中心金融产业绩效分领域比较

表 3.5.3 中部地区各城市金融机构实力评价比较

金融机构实力	CFCI 11		CFCI 10		变化	
	得分	排名	得分	排名	得分	排名
长沙	22.18	17	22.40	16	▼0.21	▼1
合肥	23.63	14	23.09	15	▲0.55	▲1
南昌	17.97	24	17.93	24	▲0.05	—
武汉	36.28	9	36.42	9	▼0.14	—
郑州	18.31	21	18.09	23	▲0.21	▲2

中部区域金融机构实力整体偏弱,金融机构实力平均得分为 23.68 分,低于全国 28 个区域中心的平均水平,仅武汉高于区域平均水平。

本期 CFCI 金融机构实力排名中,郑州和合肥分别上升 2 个和 1 个位次,长沙下降 1 个位次,武汉和南昌保持不变。

武汉、合肥、长沙、郑州、南昌的金融机构实力排名分别为第 9 位、第 14 位、第 17 位、第 21 位、第 24 位。

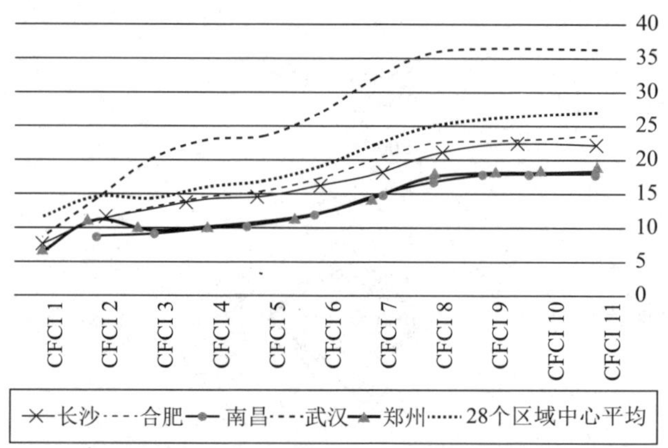

图 3.5.4　中部地区各区域金融中心金融机构实力得分历期变化

武汉金融机构实力优势主要表现在地方性金融机构和保险类机构方面。

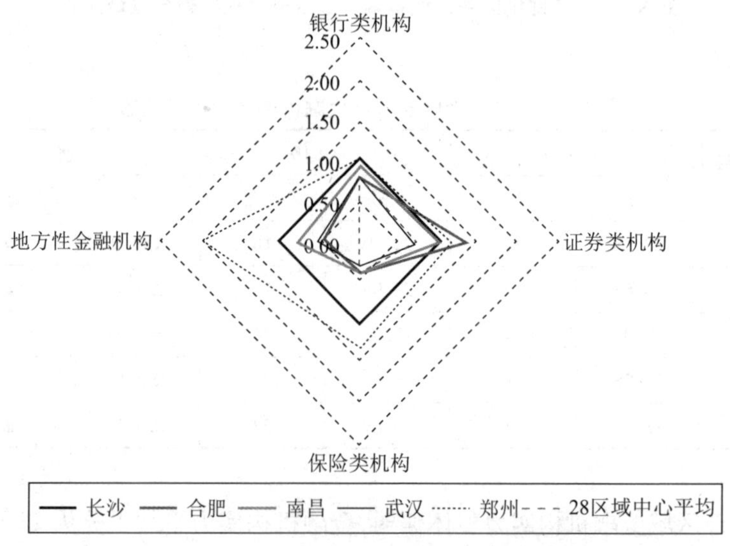

图 3.5.5　中部地区各区域金融中心金融机构实力分领域的比较

2018 年，武汉拥有 2 家法人保险公司，法人保险公司资产规模 867 亿元,排名中部地区第1。小额贷款机构达114家,排名全国第5,中部地区第1。融资担保机构达84家,排名全国第5,中部地区第1。私募基金公司方面也具有一定的比较优势,数量为743家,排名全国第10,中部地区第1。

表3.5.4　中部地区各城市金融市场规模评价比较

金融市场规模	CFCI 11		CFCI 10		变化	
	得分	排名	得分	排名	得分	排名
长沙	7.99	11	3.42	12	▲4.57	▲1
合肥	5.77	16	2.37	16	▲3.40	—
南昌	6.29	14	6.51	8	▼0.23	▼6
武汉	11.01	9	6.50	9	▲4.51	—
郑州	17.80	4	11.81	5	▲5.98	▲1

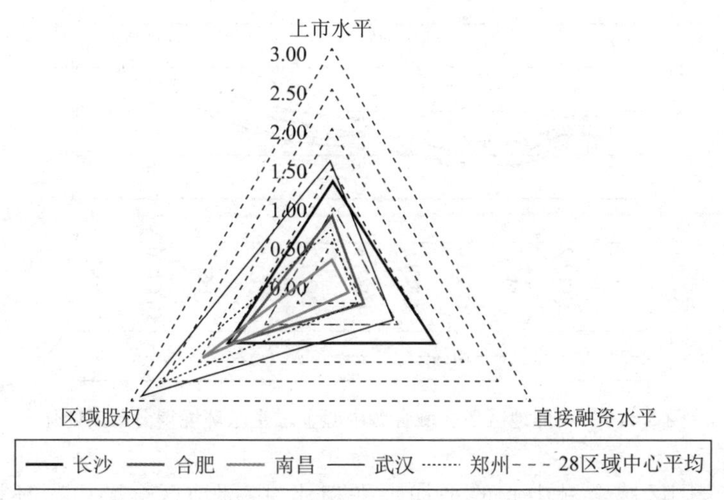

图3.5.6　中部地区各区域金融中心金融市场规模分领域的比较

金融市场规模方面,郑州在中部地区有显著优势。郑州上升1个位次,排名全国第4,仅次于三大全国性金融中心。

武汉、长沙、南昌、合肥的金融市场规模分别排名第9位、第11位、第14位和第16位。

一方面,郑州是全国少数拥有全国性金融市场——郑州商品期货市场的城市。另一方面,郑州在区域股权交易市场建设方面也具备极强优势。

截至 2018 年底,郑州区域股权挂牌公司达 5221 家,排名全国第 5。

表 3.5.5　中部地区各城市金融生态环境评价比较

金融生态环境	CFCI 11		CFCI 10		变化	
	得分	排名	得分	排名	得分	排名
武汉	97.03	6	92.57	6	▲4.46	—
长沙	78.57	14	75.55	14	▲3.02	—
郑州	75.59	16	72.57	18	▲3.02	▲2
合肥	66.19	23	64.12	23	▲2.07	—
南昌	65.31	25	62.48	25	▲2.83	—

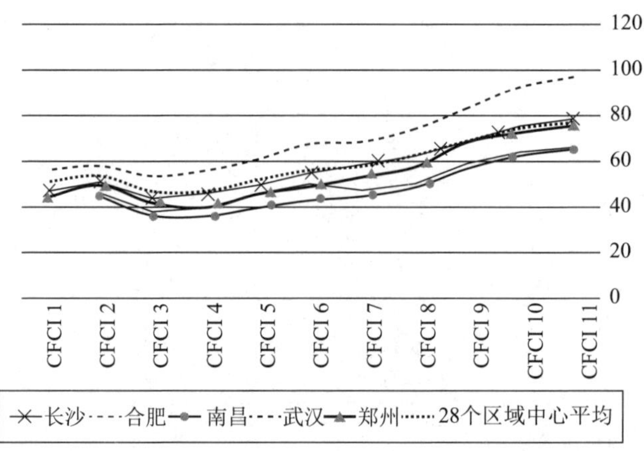

图 3.5.7　中部地区各区域金融中心金融生态环境得分历期变化

与全国区域金融中心的平均水平相比,中部地区金融生态环境处于劣势。

武汉金融生态环境得分远高于中部其他城市,一直处于优势地位,排名国内第 6、区域金融中心第 3、中部第 1。

长沙、郑州、合肥、南昌的金融生态环境分别排在第 14 位、第 16 位、第 23 位和第 25 位。

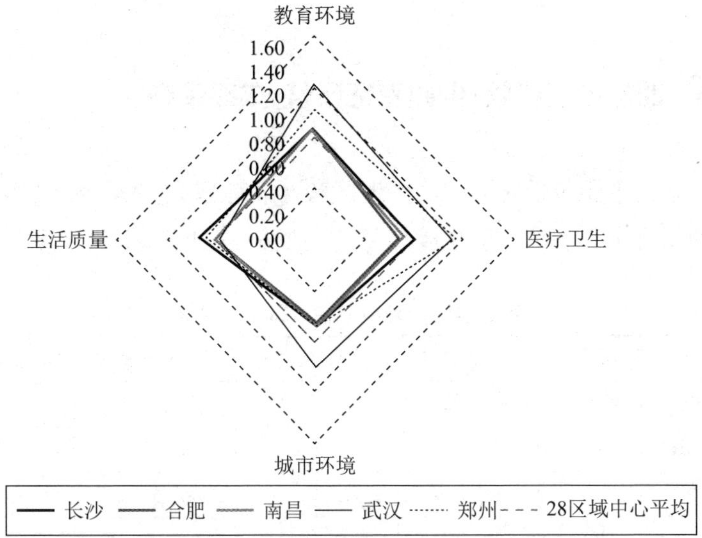

图 3.5.8　武汉人才环境同 28 区域中心平均水平的比较

武汉的教育和城市环境在中部地区有显著优势。拥有 83 所普通高等院校，其中 9 家“双一流”高校，在校大学生人数达到 94.8 万，高校数量和学生人数均排名全国第 3，远高于同区域其他城市。

武汉金融中心的国际化程度方面，经济外向度、机构国际化、国际影响力均排名区域首位。2018 年武汉实际利用 FDI 总额为 109.3 亿美元，全国排名第 4、中部地区第 1。

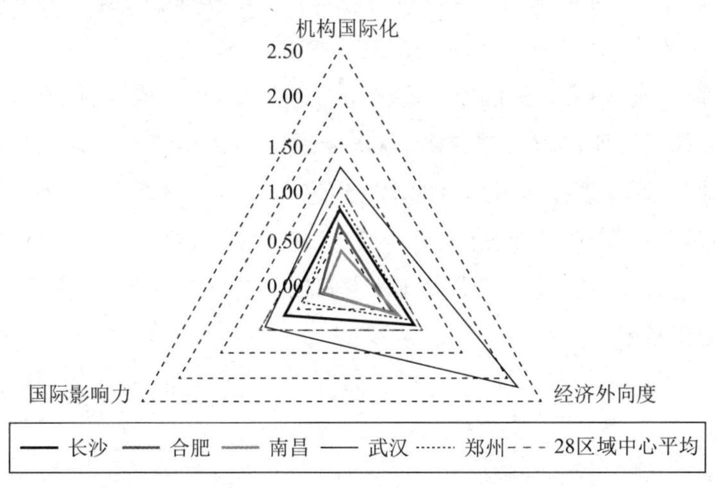

图 3.5.9　武汉金融生态国际化程度同 28 区域中心平均水平的比较

3.6 西部地区比较:中心特征显著,成都领跑

西部地区主要包括我国的西南地区和西北地区,进入本期 CFCI 指数评价榜单的金融中心城市分别是成都、重庆、西安、昆明、南宁和乌鲁木齐。

表 3.6.1 西部地区金融中心在 CFCI 11 中的评价结果

城市	综合竞争力		金融产业绩效		金融机构实力		金融市场规模		金融生态环境	
	得分	排名	得分	排名	得分	排名	得分	排名	得分	排名
成都	63.62	5	107.93	4	42.73	8	7.68	12	104.03	5
重庆	57.30	8	85.12	9	56.72	5	3.82	21	86.50	11
西安	50.01	11	80.57	11	33.91	11	4.88	19	87.33	10
南宁	34.59	24	64.19	16	14.38	28	2.44	26	64.04	26
昆明	33.40	25	54.05	26	13.16	30	1.67	30	72.26	19
乌鲁木齐	28.43	31	50.40	29	12.69	31	3.57	23	52.33	31

本期 CFCI 中,成都综合排名较上期上升 1 个位次,反超杭州,重庆较上期上升 1 个位次,西安较上期上升 2 个位次。

成都、重庆、西安、南宁、昆明和乌鲁木齐在本期综合竞争力排名分别为第 5 位、第 8 位、第 11 位、第 24 位、第 25 位和第 31 位。

成都、重庆、西安均为国家中心城市,发展实力相对雄厚,成都作为西部金融中心的发展地位越来越突出,重庆金融中心在长江上游地区发展中处于核心地位,西安正在向国际金融中心迈进。

南宁得益于产业绩效突出,进步最大,由上期的倒数第 2 上升到本期的第 24 位,上升 6 个位次。昆明和乌鲁木齐较上期分别下降 2 个和 3 个位次,综合实力仍较薄弱。

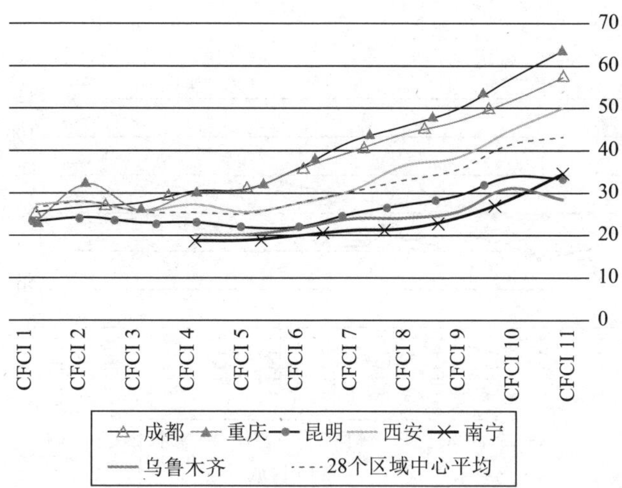

图 3.6.1　西部地区各区域金融中心综合竞争力得分历期变化

专栏 3.6.1　成都国家西部金融中心发展成效凸显，建设理念加快转型升级

成都自正式明确“国家西部金融中心”的新定位，于 2016 年上升为国家战略以来，其在全国的竞争力和影响力稳步提升。

金融发展规模西部领先。2018 年，成都金融业增加值达到 1750.2 亿元，与 2009 年相比，年均增速超过 14%，占 GDP 的比重超过 11%，本外币存款余额 3.78 万亿元，贷款余额达到 3.26 万亿元。成都保费收入 927.1 亿元，保险深度达到 6.04%，保险密度达到 5677.28 元/人。成都共有各类金融机构及中介服务机构 2600 余家，上市公司共 94 家（A 股 75 家），2018 年度成都新增上市公司数量达到 10 家。

实现建设理念四个转变。从体量规模积累向核心功能凸显转变，持续增强“资本市场、财富管理、创投融资、金融结算、新型金融”五大核心功能。从传统金融集聚向新金融生态圈构建转变，打造特色新金融与金融科技产业集群。从中心极核主导向辐射和服务省市经济转变，推动西部金融中心建设，从自身集聚式扩张发展迈向服务省市经济高质量发展之路。从碎片化被动防范向系统性主动防范转变，坚决守住不发生系统性、区域性金融风险的底线，保障西部金融中心稳定发展。

积极培育“单打冠军”。成都致力于发展科技金融、农村金融、消费金融、金融科技、供应链金融、绿色金融、文化金融六类新金融“单打冠军”。2018 年，“盈创动力”科技金融平台入选国务院 13 项具备复制条件的全面创新改革试验举措；“农贷通”金融综合服务平台放款率达 67%；自贸区供应链金融多式联运提单融资超百例；绿色信贷余额逾 2500 亿元，环境污染责任保险投保企业近 200 家，通过交易所实现碳排放权交易逾 500 万吨；成立了西南地区首家文化金融专营机构“成都银行锦城文创支行”，总授信额度达 10 亿元；成都金融科技企业超过 350 家、数量位居国内前 5。

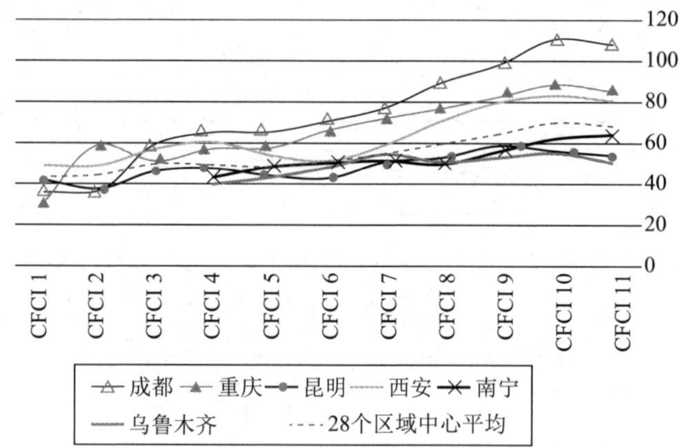

图 3.6.2　西部地区各区域金融中心金融产业绩效得分历期变化

在经历上期的大幅增长后,西部地区金融中心增速有所放缓,成都和重庆排名不变,西安和南宁分别上升 1 个和 4 个位次,昆明和乌鲁木齐分别下降 1 个和 3 个位次。

成都、重庆和西安的得分高于全国区域性金融中心的平均水平,成都得分遥遥领先,而南宁尤其是昆明和乌鲁木齐远低于平均水平,两极分化差距较大。

成都、重庆、西安、南宁、昆明和乌鲁木齐在本期金融产业绩效排名分别为第 4 位、第 9 位、第 11 位、第 16 位、第 26 和第 29 位。

表 3.6.2　西部地区各城市金融产业绩效评价比较

金融产业绩效	CFCI 11		CFCI 10		变化	
	得分	排名	得分	排名	得分	排名
成都	107. 93	4	110. 59	4	▼2. 66	—
重庆	85. 12	9	88. 51	9	▼3. 39	—
昆明	54. 05	26	56. 21	25	▼2. 15	▼1
西安	80. 57	11	83. 17	12	▼2. 60	▲1
南宁	64. 19	16	62. 29	20	▲1. 91	▲4
乌鲁木齐	50. 40	29	55. 14	26	▼4. 74	▼3

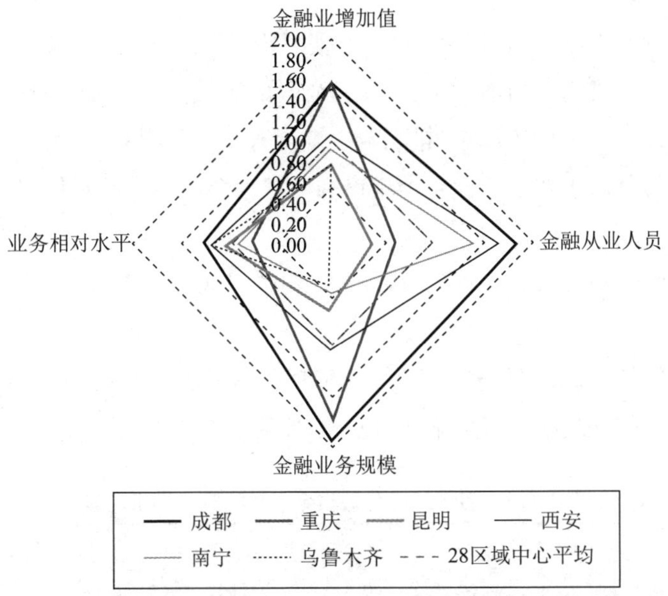

图 3.6.3 西部地区各区域金融中心金融产业绩效分领域的比较

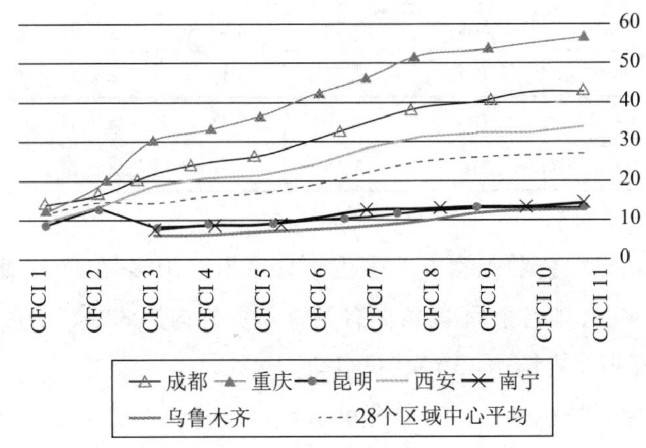

图 3.6.4 西部地区各区域金融中心金融机构实力得分历期变化

本期成都金融产业绩效表现突出,在西部地区具有明显的业务规模优势。2017 年成都金融从业人员达到 12.7 万,近 3 年平均增速高达 16.8%,增速排名全国第 3 位、西部第 1 位。

成都保险深度和保险密度均大幅领先于同区域其他金融中心,分别排名全国第3位和第10位。

成都本地证券交易量与GDP之比达547.5%,居全国第6。

重庆金融机构实力的得分远高于全国区域性金融中心的平均水平,在西部地区处于绝对优势地位,排名较上期上升2个位次。

成都得分高于西部其他4个城市和区域性金融中心的平均水平,较重庆有一定的差距。

本期西安得分有较大提升,南宁得分小幅上扬,乌鲁木齐和昆明的表现持续低落。

本期成都、重庆、西安、南宁、昆明和乌鲁木齐在金融机构实力排名分别为第8位、第5位、第11位、第28位、第30和第31位。

表3.6.3 西部地区各城市金融机构实力评价比较

金融机构实力	CFCI 11		CFCI 10		变化	
	得分	排名	得分	排名	得分	排名
成都	42.73	8	42.59	8	▲0.14	—
重庆	56.72	5	55.11	7	▲1.61	▲2
昆明	13.16	30	13.16	29	▼0.01	▼1
西安	33.91	11	32.37	11	▲1.54	—
南宁	14.38	28	13.49	28	▲0.89	—
乌鲁木齐	12.69	31	12.55	31	▲0.14	—

重庆在地方性金融机构方面表现十分突出。2018年,重庆拥有小额贷款机构达274家,排名全国第1;拥有融资租赁机构达82家,居西部第1,全国第11;融资担保机构达132家,排名全国第1。

成都在保险类机构方面有较强的区域比较优势。截至2018年底,成都有3家法人保险公司,资产规模为2548亿元。

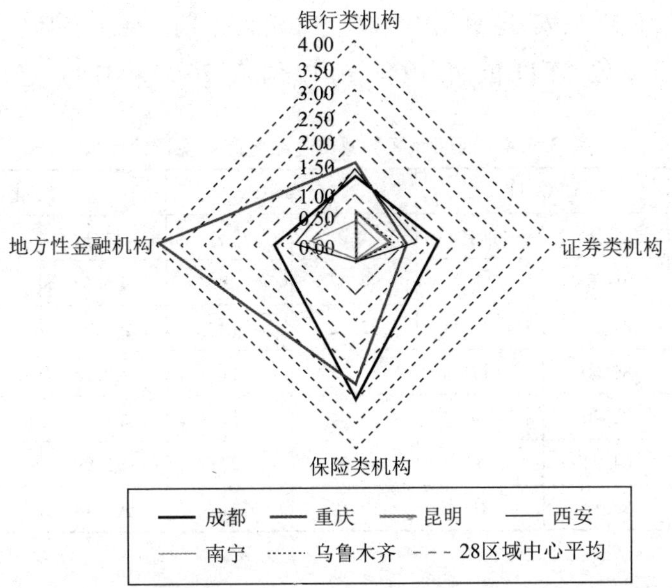

图 3.6.5 西部地区各区域金融中心金融机构实力分领域的比较

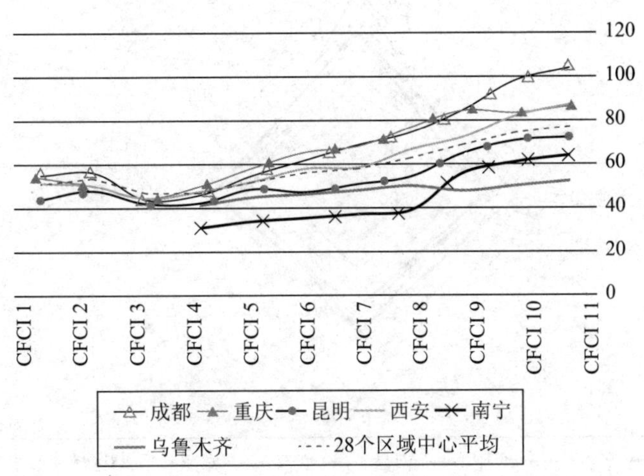

图 3.6.6 西部地区各区域金融中心金融生态环境得分历期变化

与全国区域金融中心的平均水平相比，成都、重庆和西安金融生态环境均具有比较优势，成都表现尤为突出，金融生态环境改善幅度要快于其他城市，一跃升至西部地区最佳。。

本期金融生态环境分项排名重庆维持不变，西安较上期上升 2 个位次，首次超越重庆，昆明、乌鲁木齐和南宁的比较劣势仍较明显。

成都、重庆、西安、昆明、南宁和乌鲁木齐在本期金融生态环境方面的排名分别为第5位、第11位、第10位、第19位、第26和第31位。

表3.6.4 西部地区各城市金融生态环境评价比较

金融生态环境	CFCI 11		CFCI 10		变化	
	得分	排名	得分	排名	得分	排名
成都	104.03	5	98.37	5	▲5.65	—
西安	87.33	10	82.12	12	▲5.20	▲2
重庆	86.50	11	83.55	11	▲2.95	—
昆明	72.26	19	70.84	19	▲1.42	—
南宁	64.04	26	61.05	27	▲2.99	▲1
乌鲁木齐	52.33	31	50.18	31	▲2.14	—

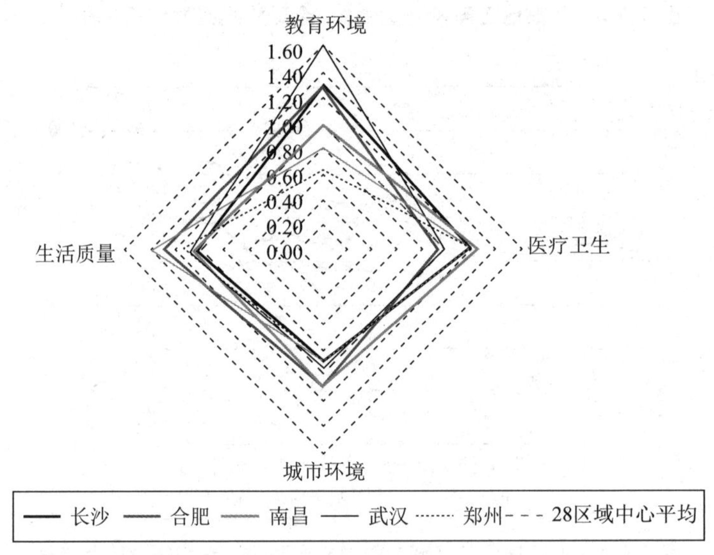

图3.6.7 西部地区金融人才环境同28区域中心平均水平的比较

金融人才环境方面,西安在教育环境方面有较明显优势。2018年,西安共有普通高校63所,其中11所“双一流”高校,数量区域排名第1。

城市环境方面,昆明的表现更胜一筹,空气质量、交通状况等方面优于区域内其他城市。

生活质量方面，南宁和重庆表现更佳，比区域内其他城市收入水平更高的同时，房价、生活成本等更低。

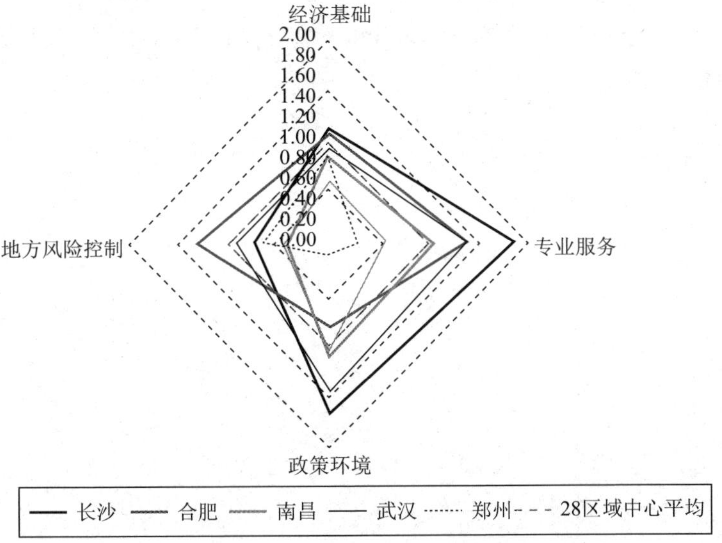

图 3.6.8　西部地区金融商业环境分领域的比较

金融商业环境方面，成都的专业服务、政策支持在西部地区表现最佳，重庆则在地方风险控制方面表现优秀。

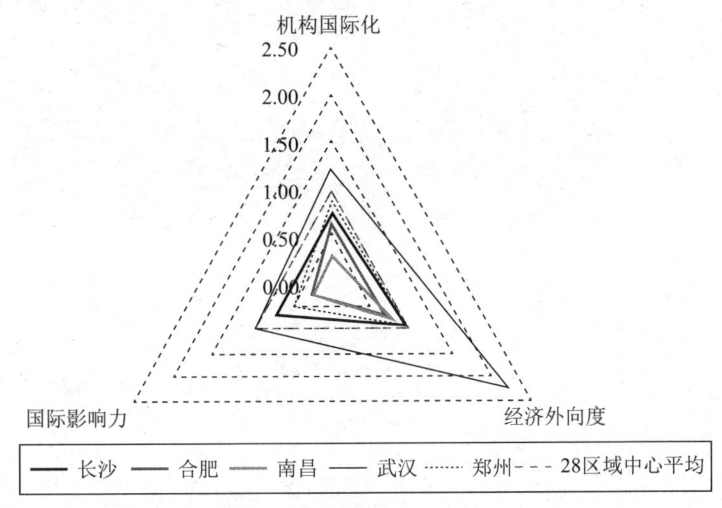

图 3.6.9　西部地区国际化水平分领域的比较

相对来说,西部地区国际化程度最高的城市是成都,其在经济外向度、机构国际化、国际影响力等方面均是区域最佳。2018年,成都拥有外资金融机构40家,位列全国第7,西部第1;国际航班起降架次为36710次,居全国第3,西部第1;当年实际利用FDI总额120.3亿美元,居全国第3,西部第1。

第四章　2019 年中国金融中心专项十强排名

4.1　法人金融机构发展十强

根据 CDI 金融中心“钱才集聚论”和“法市辐射论”，法人金融机构是金融中心集聚人才、资金的重要载体，也是金融中心服务本地市场和辐射腹地市场的重要主体。法人金融机构的数量和规模实力直接影响金融中心的发展水平，培育支持法人金融机构至关重要。本期 CDI CFCI 选取法人金融机构的数量和规模两个维度，对 31 个金融中心的法人金融机构培育支持成效做专项评价，为研究我国金融中心建设提供一个新的视角。

2019 年中国金融中心法人金融机构发展十强依次是：北京、上海、深圳、天津、杭州、广州、南京、成都、福州和重庆。

表 4.1.1　2019 年度法人机构发展十强

城市	排名
北京	1
上海	2
深圳	3
天津	4
杭州	5
广州	6
南京	7
成都	8
福州	9
重庆	10

该榜单中各金融中心的具体排名呈现出以下两大特征:一是法人金融机构实力与金融中心综合竞争力高度相关;二是表现突出的重量级法人金融机构将显著提升金融中心城市的法人金融机构发展水平。

表 4.1.2 2019 年度法人机构发展十强主要数据对比

	北京	上海	深圳	天津	杭州	广州	南京	成都	福州	重庆
法人持牌金融机构数	243	229	109	34	43	33	26	18	17	26
法人商业银行数/家	17	24	9	7	12	3	9	3	7	4
法人证券公司数/家	18	18	18	1	3	3	2	4	2	1
法人保险公司数/家	63	43	18	6	3	5	3	3	0	6
法人公募基金数/家	21	56	28	1	1	2	0	0	2	2
法人商业银行资产规模/亿元	228575. 6	112052. 1	111725. 2	22428. 1	31896. 7	36377. 6	34357. 3	12340	69603. 1	16240. 3
法人证券公司资产规模/亿元	10845. 7	19076. 8	16994. 9	489. 8	1158. 0	4704. 9	3934. 4	1059. 5	1965. 7	636. 9
基金资产管理规模/亿元	20036. 7	43100. 1	33292. 9	13420. 6	213. 6	667. 9	0	0	1960. 6	414. 1
法人保险公司资产规模/亿元	78335. 5	29377. 1	37814. 3	6131. 2	432. 9	744. 8	367. 5	2547. 8	0	1376. 3

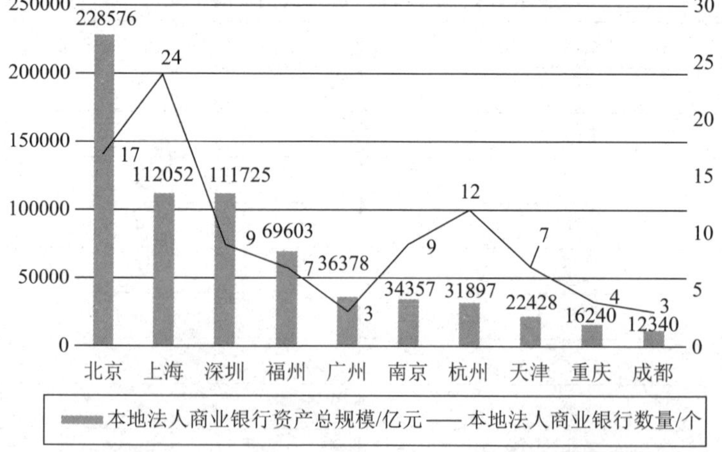

图 4.1.1 十强中心的法人商业银行数量与规模比较

法人商业银行发展水平最好的是北京。从本地法人商业银行发展的维度来看，北京即使不考虑全国性金融机构①等因素，本地法人商业银行总资产规模也呈全国第 1，达到 22.86 万亿元，超过上海和深圳法人商业银行总资产规模的总和。上海本地法人商业银行数量最多，达到 24 家。深圳尽管数量上不如杭州，但凭借 11.2 万亿元的资产规模优势位列本地法人商业银行实力第 3。福州依靠兴业银行一家本地法人商业银行，其资产总规模达到 6.96 万亿元，仅次于北京、上海和深圳。

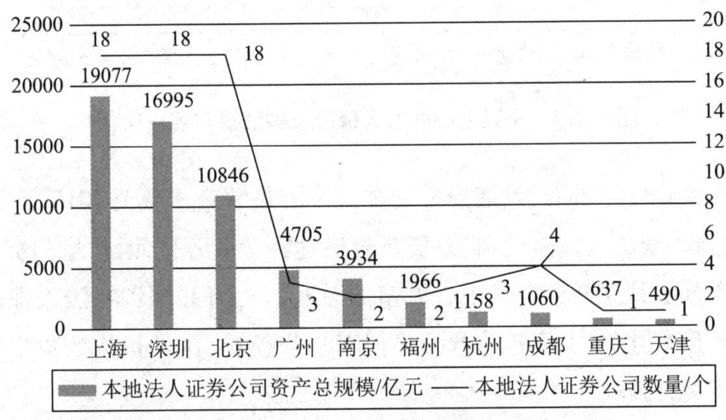

图 4.1.2　十强中心的法人证券机构数量与规模比较

法人证券公司方面，发展最好的金融中心是上海。从本地法人证券公司发展的维度来看，上海、深圳、北京三个金融中心本地法人证券公司这一项的发展大幅超过其他金融中心城市，三者均拥有多达 18 家本地法人证券公司，但上海规模实力最强，深圳次之，北京第 3。

① 本专项主要考察各地方在培育支持本地法人金融机构方面的成效，因此中、农、工、建、交五大全国性金融机构，政策性银行，国家开发性金融机构，邮政储蓄银行，以及全国性金融交易所，均不考虑在地方法人金融机构统计范畴内。

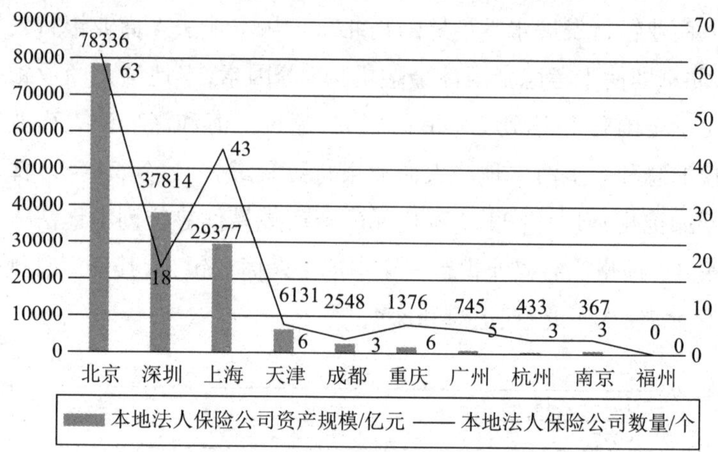

图 4.1.3　十强中心的法人保险机构数量与规模比较

法人保险公司方面,发展最好的金融中心是北京。截至 2018 年底,北京拥有多达 63 家法人保险公司,总资产规模达到 7.8 万亿元,数量和资产规模均远远超过了其他 9 个金融中心城市的总和。上海和深圳在法人保险公司的发展上互有胜负,上海机构数量多但平均规模小,深圳机构数量少但单个机构规模实力强。

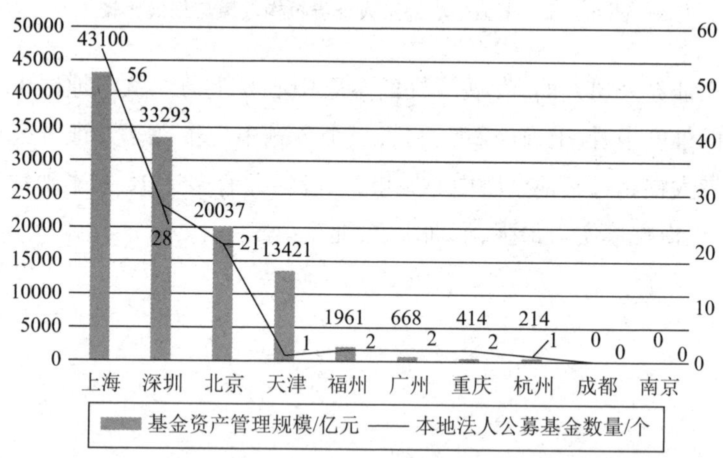

图 4.1.4　十强中心的法人公募基金管理机构数量与规模比较

法人公募基金方面,发展最好的金融中心是上海。截至 2018 年底,上海公募基金管理机构多达 56 家,几乎占到全国的一半。深圳尽管公募基金管理机构数量只有上海的一半(28 家),但管理的资产规模已达到上海的 8 成,说明深圳单个机构的实力要更强一些。值得一提的是,天津仅靠 1 家法人公募基金管理机构(天弘基金管理公司)资产管理规模就超过了万亿元,排名全国第 4。2013 年,天弘基金推出首只互联网基金——余额宝,改变了整个基金行业,这也对天津的财富管理行业和金融中心建设产生了促进作用,这充分体现了法人金融机构的能量。

法人持牌金融机构最齐全的金融中心是上海。从法人持牌金融机构的完整程度看,上海是唯一一个同时拥有法人商业银行、汽车金融公司、消费金融公司、法人证券公司、证券类资管公司、法人公募基金、法人期货公司、法人信托公司数量、法人财务公司、法人保险公司、保险类资产管理公司全牌照的金融中心,体现了上海作为全国首屈一指的金融中心在金融机构集聚方面的突出优势。北京、深圳、天津和杭州法人持牌金融机构相对齐全,其中北京和天津仅缺少证券类资产管理公司、深圳仅缺少汽车金融公司、杭州仅缺少保险类资产管理公司。

4.2　地方金融机构发展十强

我国经济发展到今天,银、证、保等传统金融体系已经越来越难以全面覆盖日益复杂多样的各类金融需求,小额贷款、融资担保、融资租赁等地方金融业态成为有力的补充,地方金融业态日益成为金融中心发展中不可忽视的重要组成部分。在本期 CDI CFCI 中,我们选取了地方类金融组织中比较具有代表性的小额贷款、融资租赁、融资担保、区域股权交易平台等指标数据,对 31 个金融中心在发展支持地方性金融机构方面的成效做专项评价。

2019 年度中国金融中心地方金融机构发展十强依次是:深圳、重庆、上海、天津、杭州、大连、北京、武汉、成都、广州。

表 4.2.1 2019 年度地方金融发展十强中心

城市	排名	小额贷款/家	融资租赁/家	融资担保/家	2018 区域股权交易平台的挂牌公司数/家	2018 挂牌公司注册资本规模/亿元
深圳	1	129	2505	100	13556	6957.2
重庆	2	274	82	132	746	5.7
上海	3	127	2151	29	9806	1895.1
天津	4	95	2007		902	317.9
杭州	5	54	217	123	6642	753.5
大连	6	70	84	112	561	138.1
北京	7	132	225	64	4525	549.4
武汉	8	114	10	84	5707	832.9
成都	9	82	16	76	1020	181.5
广州	10	107	447	32	3824	436.8

小额贷款发展最好的金融中心是重庆。截至 2018 年底,重庆拥有多达 274 家小额贷款公司,数量比北京(132 家)和深圳(129 家)的总和还多,堪称小额贷款发展第一城。突出的政策和财税优势是重庆小额贷款公司扎堆的关键原因,重庆明确规定小额贷款公司融资比例可达到公司资本净额的 230%,且准入条件较低,并提供了优惠的税收政策,吸引了蚂蚁金服等大批互联网金融公司纷纷在重庆设立互联网小额贷款。截至 2018 年底,北京、深圳、上海分别拥有 132 家、129 家和 127 家小额贷款公司,在除重庆外的金融中心城市中数量相对突出。

融资租赁发展最好的金融中心是深圳。从融资租赁发展的维度来看,深圳、上海、天津是我国融资租赁发展的“三驾马车”,机构数量远超其他城市。截至 2018 年底,深圳、上海、天津分别拥有多达 2505 家、2151 家、2007 家融资租赁公司。深入分析可以发现,这些城市融资租赁行业表现突出,与港口天然优势、自贸区政策优势和海运航空产业的发达相关。以天津为例,作为北方最大的港口城市,天津港拥有领先于全国的融资租赁发展政策和市场环境,融资租赁已成为中国(天津)自由贸易试验区的一大亮点。目前,天津在全国融资租赁行业处于领先地位,如飞机租赁、船舶租赁业务分别占全国同行业的九成和八成。特别是飞机租赁,在世界范围内,天津仅次于爱尔兰，是全球第二大飞机租赁聚集地。

融资担保方面发展得最好的金融中心是重庆。重庆、杭州、大连是我国融资担保发展相对突出的城市，三者分别拥有 132 家、123 家和 112 家融资担保公司。三个城市在融资担保机构发展方面的良好表现均得益于自身完善的行业政策支持和引导。重庆市于 2016 年 4 月出台《重庆市促进融资担保行业加快发展实施方案》，强调对担保费补贴、西部大开发所得税优惠及免征营业税等政策落实到位；杭州市于 2017 年 6 月出台《杭州市人民政府关于推进政策性融资担保体系建设的实施意见》，提出市财政每年安排一定规模的专项资金支持行业发展；大连市则出台《大连市科技创新企业融资担保风险补偿实施细则》，明确融资担保机构对科技创新企业的担保可获得风险补偿。

地方要素平台发展最好的金融中心是深圳。当前受统计数据限制，本期选取了区域股权交易平台的发展数据，来评价地方要素交易平台的发展水平。从区域股权交易平台的维度来看，深圳、上海、杭州区域股权市场发展较为突出，其中深圳的表现尤为亮眼。2018 年度，深圳市区域股权交易平台挂牌公司达到 13556 家，挂牌公司注册资本规模达到 6957. 2 亿元，两项数据均大幅超过其他城市，深圳庞大的市场主体基数和活跃的创新创业氛围是其区域股权交易平台发展的雄厚基础。上海、杭州区域股权交易市场发展相对突出，2018 年度，两个城市区域股权交易平台挂牌公司分别为 9806 家、6642 家，挂牌公司注册资本规模分别达到 1895. 1 亿元和 753. 5 亿元。

4. 3　资本市场利用水平十强

当前，地方企业融资难、融资贵问题依旧突出，提高资本市场利用水平，是解决问题的重要途径之一。资本市场利用水平的高低，在某种程度上反映的是一个金融中心在资源配置的能力和水平，是金融中心资源配置这一核心功能的体现。本期 CDI CFCI 选取了 A 股上市和挂牌企业数、A 股市场累计融资额和直接融资额作为核心指标，运用 CDI CFCI 评价模型，对 31 个金融中心的资本市场利用开展专项评价，以期更好了解各城市资本市场利用情况。

根据 CDI CFCI 的相关评价，本期资本市场利用水平排名前十的中心分别是北京、上海、深圳、苏州、南京、杭州、广州、成都、无锡和武汉。

表 4.3.1　第 11 期 CFCI 年度资本市场利用十强中心

城市	排名	本地 A 股上市公司数/家	新三板挂牌公司数/家	年度新增 IPO 公司数/家	本地 A 股市场累计融资额/亿元	年度新增直接融资规模/亿元
北京	1	317	1382	9	19380	2381
上海	2	287	865	9	11210	610
深圳	3	285	613	11	6859	1007
苏州	4	107	249	2	1552	687
南京	5	84	205	6	3192	493
杭州	6	132	299	3	2287	112
广州	7	98	372	1	2790	174
成都	8	75	209	5	1617	244
无锡	9	77	142	4	668	113
武汉	10	57	243	5	1329	76

本地 A 股上市公司数最多的是北京。北京、上海、深圳作为三个全国性的资源集聚中心,其 A 股上市公司数量遥遥领先。北京的 A 股上市公司数达到了 317 家,上海和深圳则分别达到了 287 家和 285 家。除这三个城市之外,在省会城市中,杭州 A 股上市公司数量最多,排名全国第 4,比排名第 5 的苏州多 25 家。

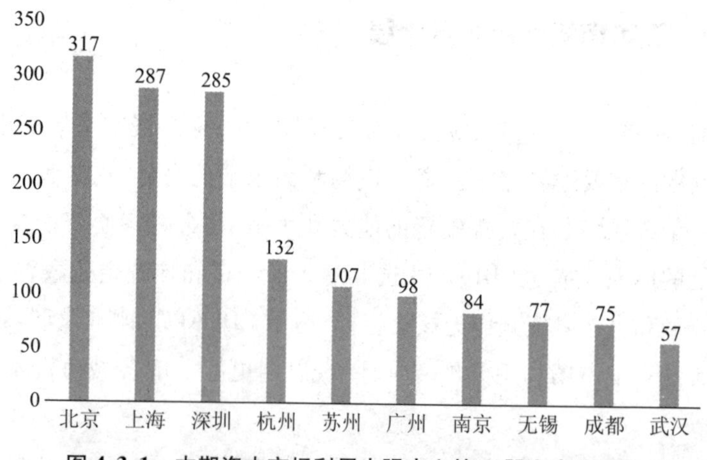

图 4.3.1　本期资本市场利用十强中心的 A 股上市公司数

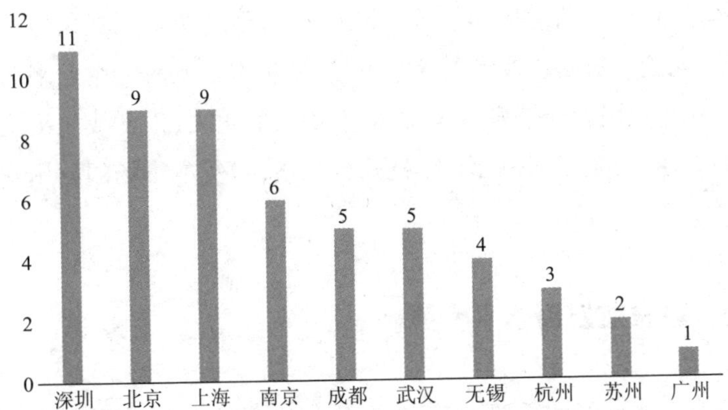

图 4.3.2　本期资本市场利用十强中心的新增境内 IPO 数

年度 A 股市场新增 IPO 数量最多的是深圳。A 股新增 IPO 公司数量从 2017 年 438 家到 2018 年 105 家呈断崖式下降。其中,2017 年有 25 个城市的新增 A 股 IPO 上市公司超过 5 家,到 2018 年仅有 7 个城市。2018 年,深圳新增 A 股 IPO 上市公司 11 家,排名全国第 1。在省会城市中,南京、成都和武汉表现突出,2018 年均新增 5 家 A 股 IPO 上市公司(2017 年成都新增 4 家,武汉新增 1 家)。

年度拥有新三板挂牌公司数量最多的是北京。截至 2018 年底,北京新三板挂牌公司数达到了 1382 家,接近上海和深圳两个城市的总和。四个一线城市分列挂牌数量前 4,杭州、苏州、武汉分别排名第 5、第 6 和第 7。

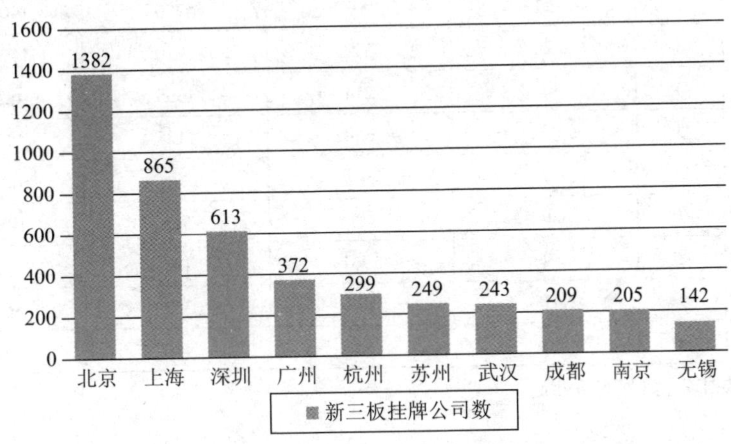

图 4.3.3　本期资本市场利用十强中心的新三板挂牌公司数

总体来看,珠三角地区对资本市场的利用程度低于长三角地区。除深圳外,珠三角地区民营创业氛围相对不足,广东本土龙头大企业多为国资背景。长三角地区民营经济则相对发达,发展空间更大,由此成长出更多细分行业的民营龙头,尤以苏州、南京、杭州为代表,对资本市场的利用程度相对要高。

4.4 基金业发展水平十强

基金是资本市场的重要参与者,是中国金融体系建设不可或缺的一部分。我国的基金业发展还处于成长阶段,未来发展前景十分广阔。抓住基金行业发展的机遇,大力促进基金产业发展,将有可能成为金融中心竞争力提升的重要增长点。本期 CDI CFCI 选取公募基金和私募基金两组指标,从机构数量和规模双重维度评估 31 个金融中心的基金产业发展情况。

根据 CDI CFCI 评价,2019 年度中国金融中心基金产业发展水平十强分别是上海、北京、深圳、杭州、广州、天津、成都、福州、厦门和南京。

表 4.4.1 第 11 期 CFCI 年度基金业发展十强中心

城市	排名	公募基金管理机构数/家	公募基金资产管理规模/亿元	私募基金管理人数/家	私募基金数量/只
上海	1	56	43100	5047	21968
北京	2	21	20037	5700	19041
深圳	3	28	33293	3710	11783
杭州	4	1	214	1365	4826
广州	5	2	668	1125	3571
天津	6	1	13421	296	622
成都	7	0	0	515	1050
福州	8	2	1961	188	772
厦门	9	1	180	363	863
南京	10	0	0	410	1065

注:数据统计截至 2018 年底。

公募基金资源绝大多数集中在三大全国性金融中心。截至 2018 年底,全国审批通过的公募基金管理机构共计 120 家。其中，105 家机构注册在上海、深圳和北京这三个城市，三者约占全国总量的 88%。除这三者外，本期上榜的其他十强城市的公募基金机构数量寥寥无几。

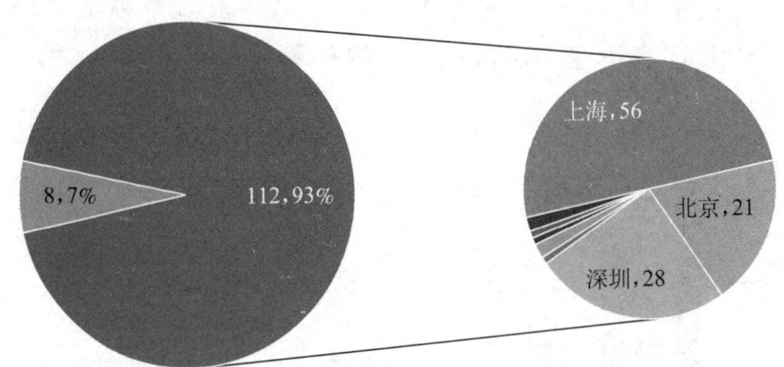

图 4.4.1　全国公募基金管理公司数量分布

上海公募基金发展水平最高。无论是机构数量，还是基金管理规模，上海均保持全国第 1。截至 2018 年，上海公募基金管理资产规模达到 4.3 万亿元，约占全国总量的 1/3。

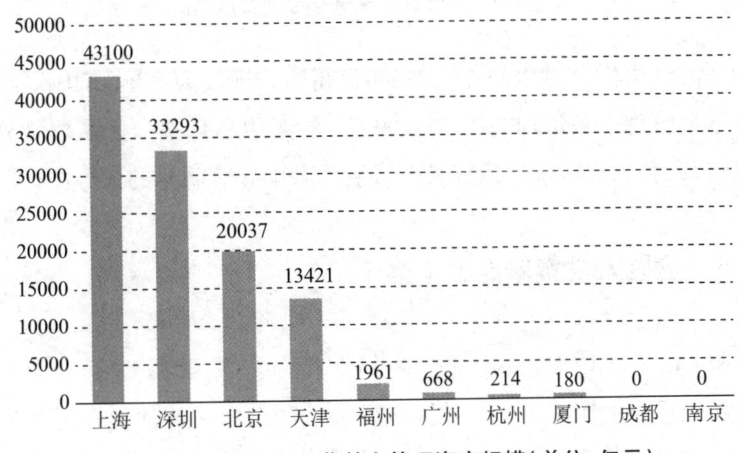

图 4.4.2　十强城市公募基金管理资产规模（单位：亿元）

深圳公募基金业规模较北京有明显优势，资产管理规模是北京的 1.6 倍。天津尽管只有 1 家机构，但作为“余额宝”产品的管理机构——天弘基金，其资金管理规模优势明显。除此之外，福州、广州、杭州和厦门的公募基金管理规模相对偏小。

私募基金资源主要集中在三大全国性金融中心。截至 2018 年底,全国登记备案的私募基金管理人有 24448 家,其中上海、北京和深圳拥有的管理人数量分别占全国的 21%、23% 和 15%;登记备案的私募基金产品数量 74642 只,其中上海、北京和深圳分别占 29%、26% 和 16%。

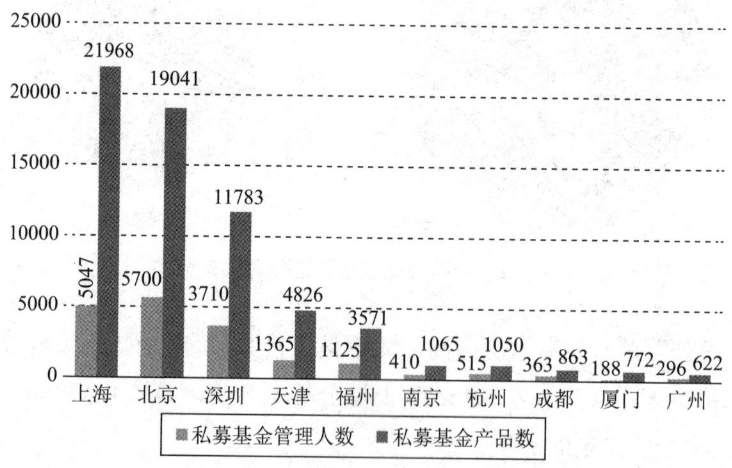

图 4.4.3　十强城市私募基金业发展情况

除三大全国性金融中心外,天津和福州的表现较为突出。2018 年,两者的私募基金管理人数量均突破了 1000 家,备案的私募基金产品数量分别超过了 4000 家和 3000 家,数量较其他区域金融中心有明显的优势。

4.5　金融人才集聚能力十强

按照 CDI CFCI 研究提出的金融中心"钱、才"集聚模型,金融中心的形成和发展最重要的因素可以归结为金融资本和金融人才两类资源的集聚程度。而资本最终为人所掌控,因此金融人才可以视为最核心的金融资源。为此,本期 CDI CFCI 选取金融从业人员数量、人数增长、从业待遇 3 类指标,针对 31 个金融中心的金融人才聚集情况给出专项评价,为金融中心竞争力分析提供另一个视角。

根据 CDI CFCI 评价,2019 年度中国金融中心金融人才集聚能力十强分别是北京、上海、天津、重庆、深圳、成都、杭州、广州、西安和济南。

表 4.5.1　第 11 期 CFCI 金融人才集聚能力十强中心

城市	排名	金融从业人员总数/万人	近三年人员净增/万人	金融行业平均年薪/万元
北京	1	56.7	10.8	30.6
上海	2	35.5	1.1	23.1
天津	3	23.8	8.1	13.2
重庆	4	14.4	3.0	17.9
深圳	5	11.5	0.7	27.4
成都	6	12.7	4.7	10.0
杭州	7	11.6	1.9	18.6
广州	8	12.0	-0.1	22.3
西安	9	11.5	3.6	11.5
济南	10	10.6	4.1	11.1

数据来源:各地方统计年鉴,2017 年数据。

整体来看,金融人才集聚能力与金融中心综合实力相匹配。即金融人才集聚能力越强的城市,其综合竞争力排名表现就越好。本期金融人才集聚能力十强中,除济南和西安外,其余 8 个城市均是金融中心综合竞争力十强。截至 2017 年底,上榜 10 个城市的金融从业人员总数均超过 10 万人,其中北京达到 56.7 万人,远超其他金融中心城市。

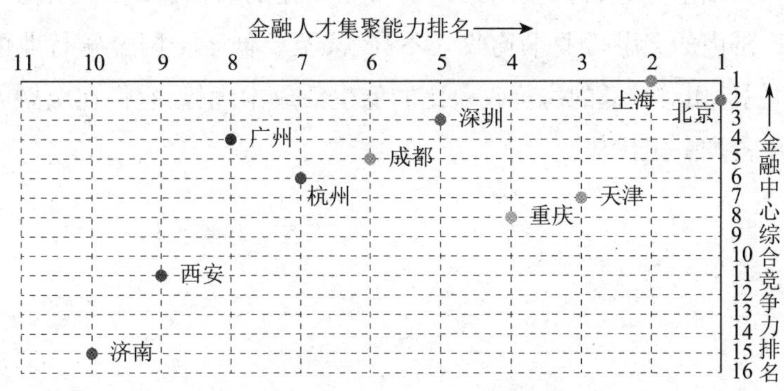

图 4.5.1　金融人才集聚能力十强名次与综合竞争力名次间的关系

北京和天津是近三年来最受金融人才欢迎的城市。截至 2017 年底,三年间北京和天津的金融从业人员数量分别增加 10.8 万和 8.1 万,从业人员增长规模占到 10 强城市增长总和的一半以上。

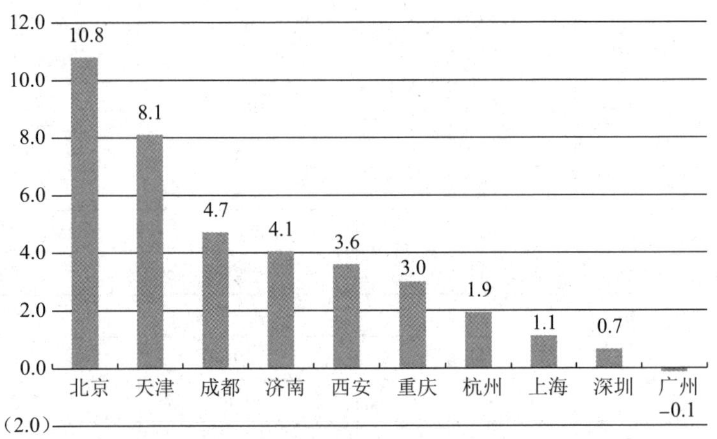

图 4.5.2 近三年金融从业人员净增长比较

高收入和低生活成本是吸引金融人才集聚的重要因素,金融人才集聚能力强的中心至少需要占有一项优势。按照“钱、才”集聚论,“才”往“两高”流,即人才流向高收入和高生活质量的地方。而高生活质量的定义,很重要的一个方面就是指生活成本要低,这其中房价因素又尤为敏感。

本期十强城市中,金融行业收入水平最高的是北京,达到年均 30.6 万元。深圳 2017 年金融人士人均年收入为 27.4 万元,凭借全国第二高的行业平均收入得以部分遮盖掉全国第一房价收入比的负面影响。尽管天津、成都、西安、济南的金融行业平均收入不高,甚至要低于全国金融行业的平均水平,但凭借相对较低的房价收入比的低生活成本优势,它们在金融人才资源争夺中占据一定优势。

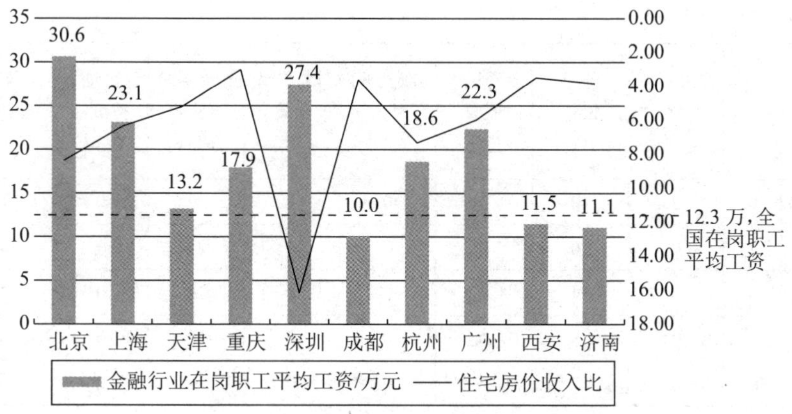

图 4.5.3　高收入与低成本因素比较

4.6　金融开放发展水平十强

金融中心的金融开放水平越高，吸引外资金融资源的能力就越强，有助于金融中心提升自身的国际影响力。本期 CDI CFCI 选取了外资类金融机构的营业性机构及代表处数量作为核心指标，运用 CDI CFCI 评价模型，对 31 个金融中心的金融开放水平开展专项评价，以期更好地了解各城市金融开放水平。

根据 CDI CFCI 评价，2019 年度金融开放水平十强中心分别是上海、北京、深圳、广州、天津、南京、成都、杭州、青岛和苏州。

表 4.6.1　第 11 期 CFCI 金融开放发展十强中心排名

城市	排名	外资银行总行	外资银行分行	合资法人证券公司	合资公募基金公司	外资法人保险公司	外资保险公司分公司	外国证券类机构代表处	外国保险类机构代表处
上海	1	20	82	6	22	24	27	42	48
北京	2	9	47	5	8	10	38	47	95
深圳	3	4	33	2	11	2	16	5	11
广州	4	0	35	0	0	1	30	0	8
天津	5	2	23	0	0	3	18	0	2

续表

城市	排名	外资银行总行	外资银行分行	合资法人证券公司	合资公募基金公司	外资法人保险公司	外资保险公司分公司	外国证券类机构代表处	外国保险类机构代表处
南京	6	2	10	0	0	2	32	0	1
成都	7	0	16	0	0	0	24	0	4
杭州	8	0	14	0	0	1	24	0	2
青岛	9	0	18	0	0	0	12	0	3
苏州	10	0	17	0	0	0	11	0	5

总体而言,该榜单中各金融中心的具体排名呈现出以下两大特征:一是地区金融开放程度与城市国际化程度高度相关,排名靠前的金融中心均为国内重要的对外交流窗口或外贸出口重镇;二是外资金融机构仍高度集聚,除排名前4的北上广深四座一线城市外,其余城市的外资金融机构发展水平均相对滞后,未来存在较大的提升空间。

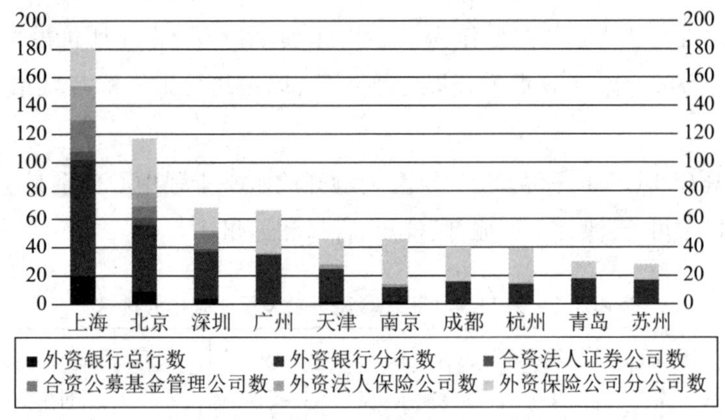

图 4.6.1　第 11 期 CFCI 金融开放发展十强中心外资金融机构数量

从个体城市来看,上海、北京分别作为全国首屈一指的国际金融中心与国家金融管理中心,在外资机构实力上优势明显,全国超过一半以上的外资法人金融机构位于这两座城市,这一现象在合资法人证券公司方面尤为明显。

从外资金融机构业态的多样性看,仅上海、北京、深圳三个全国性金融中心拥有较为完整的外资金融机构体系，广州虽然在外资金融机构总数上与深圳接近，但在外资法人金融机构以及合资公募基金数量方面与深圳仍有较大差距。

4.7　金融风险管理水平十强

风险管理是金融发展的永恒主题，地方金融风险管理水平的高低，直接影响到金融中心的可持续健康发展。本期 CDI CFCI 选取地方政府负债率、地方政府债务率、地区银行业不良贷款率等指标，运用 CDI CFCI 评价模型，对 31 个金融中心的金融风险管理水平进行专项评价。

根据 CDI CFCI 评价，2019 年度中国金融中心金融风险管理水平十强中心分别是深圳、温州、苏州、上海、无锡、北京、厦门、宁波、青岛、重庆。

表 4.7.1　第 11 期 CFCI 金融风险管理十强中心排名

城市	排名	地方政府负债率/%	地方政府债务率/%	一般公共预算收入/亿元	地方债务规模/亿元	银行业不良贷款率/%
深圳	1	3.12	21.39	3538.41	756.90	1.31
温州	2	5.68	66.27	514.8	341.14	1.29
苏州	3	10.98	96.32	2120.00	2042.03	0.72
上海	4	18.70	85.97	7108.15	6110.87	0.78
无锡	5	12.29	138.89	1012.28	1405.98	1.04
北京	6	31.39	164.49	5785.90	9517.21	0.34
厦门	7	22.24	141.25	754.54	1065.77	1.35
宁波	8	23.23	180.93	1379.70	2496.31	1.24
青岛	9	17.29	168.43	1231.90	2074.91	1.87
重庆	10	41.11	369.51	2265.50	8371.28	1.08

具有更高财政自主权的金融中心，其金融风险管理水平相对更好。本期金融风险管理十强城市中，8 个城市属于直辖市与计划单列市，仅温州和无锡两个地级市入榜，其他省会城市均不在榜单之列。

东部沿海城市的风险管理能力要显著优于中西部城市。十强榜单中,仅重庆1个城市属于中西部地区,其余除北京和青岛之外的7个城市分别属于东部及南部沿海地区。当前,中西部地区的金融中心普遍还处于城市快速发展阶段,因其城市基础设施建设、公用事业发展等方面较大的固定资产投资力度,存在较大的债务压力。

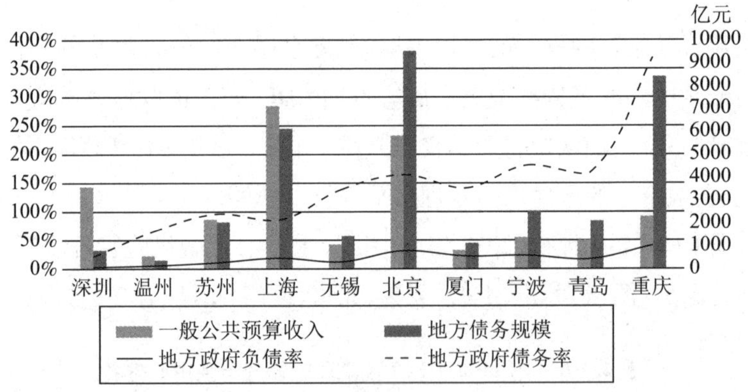

图 4.7.1 第 11 期 CFCI 金融风险管理十强中心地方债务情况

从个体城市来看,得益于良好的财政情况与完备的金融监管体系,深圳的金融风险管理水平在国内所有金融中心中遥遥领先。温州则通过对本地金融业的大力整治,其在本年度金融风险管理中心排名中位列次席,成为地方政府负债最少的金融中心城市。

以 2018 年各城市一般公共预算收入为依据,本期 31 个金融中心城市中,仅排名前 4 的深圳、温州、苏州和上海能够依靠自身地方财政收入覆盖其地方债务。

北京作为国内总部金融机构与金融监管机构最集聚的城市,在本年度金融风险管理中心排名中位列第 6,这主要源于北京在政府债务方面的表现要明显弱于深圳、上海等排名靠前的城市,但从不良贷款指标来看,2018 年北京银行业不良贷款率仅为 0.34%,是排名前十的城市中的最低水平。

4.8 金融政策综合支持水平十强

近年来,国内有志于金融中心建设的地方城市,纷纷出台并升级了金融发展促进政策,加大对金融机构、金融人才等的政策支持力度,提高自身集聚资源的吸引力。本期 CDI CFCI 中,我们首次从政策支持力度和政策友好度两个维度,对 31 个金融中心的金融政策综合支持情况开展专项评价。其中,政策支持力度评价维度主要评估各城市已经实施的政策对促进本地金融中心建设所提供的奖励支持力度,政策友好度则主要从各城市已发布金融政策的内容覆盖面、政策信息可得性等角度做出评判。

2019 年中国金融中心金融政策支持水平排名前十的分别是深圳、广州、济南、成都、厦门、西安、杭州、上海、青岛和大连。

表 4.8.1　2019 年度金融政策支持十强中心

城市	综合支持排名	总部落户奖励力度
深圳	1	最高 5000 万元
广州	2	最高 2500 万元
济南	3	最高 1.2 亿元
成都	4	最高 4000 万元
厦门	5	最高 3000 万元
西安	6	最高 6000 万元
杭州	7	最高 5000 万元
上海	8	具体资金不详
青岛	9	最高 1 亿元
大连	10	最高 1 亿元

本年度金融政策综合支持水平排名前十的城市,在金融产业发展促进的政策支持力度方面可谓下了“血本”。从整体上来说,各城市金融政策支持的重心主要还是集中在持牌金融机构上,对地方金融组织和专业金融人才的支持力度相对不足。

持牌金融机构引进落户一次性奖励最高的是济南,最高奖励可达 1.2 亿元。按照济南最新出台的奖励政策,对符合条件的金融总部机构,可以根据实缴注册资本规模分档提供一次性资金补助,其中最高一档实缴注册资本达到 50 亿元(含)以上的,一次性补助高达 1.2 亿元。除济南外,青岛和大连两个城市的落户奖励达到了 1 亿元。排名前十的城市中支持力度最低的广州,对总部金融机构落户的奖励最高也达到了2500万元。

持牌金融机构业务发展补助最高的是深圳和杭州,办公补贴最高可达5000万元。各地方城市对持牌金融机构资源的争夺十分激烈,除了不断刷新纪录的一次性落户奖励,各城市对金融机构业务发展补助也在不断突破上限。其中,深圳对符合条件的总部金融机构,首次在深圳购置办公用房或者租赁办公用房的,均可以获得最高可达5000万元的成本补贴。杭州也提供了相同规格的补助,对办公用房购置补助最高达5000万元,对于办公用房租赁最高补助达2000万元。

私募投资基金发展支持力度最高的是成都,最高奖励支持可达3200万元。成都建立了市、区、基金小镇三级政策支持体系,其中,对机构落户的一次性奖励最高可达2000万元,给予落户机构办公成本补贴最高可达200万元,并对满足投资要求的投资业务提供最高1000万元的投资奖励。仅次于成都的是深圳,其对私募基金的落户奖励和办公成本补贴累计最高可达2000万元,并对业务发展按管理费收入2%~4%的规模提供业务发展奖励。

小额贷款类机构发展支持力度最高的是厦门,最高现金奖励可达2000万元。厦门对小额贷款类公司一次性落户奖励最高可达2000万元,同时对于符合条件的业务提供0.3%的风险补贴。支持力度排名第2的是济南,对于小额贷款类公司最高给予1000万元的落户奖励和300万元的办公成本补贴。

融资担保类机构发展支持力度最大的是厦门,最高发展支持可达1800万元。厦门对符合条件的融资担保公司,给予最高1000万元的落户奖励,同时对业务开展满足要求的公司给予最高800万元业务补助。大连的支持力度仅次于厦门,其给予融资担保公司包括落户、业务扶持、风险分担等系列发展奖励和补助累计最高可达1600万元。

融资租赁类机构发展支持力度最大的依然是厦门,最高奖励可达4000万元。厦门对融资租赁机构落户给予最高3000万元的奖励,对机构业务开展和办公成本分别给予最高500万元的补贴,并对符合条件的企业增值税实际税负超3%的部分实行增值税即征即退优惠政策。融资租赁类机构支持力度排名第2的成都,对于企业落户奖励最高2000万元,符合条件的企业还将给予最高可达1000万元的业务发展奖励。

金融政策内容覆盖面最广的是深圳,其基本涵盖了所有当前主流的政策支持内容。无论是对持牌金融机构的支持,还是对地方金融组织的发展引导,深圳均出台了相应的专项金融发展促进政策。同时,深圳针对金融中心建设,建立了专项配套的发展机制,包括成立金融发展咨询委员会,设立金融发展专项引导资金,设立金融创新奖等,金融产业发展促进政策已经形成了较为完整的支持体系。

下篇

厦门金融中心发展报告

第五章 厦门金融中心发展历程

厦门的金融业发展与自身金融中心的建设有着悠久的历史传承和优良的商业基础。作为古代海上丝绸之路的重要节点,厦门见证和参与了沿线港口贸易的兴衰变化,作为近代国门打开后的通商裕国口岸,厦门确立了东南沿海地区的经济和金融中心的地位,作为改革开放后设立的第一批经济特区,厦门开创了国内金融体制改革的众多个“第一”和“率先”。进入新的发展时期,厦门被赋予了“建设两岸区域性金融服务中心”的战略使命,厦门金融业发展与金融中心建设再次进入了新的历史征程。

5.1 历史发展中的厦门:连接海上丝路、通商裕国的贸易口岸

厦门西接福建九龙江的出海口,东临东海与南海的汇流处,与台湾、澎湖一衣带水、隔海相望,兼具东西交汇、南北贯通、两岸三地的区位优势,自古以来就是我国对外贸易及人员往来的重要港口,尤其是与“海上丝绸之路”沿线国家和地区的经贸联系,孕育了厦门开放包容、开拓进取的商业基因。金融与贸易素来相伴而生,世界历史上出现的国际金融中心,从威尼斯、阿姆斯特丹,到伦敦、纽约,到中国香港地区、新加坡,均是由盛极一时的港口城市演进而来。厦门金融业发展亦不例外,伴随对外贸易的蓬勃兴起,进出口货物、侨汇侨资等要素资源不断汇聚流通,促进了本地金融交易活动的萌芽发展,形成了厦门金融中心的早期雏形。

厦门对外贸易历史久远,崭露头角是在宋元时期,当时泉州成为东西方贸易的世界级商埠,把厦门(嘉禾屿)推上了海上交通的有利地位,于是出现了最早的渡口码头。明朝中后期,漳泉一带的商人开辟了与日本、荷兰及南洋诸国的贸易航线,厦门作为漳州月港的外港开始崛起,成为出洋商船盘验

放行的关口和华侨出洋的门户之一。明末清初,厦门作为郑芝龙、郑成功父子发展海上贸易的主要口岸,内外航运贸易空前兴盛,逐步取代泉州的刺桐港和漳州的月港,成为东南沿海的贸易中心。入清以后,厦门对外贸易由于海禁政策陷入低谷,直至康熙22年(1683年)开放海禁,获准成为最早设立的四海关之一,与中国台湾地区、日本及南洋诸国的航运贸易迅速恢复,重新成为东南沿海最为重要的贸易港口。

鸦片战争之后,西方列强用炮舰打开了中国国门,清政府被迫签订一系列不平等条约,厦门成为最初开放的五个通商口岸之一。海关和港务的管理权被剥夺,鼓浪屿被划为"万国租界",大批洋商、洋行、华商、买办随之涌入,从中国香港地区、新加坡等进口为主的洋关贸易日渐兴起,成为厦门港口贸易的主流。同一时期,闽南腹地的传统商品也集中经由厦门出口,资金结算调拨相应汇集厦门,还有大量侨汇侨资在厦门接汇,银行、银号、钱庄、典当行等一时兴起,厦门作为东南沿海的金融中心地位越加稳固。民国时期,厦门主要通过中国台湾地区进行对外贸易,被日本殖民者间接控制,后在抗日战争时沦陷,经济金融发展遭遇停滞。新中国成立后,通过执行全国统一的财经措施,厦门迅速克服了民国后期经济金融的混乱局面,但由于深居对台前线,金融业发展在其后受到了较大限制。

5.2 改革开放后的厦门:大胆探索、勇立潮头的经济特区

1978年,以党的十一届三中全会为标志,我国开启了改革开放的伟大征程。1980年,厦门正式被国务院批准为首批试行特色经济政策和经济措施的经济特区,之后台商投资区、保税区、保税港区、自贸区相继成立,经济特区由湖里逐步扩至全岛、全市。在经济特区建设大踏步前行、不断创造经济发展奇迹的背后,金融业既作为改革开放的参与者,也成为改革开放的受惠者,实现了从小到大、从低端到高端、从边缘到中心的转变,为金融中心建设创造了良好的基础。1980年,厦门只有5家银行和1家保险公司,全年金融业增加值910万元,占当年GDP的1.4%。而到2017年底,厦门共有银行业机构44家,证券期货机构153家,保险公司主体38家。2018年全年金融业增加值524.2亿元,占GDP的10.9%。

借助对接中国台湾及海外华侨华人的独特优势,厦门特区金融多年来开创了国内金融体制改革的众多个“第一”和“率先”。1981 年我国允许外资银行在深圳等 4 个经济特区设立营业机构后,汇丰银行、美国建东银行等外资银行纷纷在厦门成立办事处。1985 年,新中国第一家中外合资银行——厦门国际银行在厦门成立,成为我国银行业改革开放的标志性事件。同年,福建省第一家外资银行——集友银行厦门分行成立。1991 年,厦门国际银行引进亚洲开发银行、日本长期信用银行、美国赛诺金融集团 3 家外资股东,成为国内第一家引进国际金融组织和美国、日本等国战略投资者的法人银行。1993 年,厦门市首家外商独资法人银行——新联商业银行(原名厦门商业银行)成立。2002 年,中国银行厦门市分行直接开往瑞穗实业银行台北分行的信用证顺利付款,标志着大陆银行与台湾岛内银行间开始直接信用证往来。2008 年厦门银行成为大陆第一家台资入股的银行,同时成为大陆首家成立台商业务部的银行。

5.3　进入新时代的厦门:辐射海西、服务两岸的金融中心

2010 年,国务院颁布《关于支持福建省加快建设海峡西岸经济区的若干意见》,“同意厦门市在两岸金融合作方面先行先试,建立两岸区域性金融服务中心”。国家“十二五”规划和海西经济区规划进一步明确“支持厦门建立两岸区域性金融服务中心,扩大金融改革试点,在对台离岸金融、资金清算等方面率先试验”,《福建省人民政府关于支持厦门建设两岸区域性金融服务中心的若干意见》《厦门经济特区促进两岸区域性金融服务中心建设条例》分别从省、市层面确立了两岸区域性金融服务中心的建设框架。作为国务院批准的大陆首个也是唯一冠以“两岸”的区域性金融服务中心,厦门不断深化金融体制改革,扩大金融对外开放,深入对台交流合作,丰富金融组织体系,提升次资本市场利用水平,已取得了金融业发展与金融中心建设的阶段性成果。

第一,金融业总量规模大幅增长。截至 2018 年底,厦门实现金融业增加值 524.2 亿元,相较于 2010 年的 145.9 亿元,8 年累计增幅将近 259.3%,年均复合增长高达 17.3%;金融业增加值占地方生产总值的比重从 2010 年的

7.1%,上升到2018年的10.9%,大幅提升了3.8个百分点,呈现良好的发展势头。金融服务业在2015年率先成为厦门三大营收突破千亿元的产业链群之一。截至2018年底,厦门金融业营业收入上升至1528.8亿元,拉动全市第三产业增长1.1个百分点,贡献率达到14.2%,总资产接近2万亿元,不断巩固了支撑经济发展的核心支柱产业地位。金融业对税收财政贡献突出,2018年实现税收总收入176.4亿元(含个人限售股减持产生的税收79亿元),同比增长40.5%,占全市税收总额的15.6%。

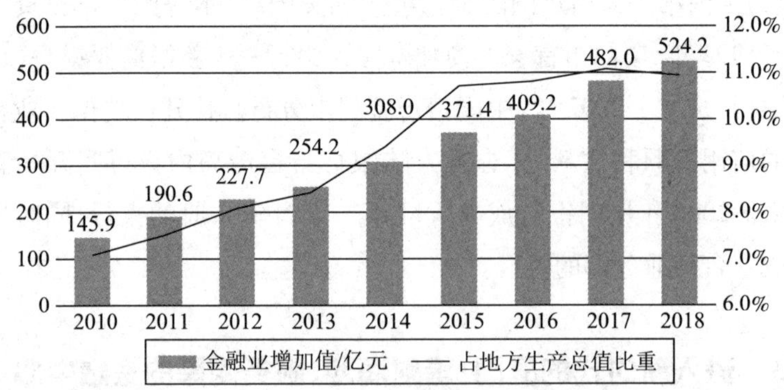

图5.3.1 2010—2018年厦门金融业增加值变化情况

数据来源:厦门市统计局。

第二,金融机构门类不断健全。厦门大力引进和培育了公募基金、私募股权投资基金、消费金融公司、金融科技公司、融资租赁公司、融资担保公司、小额贷款公司等各类新型金融机构,以银行、证券、保险机构为主体、新型金融业态为辅助的现代金融组织体系更加健全,成为全省金融门类最丰富齐全、金融产业链条最完善、金融机构聚集度最高的城市。截至2018年底,辖区内银、证、保金融机构256家;地方金融机构795家;备案私募基金管理机构363家,管理基金803只,实缴规模712亿元,在全国36个辖区中排名第11位,实际在厦注册到资基金1282.2亿元。

第三,多层次资本市场加快发展。截至2018年底,厦门境内上市公司47家占全省35%,新三板展示挂牌企业144家占全省40.79%,均为福建省第1,上市挂牌公司中的“厦门板块”初具规模。完善上市及拟上市企业跟踪服务机制,全省乃至全国首先统筹成立市场化运作的纾困基金、共济发展股权(债权)基金、国企战略发展基金,化解上市公司股权质押风险。重点推动“四新”企业改制上市,筛选金龙汽车、奥佳华、亿联网络等首批8家拟赴D股上市企业,向上交所推荐首批科创板企业,新增1家境内主板上市公司盈趣科技、1家H股上市公司百应租赁、6家新三板挂牌企业,组织评选省、市重点上市后备企业266家。

第四,两岸金融合作特色突出。一是台资背景的金融机构的数量全国领先,截至2018年底已有11家。其中,金圆集团和台湾永丰金控合资的圆信永丰基金公司落户厦门,成为全省第一家两岸合资的证券投资基金公司;厦门银行引进富邦银行,成为台湾金融机构借道第三地入股大陆银行的首例;台湾人寿在厦合资设立君龙人寿保险有限公司,成为全省首家法人保险机构;富邦财产保险有限公司成为全省首家法人产险公司;厦门金美信消费金融有限公司成为首家两岸合资消费金融公司、厦门市首家法人消费金融公司。二是跨海峡人民币代理清算金额突破千亿元。截至2018年底,共有76对厦门和境外银行机构签订人民币代理清算协议,其中有23家台湾银行机构在厦门开立39个人民币代理清算账户,累计向22家企业发放4.88亿元对台跨境人民币贷款。三是开创对台跨境人民币贷款、现钞调运等多个“第1”。截至2018年底,厦门中行累计对台人民币现钞调运430批次,金额130亿元;累计已有22家本地企业办理4.88亿元的对台跨境人民币贷款,有效支持台湾人民币离岸市场资金回流。四是两岸金融合作平台不断丰富。2012年以来厦门连续成功举办七届海峡金融论坛,2018年首次举办两岸企业家峰会金融合作论坛,成为两岸金融交流的重要平台。

第五,自贸试验区建设稳步推进。一是出台股权投资、融资租赁、基金基地、企业改制和上市等发展或促进办法,打造国内外金融企业的聚集地和对外投资的桥头堡。截至2018年底,已集聚金融和类金融企业5381家,比2015年挂牌前增加5193家;区内金融和类金融企业缴纳税收22.98亿元,占自贸区所有企业缴纳税收的21%。先后在台湾落地了中国信托银行、厦门国际金融资产交易中心、厦门金融租赁、华融资产管理、渤海银行、中金系基金、厦门黄金投资公司等一批知名金融企业,设立了人保财险——厦门自贸片区联合保险产品创新实验室、厦门银行厦门自贸试验区资金营运中心、厦门农商行厦门自贸试验区同业业务中心、农商银行“厦门知识产权特色支行”等一批创新专营机构。二是金融改革政策红利扩散,推进落实跨国集团跨境双向人民币资金池、跨国公司外汇资金集中运营、外汇资本金意愿结汇、外债资金意愿结汇、融资租赁公司收取外币租金等先行先试政策,进一步促进贸易投资便利化。三是金融风险管控有效,制定出台本外币一体化的跨境资金监测机制、以信用为核心的事中事后监管、体现协同作战的风险防控措施,构建自贸区金融风险防范长效机制,为自贸区金融开放创新保驾护航。

第六章　厦门金融中心竞争力评价

金融中心是金融资本、机构、人才、市场等各类金融资源集聚的场所。建设金融中心有利于聚集、整合和调配金融资源，进而聚集、整合和调配各类市场资源，是提升城市核心功能和竞争力的重要手段。近年来，国内各大城市都在大力建设金融中心，为了与其他金融中心形成错位竞争，厦门紧抓国家赋予的两岸区域性金融服务中心的“金字招牌”，大力开展金融创新和开放合作，不断完善现代金融组织体系，发展和利用多层次资本市场，持续优化金融生态环境，形成了金融中心发展的特色优势和有利站位。

6.1　综合竞争力评价：得分排名均有上升，两岸金融中心地位更加突出

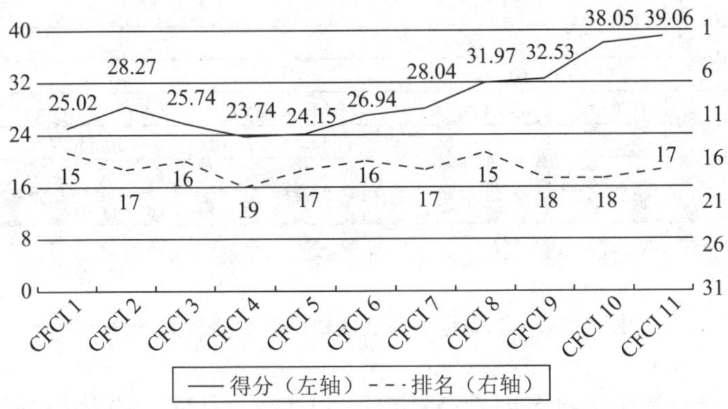

图 6.1.1　厦门金融中心综合竞争力历期得分及排名

综合竞争力得分稳步提升，居海西城市群首位。自 2009 年首期“中国金融中心指数(CFCI)”发布以来，厦门综合竞争力的得分呈现平稳上升态

势,累计增幅达 56.1%,与全国增长趋势基本同步,排名保持在全国中等偏上水平。第 11 期 CFCI 指数评价的结果显示,厦门综合竞争力得分为 39.06 分,较上期增加 1.01 分,排名全国第 17 位,较上期上升 1 位,跃居福建省及海西城市群第 1,作为两岸区域性金融服务中心的地位更加稳固和突出。

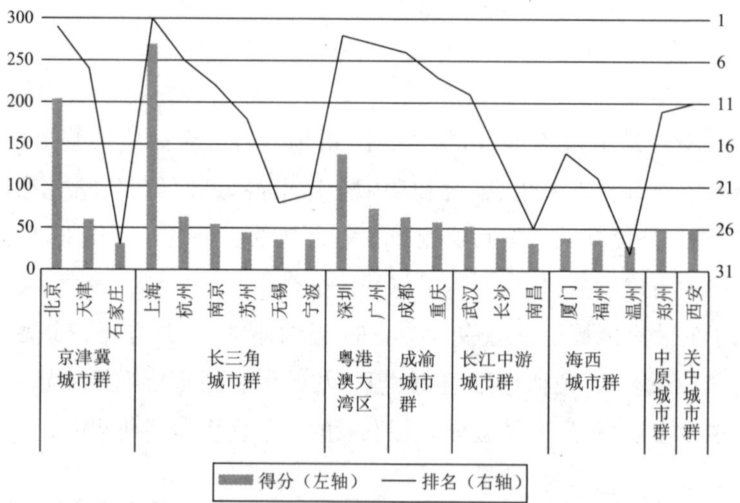

图 6.1.2 主要城市群金融中心综合竞争力得分及排名

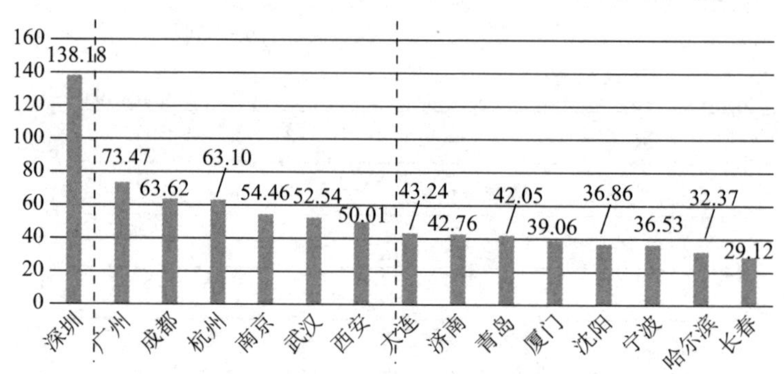

图 6.1.3 副省级城市金融中心综合竞争力得分

厦门综合竞争力排名副省级城市第 11 位,总体实力有待提升。按照综合竞争力得分可将副省级城市分为三个梯队,深圳为全国性金融中心形成第一梯队(100 分以上),广州、杭州、成都等组成第二梯队(51~99 分),大连、济南、青岛等组成第三梯队(50 分以下)。厦门综合竞争力得分低于 50,排名副省级城市第 11 位，处于总体实力偏弱的第三梯队，仍有较大的提升空间。

表 6.1.1　厦门金融中心在全国及副省级城市的地位

指标	厦门	28 个区域金融中心平均得分	15 个副省级城市平均得分	厦门全国排名	厦门副省级城市排名
综合竞争力	39.06	43.19	47.08	17	11
（一）金融产业绩效	65.10	68.34	71.78	15	9
金融业增加值	25.15	27.15	27.21	18	9
金融从业人员	9.09	9.36	10.24	16	8
金融业务规模	6.31	11.48	12.89	28	15
业务相对水平	24.55	20.35	21.43	8	4
（二）金融机构实力	18.30	27.03	30.55	22	13
银行类机构	8.13	12.39	13.34	27	15
证券类机构	4.96	6.42	7.59	15	8
保险类机构	0.82	1.51	1.60	15	11
地方性金融机构	4.39	6.71	8.03	22	13
（三）金融市场规模	5.48	6.63	7.60	17	9
上市水平	0.42	0.92	1.02	21	10
直接融资水平	2.74	2.78	3.22	14	8
区域股权	0.42	0.92	1.02	21	10
（四）金融生态环境	74.70	77.10	85.20	17	10
教育环境	4.24	7.46	8.15	28	14
医疗卫生	5.81	8.02	8.52	28	13
城市环境	8.95	8.62	9.64	14	10
生活质量	7.94	11.13	10.59	31	15
经济基础	11.63	12.71	13.01	22	11
专业服务	2.36	4.29	5.28	25	13
政策环境	13.72	8.88	10.96	5	5
地方风险控制	9.92	6.15	6.22	7	2
机构国际化	1.92	2.07	2.63	17	11
经济外向度	4.37	5.12	6.50	18	10
国际影响力	3.83	2.64	3.69	9	6

6.2 金融产业绩效评价:人均产出效益超百万元,位列副省级城市第5

金融产业绩效小幅下滑,发展优势有所减弱。第11期CFCI评价结果显示,厦门金融产业绩效得分为39.06分,排名全国第15位,副省级城市第9,为竞争力最强的分项指标。但要注意的是,本期厦门金融产业绩效得分较上期下降9.95分,自第6期以来首次低于区域金融中心的平均水平。究其原因是,在国内新一轮城市竞争中,省会城市会依托于全省财力物力人力支持,加速集聚周边金融资源,推动金融产业较快扩张,但厦门由于本地市场空间有限,区域整合仍在推进当中,腹地经济还未形成,规模劣势有所放大。

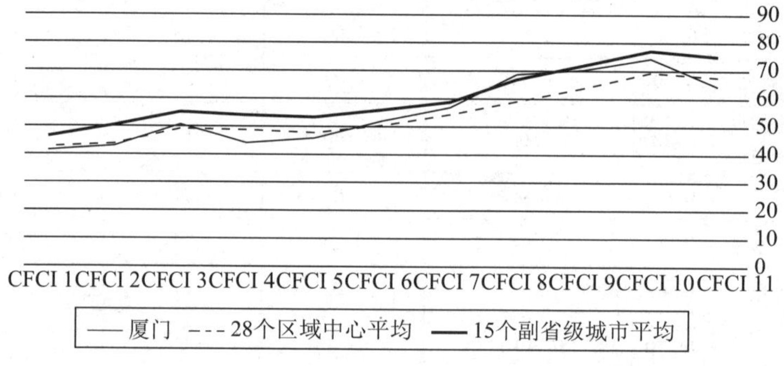

图 6.2.1 厦门、区域金融中心及副省级城市金融产业绩效历期得分

厦门金融产业发展质量较高,人均产出效益居副省级城市第5。得益于金融业起步较早,金融市场发展较成熟,厦门金融业务相对水平优于副省级城市平均水平。2018年,厦门本地证券交易量与GDP之比居全国第3位,本外币存款余额、贷款余额与GDP之比居全国第13位、第11位,保险深度居全国第14位,表现均强于金融中心综合排名。此外,厦门金融业从业人员尽管只有3.8万人,为副省级城市最少,但是人均创造金融业增加值高达137.48万元,在副省级城市排名第5,超过成都、青岛、杭州、大连等。

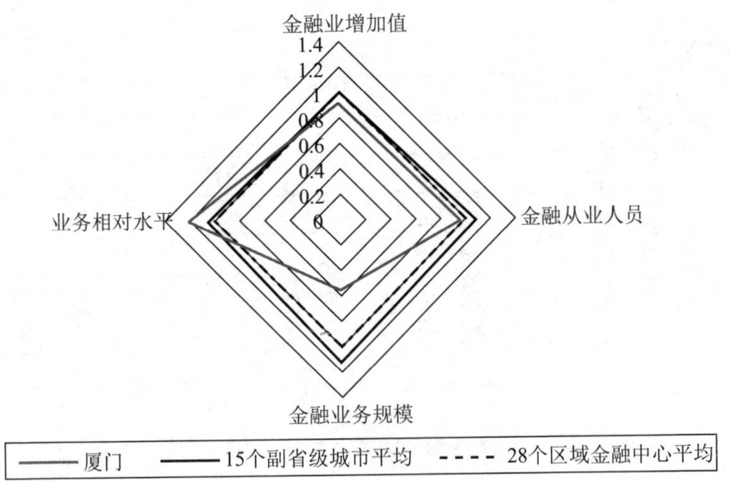

图 6.2.2 厦门金融产业绩效与副省级城市、区域金融中心比较

表 6.2.1 厦门金融产业绩效在全国及副省级城市的地位

指标		厦门	28 个区域金融中心平均	15 个副省级城市平均	厦门全国排名	厦门副省级城市排名
金融业增加值	金融业增加值/亿元	524.17	887.37	1083.74	22	12
	三年平均增长率/%	7.73	7.79	6.39	17	5
	占 GDP 比重/%	10.94	8.65	8.90	8	4
金融从业人员	金融从业人员/万人	3.81	785.31	854.20	27	15
	三年平均增长率/%	9.05	7.24	7.65	9	5
	占常住人口比重/%	0.95	0.82	0.91	10	6
金融业务规模	本外币存款余额/亿元	10995	20912.44	27022.45	28	15
	本外币贷款余额/亿元	10554.05	19320.78	23459.09	28	15
	本地证券交易量/亿元	38400	29549.07	44061.32	12	6
	保费收入/亿元	210.51	454.85	553.25	28	15
业务相对水平	本外币存款余额与 GDP 之比/%	229.47	208.95	223.39	13	8
	本外币贷款余额与 GDP 之比/%	220.27	196.71	200.53	11	5
	本地证券交易量与 GDP 之比/%	801.43	298.00	375.67	3	1
	保险深度/%	4.39	4.59	4.70	17	10
	保险密度/元每人	5121.90	4723.78	5437.14	14	8

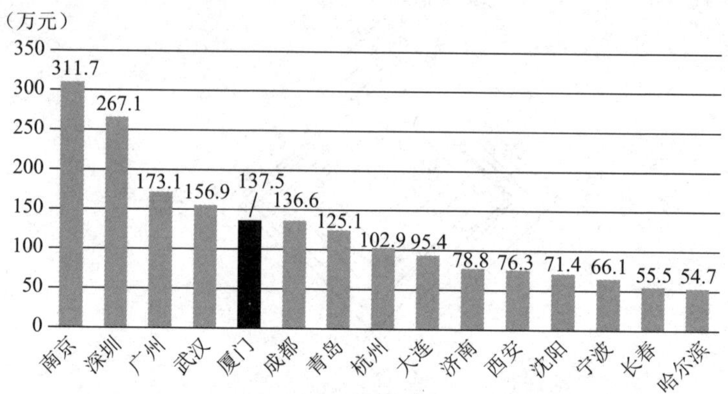

图 6.2.3　2018 年副省级城市金融业人均创造增加值

厦门金融产业总量规模劣势较明显,在副省级城市排名靠后。从金融产业规模来看,2018 年,厦门实现金融业增加值 5247.17 亿元,仅为深圳的 1/5、广州的 1/4、成都的 1/3、杭州的 1/2,排名全国第 22 位,副省级城市第 12 位;金融业增加值占 GDP 的比重达 10.94%,已处在相对高位,进一步提升的难度较大。从金融业务规模来看,2018 年,厦门本外币存款余额 10995 亿元,本外币贷款余额 10554.05 亿元,原保险保费收入 210.51 亿元,均排名全国第 28 位,副省级城市第 15 位,人口及经济规模的限制因素最为突出。

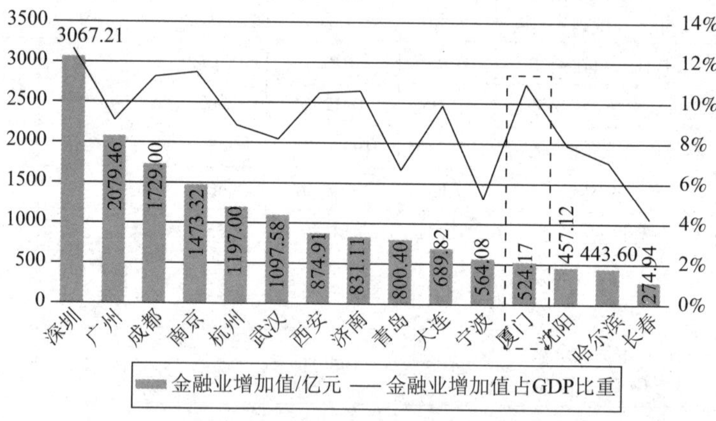

图 6.2.4　2018 年副省级城市金融业增加值及其占 GDP 的比重

6.3　金融机构实力评价:法人机构外资合资比例高,对台合作特色鲜明

金融机构体系较为完备,但综合实力有待提升。第 11 期 CFCI 评价结果显示,厦门金融机构实力得分为 18.30 分,排名全国第 22 位,副省级城市第 13 位,成为厦门金融中心发展的主要短板。厦门本地金融机构体系较为完备,除了汽车金融、民营银行等,金融牌照基本齐全,但是缺少资本实力突出、业务能力强、具有全国影响力的金融企业。2018 年,厦门本地法人商业银行、证券公司、期货公司、保险公司的资产规模分别为 11697.62 亿元、126.79 亿元、67.44 亿元、34.04 亿元,全国排名分别为第 13 位、第 28 位、第 9 位、第 7 位。可见,厦门本地法人商业银行和期货公司已具备一定规模实力,但是证券公司和保险公司的规模实力偏弱。

表 6.3.1　厦门金融机构实力在全国及副省级城市的地位

指标	厦门	28 个区域金融中心平均	15 个副省级城市平均	全国排名	副省级城市内排名
本地法人商业银行数量/个	4	6.07	6.00	20	9
本地法人商业银行资产规模/亿元	11697.62	13233.68	20582.69	13	7
本地法人证券公司数量/个	1	1.68	2.93	19	10
本地法人证券公司资产规模/亿元	126.79	932.70	2213.27	28	13
本地法人公募基金管理公司数量/个	1	0.46	2.27	7	3
本地法人公募基金管理公司资产管理规模/亿元	179.66	666.58	2371.17	12	5
本地法人期货公司数量/个	2	2.43	3.60	14	7

续表

指标	厦门	28 个区域金融中心平均	15 个副省级城市平均	全国排名	副省级城市内排名
本地法人期货公司资产规模/亿元	67.44	59.97	120.75	9	4
本地法人保险公司数量/个	2	1.86	3.27	23	8
本地法人保险公司资产规模/亿元	34.04	524.50	2957.94	7	12

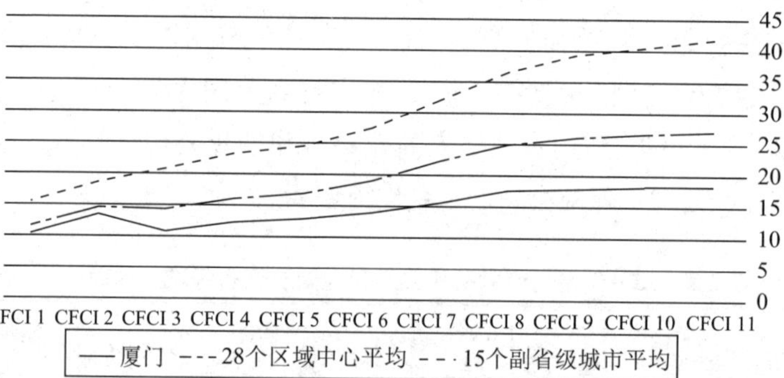

图 6.3.1 厦门、区域金融中心及副省级城市历期金融机构实力得分

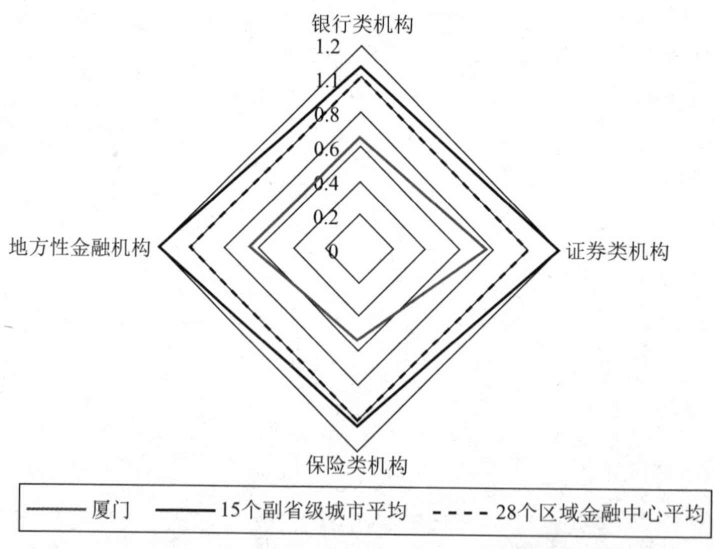

图 6.3.2 厦门金融机构实力与副省级城市、区域金融中心比较

厦门外资、台资法人金融机构比例高，仅次于上海，居全国第2位。厦门金融机构发展的最大特色是外资合资法人金融机构，尤其是具有台资背景的法人金融机构数量占比全国领先。在本地15家法人金融机构当中，新联商业银行是外商独资法人商业银行，富邦财险与君龙人寿是两岸合资保险公司，圆信永丰基金是两岸合资公募基金管理公司，金美信消费金融公司是两岸合资消费金融公司，另有两岸合资证券公司金圆统一证券正在受理当中。截至2018年底，厦门共有外资合资银行、证券、保险、基金4家，排名全国第6，占本地法人银行、证券、保险、基金的比例高达50%，仅次于上海，超过深圳、北京，排名全国第2。

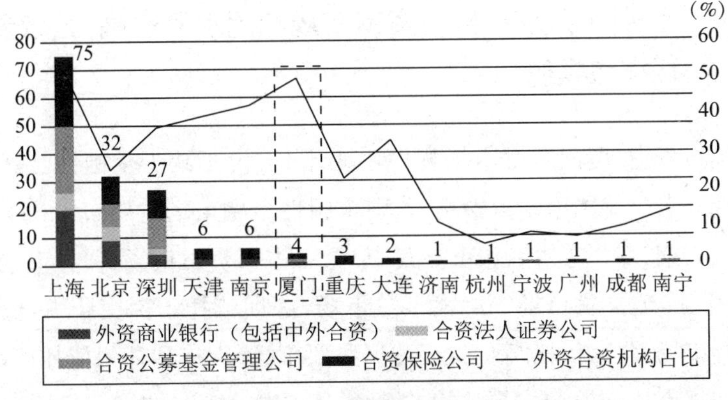

图 6.3.3　全国外资合资银行、证券、保险、基金分布

基金业发展水平进入全国十强，财富管理特色显现。近年来，厦门以建设区域性财富管理中心为目标，大力吸引境内外金融机构和优质企业设立私人银行、财富管理、资产管理公司及各类私募基金，较好地推动了基金业的集聚发展。截至2018年底，厦门拥有公募基金管理公司1家，资产管理规模180亿元；私募基金管理人363家，私募基金产品863个。本期CFCI中，厦门跻身基金业发展水平十强城市，排名全国第9，副省级城市第5。

表 6.3.2　2018 年基金业发展全国十强城市主要指标

指标	上海	北京	深圳	杭州	广州	天津	成都	福州	厦门	南京
公募基金管理机构数量/个	56	21	28	1	2	1	0	2	1	0
公募基金资产管理规模/亿元	43100	20037	33293	213.6	668.0	13421	0	1961	180	0
私募基金管理人数量/家	5047	5700	3710	1365	1125	296	515	188	363	410
私募基金数/个	21968	19041	11783	4826	3571	622	1050	772	863	1065

6.4　金融市场规模评价:资本市场利用水平较高,区域要素市场亮点频现

本期报告中,厦门金融市场规模小幅增长,由于缺少全国性金融市场,指标表现一般。受国家政策影响,我国全国性金融市场主要布局在上海、北京、深圳、大连、郑州等少数城市。其中,上海占据货币市场、债券市场、股票市场、外汇市场、期货市场等绝大多数市场,深圳依托于深交所占据股票市场与债券市场,北京依托“新三板”占据股票市场,大连和郑州依托商品交易所占据期货市场。厦门多层次金融市场体系构建存在先天不足,第 11 期 CFCI 评价结果显示,厦门金融市场规模得分为 5.48 分,虽较上期增长 3.03 分,但与上述城市得分差距较大,排名全国第 17 位,副省级城市第 9 位。

表 6.4.1　全国性金融市场分布情况

项目		上海	深圳	北京	其他城市
货币市场		√	×	×	×
债券市场	交易所债券市场	√	√	×	×
	银行间债券市场	√	×	×	×

续表

项目		上海	深圳	北京	其他城市
股票市场	主板市场	√	√	×	×
	中小板市场	×	√	×	×
	创业板市场	×	√	×	×
	新三板市场	×	×	√	×
期货市场	√	×	×	大连、郑州	
黄金市场	√	×	×	×	
外汇市场	√	×	×	×	

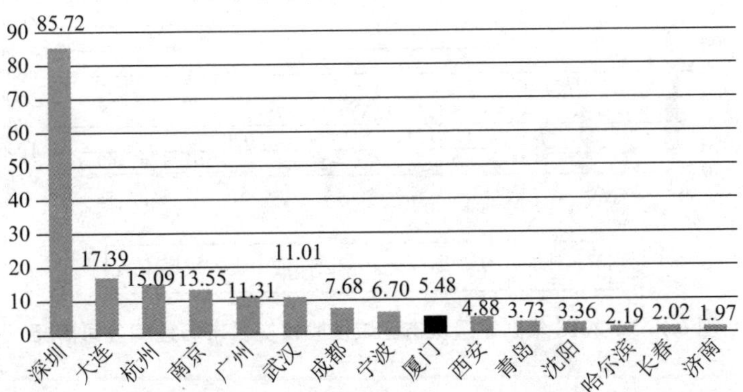

图 6.4.1　副省级城市金融市场规模得分

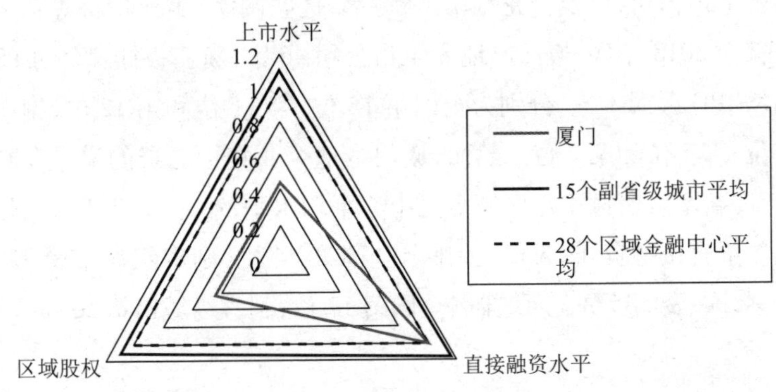

图 6.4.2　厦门金融市场规模与副省级城市、区域金融中心比较

区域要素市场的亮点颇多，还需将已有特色转为发展优势。为了弥补全国性金融市场缺失,更好地集聚和利用金融资源,厦门将发展重点放在打造特色化地方要素交易平台上。两岸股权交易中心作为海西股权交易市场主体机构,设立了全国唯一的“台资板”和“双百人才企业板”。截至2018年底,厦门的两岸股权交易中心挂牌公司数量排名全国第12位,副省级城市第6位;挂牌公司注册资本规模排名全国第16位,副省级城市第8位。加之全市金融资产、文化产权、碳排放权等新型要素的交易体系基本完备,区域性黄金市场线上线下平台建设正在推进当中,厦门区域要素市场发展已有不少亮点,未来需要将这些特色优势转化为发展优势和竞争优势。

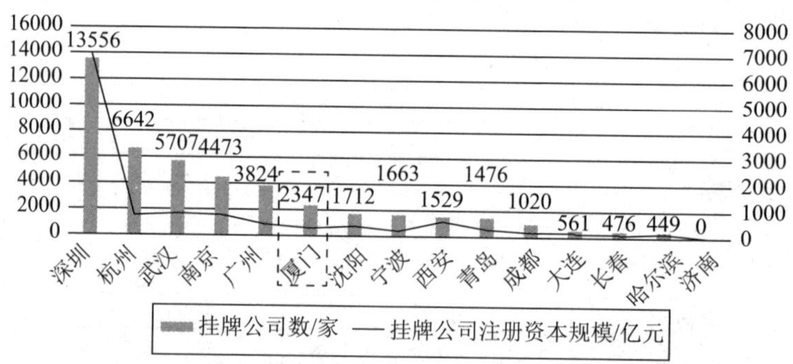

图6.4.3　2018年副省级城市区域性股权交易市场挂牌公司情况

多层次资本市场利用水平较高,但直接融资增量有待提升。厦门本地企业资本市场利用较为充分,已拥有厦门国贸、建发股份、厦门象屿三家世界五百强上市公司,以及金龙汽车、新华都、亿联网络、美亚柏科等知名上市公司。截至2018年底,厦门本地A上市公司46家,新三板挂牌公司150家,年度新增IPO公司1家,分别为全国第15位、第11位和第12位,副省级城市第8位、第7位和第7位。然而,厦门本地企业直接融资的增量有减少的趋势,年度新增融资额不足区域金融中心平均水平的一半。2018年,厦门A股市场新增直接融资43.3亿元,排名全国第24位,副省级城市第12位;A股市场累计融资585.3亿元,排名全国第17位,副省级城市第10位。

表 6.4.2　厦门资本市场利用水平在全国及副省级城市的地位

指标	厦门	28 个区域金融中心平均	15 个副省级城市平均	厦门全国排名	厦门副省级城市排名
本地 A 股上市公司数	47	48. 07	54. 36	15	8
新三板挂牌公司数	150	130. 39	158. 36	11	7
年度新增 IPO 公司数	1	1. 39	1. 71	12	7
在 A 股市场累计融资额/亿元	585. 31	1177. 72	1358. 94	24	12
年度新增直接融资额/亿元	43. 26	107. 96	114. 02	17	10

6.5　金融生态环境评价:金融政策支持水平全国第 5,金融风险管理能力较强

金融生态环境稳步增长,紧跟全国上升走势。第 11 期 CFCI 评价结果显示,厦门金融生态环境得分为 74. 70 分,较上期增长 1. 25 分,全国排名和副省级城市排名不变,分别为第 17 位和第 10 位。自首期 CFCI 以来,厦门金融生态环境得分增长 25. 85 分,累计增幅为 52. 9%,略高于同期区域金融中心的平均增幅 51. 0%,低于同期副省级城市的平均增幅 60. 8%,基本保持与全国平均水平同步上升的趋势。

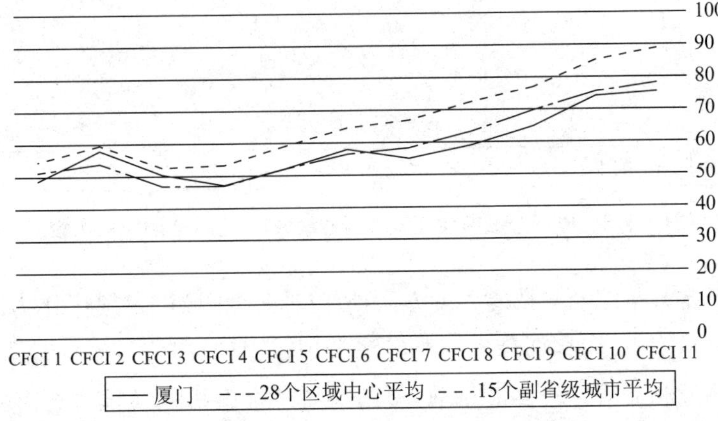

图 6.5.1　厦门、区域金融中心及副省级城市历期金融生态环境得分

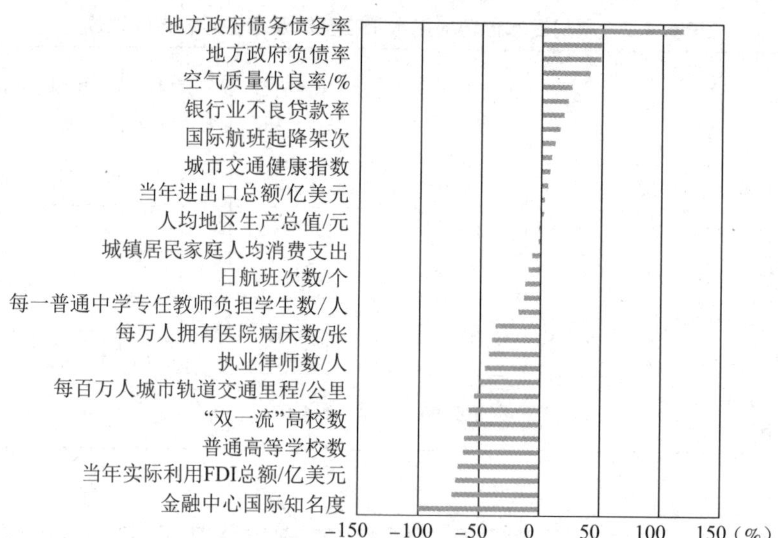

图 6.5.2　厦门金融生态环境主要指标与副省级城市的平均水平对比

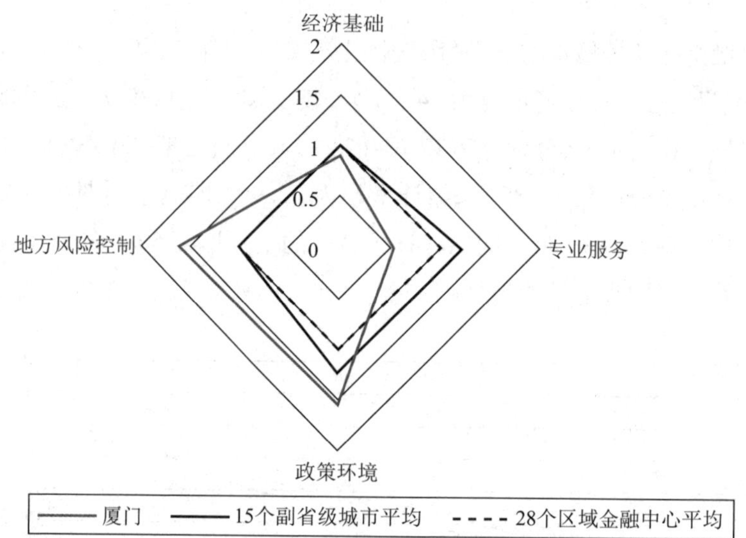

图 6.5.3　厦门金融商业环境与副省级城市、区域金融中心比较

在金融政策综合支持的力度方面,厦门排名全国第 5。厦门作为经济特区与计划单列市,拥有部分省一级经济管理权限,政府施政空间较大,资源调配自主性和灵活性较高。目前,厦门对持牌金融机构及地方金融组织落户展业、金融人才发展、金融集聚区建设等均设有实质性的奖补政策,其中对小额贷款、融资担保、融资租赁的落户奖励标准为全国之最。本期 CFCI 中,厦门跻身金融政策综合支持力度十强城市,排名全国第 5,副省级城市第 4。

表 6.5.1 厦门金融产业支持政策内容要点

支持对象	支持项目	政策内容
持牌金融机构	总部落户奖励	最高 3000 万元
	机构成长奖励	最高 500 万元
	分支扩张奖励	分支引进:最高 200 万元外地设立:最高 500 万元
	业务发展奖补	办公补贴:最高 500 万元
地方金融组织	私募股权投资机构	落户奖励:最高 3000 万元 办公补贴:最高 500 万元 业务补贴:按投资额 2000 万元,风险补偿 500 万元 财税优惠:地方税收贡献部分的 90%奖励
	非存款类放贷机构	落户奖励:最高 2000 万元 业务补贴:按贷款余额净增的 0.3%补偿 行业支持:明确金融机构待遇
	融资担保机构	落户奖励:最高 1000 万元 业务补贴:最高 800 万元
	融资租赁机构	落户奖励:最高 3000 万元 办公补贴:最高 500 万元 行业支持:增值税超 3%部分退税
金融人才	引进落户奖励	安家补贴:最高 5 万元
	生活配套补助	个人所得:地方税收留成部分 50%补助 子女教育:有 医疗健康:有 外事服务:有
金融中心建设专项支持	金融中心发展专项机制	金融集聚区建设:两岸金融中心

金融风险管理水平排名全国第 7。厦门作为计划单列市,财政自主性较高,稳定性良好,政府性债务相较于地方财政实力,基本处在可控范围内。截至 2018 年底,厦门市本级政府债务余额为 504.7 亿元,地方政府负债率为 22.2%,地方政府债务率为 141.2%,政府债务控制水平居副省级城市前列。

同时,为了降低问题信贷导致的金融风险,厦门地方金融监管部门也在持续推动化解银行业不良贷款。2018 年,厦门共处置不良贷款 141.91 亿元,不良贷款余额降至 142.58 亿元,不良贷款率下降 0.12 个百分点至 1.35%,远低于全国平均水平的 1.89%。本期 CFCI 中,厦门跻身金融风险管理十强城市,排名全国第 7,副省级城市第 2。

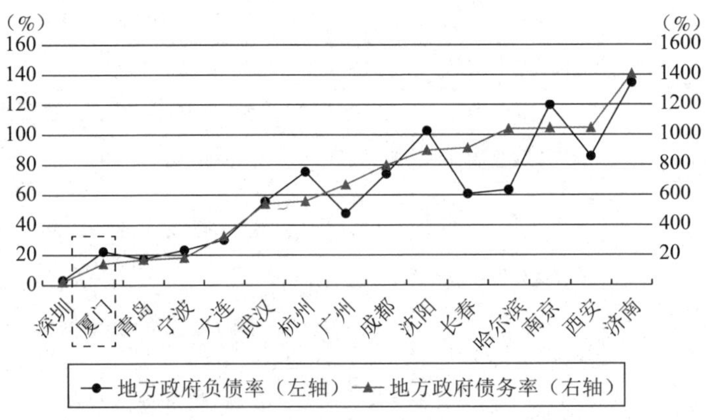

图 6.5.4　2018 年副省级城市政府负债率与债务率

表 6.5.2　2018 年金融风险管理全国十强城市主要指标

指标	深圳	温州	苏州	上海	无锡	北京	厦门	宁波	青岛	重庆
地方政府负债率	3.1%	5.7%	11.0%	18.7%	12.3%	31.4%	22.2%	23.2%	17.3%	41.1%
地方政府债务率	21.4%	66.3%	96.3%	86.0%	138.9%	164.5%	141.2%	180.9%	168.4%	369.5%
银行业不良贷款率	1.3%	1.3%	0.7%	0.8%	1.0%	0.3%	1.4%	1.2%	1.9%	1.1%

人才发展面临高成本的压力,教育医疗资源有待加强。人才是金融中心竞争的第一资源,金融人才总量排名靠后,已成为制约厦门金融产业发展的重要因素。尽管厦门金融业从业人员年平均工资已超过 16 万,排名副省级城市第 6,但是高昂的生活成本特别是仅次于深圳的住宅房价收入比,还是严重降低了其对人才的吸引力。从人才发展的软环境来看,厦门人均公园绿地面积排名全国第 14,空气质量优良率排名全国第 2,符合外界对厦门的“高颜值”预期,但是普通高等学校数、“双一流”高等学校数、普通高等学

校在校学生数、每万人拥有医院病床数、每万人拥有执业医师数、每一普通中学专任教师负担学生数都排在全国20名外，这与厦门作为非省会城市、无法集中全省教育医疗资源有关。

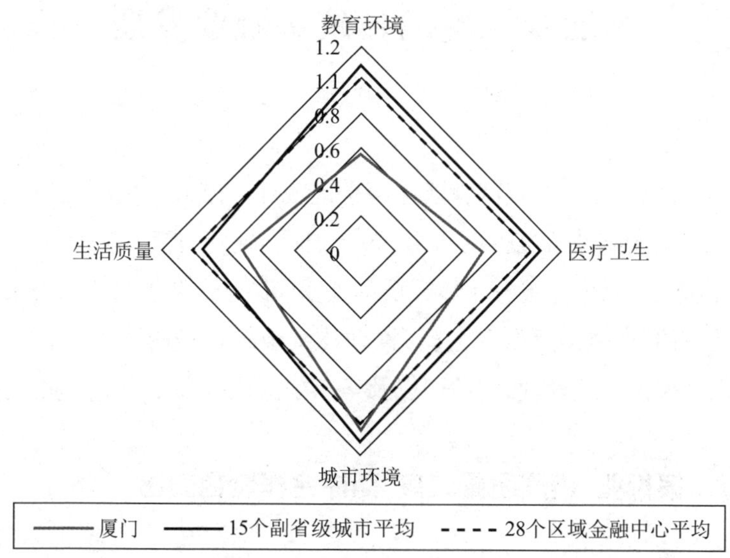

图6.5.5　厦门金融商业环境与副省级城市、区域金融中心比较

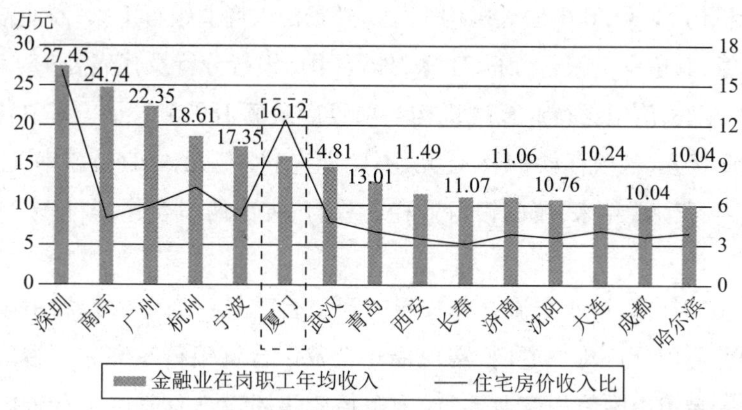

图6.5.6　厦门金融行业收入与生活成本同副省级城市及区域金融中心比较

第七章　厦门传统金融业发展

近年来，厦门加快自贸试验区与两岸区域性金融服务中心的建设，为全市金融产业发展提供了难得的机遇，银行、证券期货、保险等传统金融业发展不断加速。按照金融服务实体经济的要求，厦门加快金融资源集聚，加大金融科技应用，加强金融服务创新，推动传统金融业跨越式发展，更好地支持和带动了厦门本地、闽西南地区以及华东华南地区实体经济高质量发展。

7.1　银行业：资产质量较高，两岸合作特色突出

银行业是厦门金融产业的支柱，在吸引金融资源集聚、服务实体经济、促进经济增长、推动金融创新等方面发挥了重要作用。截至 2018 年底，共有银行业机构 51 家，其中法人机构 11 家，外资法人商业银行 1 家；商业银行支行 573 家，其中中资银行分行 21 家，外资(国)银行分行及代表处 15 家。截至 2018 年底，厦门银行业金融机构各项资产余额 18023 亿元。其中各项贷款 10567 亿元，各项存款 9478 亿元，不良贷款 142 亿元，不良贷款率 1.35%，实现“双降”。近年来，厦门银行业稳扎稳打，突出两岸合作，取得了良好的成绩。

第一，对台银行业交流合作成果丰硕。台湾第一商业银行和中国信托商业银行厦门分行落户厦门，实现福建自贸区台资银行零突破。厦门金圆集团联合台湾中国信托商业银行、国美控股集团设立首家两岸合资的消费金融公司——金美信消费金融公司。厦门国际信托有限公司与台湾永丰金控在厦门合资设立海西首家两岸合资的证券投资基金管理公司——圆信永丰基金公司。厦门银行引进富邦银行，成为台湾金融机构借道第三地入股大陆银行的首例。浦发银行对台金融服务中心、邮储银行两岸金融研发中

心、两岸人民币业务中心等总行职能中心落户厦门。

第二,跨境金融业务创新不断加速。积极推动开展跨海峡人民币代理清算、对台跨境人民币贷款、跨国集团双向人民币资金池等业务,业务规模位居全国、福建省前列,对外向型企业服务能力显著增强。截至2018年底,共有76对厦门和境外银行机构签订了人民币代理清算协议,其中有23家台湾银行机构在厦门开立了39个人民币代理清算账户,累计清算金额突破千亿元;2018年累计向22家企业发放了4.88亿元的对台跨境人民币贷款。国开行与自贸区签署战略合作协议,农业银行联动境内外分行拓宽自贸区企业融资渠道和发展境外业务。中国信托商业银行作为境外分行属地行率先开办衍生金融业务。中国国际贸易“单一窗口”(标准版)金融服务模块正式上线,工商银行厦门市分行成功落地全国首笔“单一窗口”金融服务跨境汇款业务,中国银行厦门分行落地“单一窗口”在线预约开户、跨境汇款、汇总征税保函、税费融资等标准版全流程业务。

第三,“税银互动”“银企对接”持续助力小微企业融资。厦门市税务、人行、发改联合建立银税信用信息共享机制,对支持纳税诚信的中小微企业融资成效显著的银行进行再贴现、再融资,目前已覆盖20家中资银行。截至2018年底,全市银行银税贷款余额15.82亿元,其中信用贷款余额12.97亿元,银税合作贷款3681户;无还本续贷贷款余额112.19亿元。加强省、市重点项目与金融机构对接,通过“线上平台为依托,线下服务相结合”方式建立长效机制,打造“永不落幕的政银企对接会”,2018年全年共举行80余场次政银企对接会,实现资金需求方和金融机构的有效对接。

第四,城乡普惠金融服务扎实。厦门本地法人金融机构厦门农商银行以服务“三农”和小微企业为基本定位,不断下沉业务重心,夯实基层金融服务水平,连续7年被评为“厦门市银行业金融机构服务小微企业优秀机构”,在英国《银行家》杂志全球1000家大银行榜单中排名第632位。厦门农商银行积极为支农支小融资业务降低成本,2018年,成功发行30亿元小微金融债券,巩固小微企业贷款的长期资金来源,并在近三年内累计获得支小再贷款资金14.83亿元,用于发放小微企业、个体工商户和小微企业主经营性贷款,此类贷款的平均利率远低于厦门农商行普通贷款平均利率;为调动业务人员投放小微的积极性,连续三次下调小微企业贷款利率,同步调整内部资金转移定价;创新"党建+金融助理"模式,以"双百工程"为重要抓手,向乡村输送金融人才,成立了驻村金融助理工作室,并推进"党员小区报到"模式,定时、定点、定员开展金融服务。

7.2 证券业:市场交易活跃,期货业服务实体经济能力强

面对复杂多变的经济金融形势,厦门证券业坚持严控金融风险、深化金融改革、服务实体经济,利用本地市场交易活跃优势,稳步提升市场竞争力。截至 2019 年 3 月底,共有法人证券公司 1 家、证券分公司 26 家、证券营业部 106 家,期货公司 2 家、期货分公司 10 家、期货营业部 37 家,私募基金管理人 362 家,证券业从业人员达到 3000 多人。

第一,积极开展证券业金融创新。长城国瑞证券公司资产证券化产品在市场中形成特色,发行并承销了深交所首单"双绿"ABS(特锐德)、中利 ABS 等;完成针对"野蛮人"收购的莫高股份财务顾问,成为上交所自 2003 年以来第 6 单部分要约收购案例,且是唯一一次面对恶意收购开展的部分要约收购。积极开展对港、对台合作,闽台、闽港合资全牌照证券公司申报进展加快,金圆统一证券项目已获证监会受理。

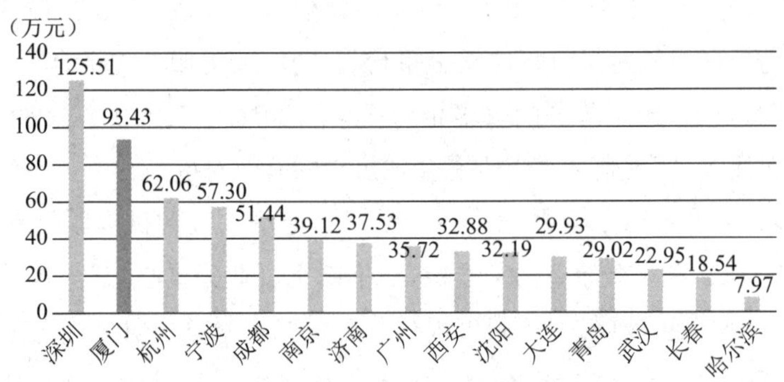

图 7.2.1 2018 年副省级城市人均证券交易额对比

注:杭州、南京、武汉、哈尔滨为 **2017** 年数据。

数据来源:中国证监会。

第二,证券交易活跃度副省级城市排名第 2。目前,厦门投资者开立证券资金账户 202.94 万户,常住人口平均每 2 人拥有一个证券资金账户,投资

者数量增长较快，人均证券交易额达到 93.43 万元①，在副省级城市排名第 2，交易非常活跃。这主要得益于对外贸易发展、民营经济活跃、华人华侨资本回流为厦门本地及周边城市带来了丰富的民间资本和社会财富。

第三，期货业增强服务实体经济效能。截至 2019 年 3 月，投资者开立期货账户 51833 户，保证金 48.61 亿元，本地法人期货公司国贸期货和瑞达期货，积极发挥期货市场中介机构职能，在套期保值、场外衍生品业务、投融资服务、咨询等方面不断开展业务创新，在上海、广州、深圳、天津、郑州、成都、福州等多个城市设有分支机构，服务实体经济的能力不断提升。出台在厦门设立期货商品交割库实施方案，推动期货与航运物流产业融合发展。

第四，多举措发力多层次资本市场。出台《关于推进企业上市意见的实施细则》，提高奖励扶持标准，加大与上交所、深交所、港交所的互动交流，加大培训宣传和走访辅导力度，重点推动"四新"企业改制上市，组织评选省、市重点上市后备企业 266 家，着力推动企业在多层次资本市场上市挂牌。

7.3　保险业：多项改革全国首创，保险深度全国领先

厦门保险业发展较为成熟，保险市场深度与广度不断拓展，相关服务改革实现多个全国领先，有力推动保险业与实体经济、社会治理的深度融合。截至 2018 年底，共有保险公司主体 39 家，其中财险公司 21 家，寿险公司 18 家，包括 2 家合资法人保险公司，保险专业中介机构 75 家；全年实现保费收入 210.51 亿元，同比增长 5.1%，其中财产险实现保费收入 80.32 亿元，同比增长 9.2%；全年提供保险保障金额 14.13 万亿元。

第一，保险业发展突飞猛进，保险业密度与深度存在较大提升空间。厦门保费收入由 2010 年的 77.55 亿元，增长到 2018 年的 210.51 亿元，8 年累计增幅 171.5%，年均复合增长 13.3%；保险深度（保费收入/GDP）从 3.70% 上升到 4.39%，保险密度（保费收入/常住人口）从 2178.3 元/人上升到 5122 元/人。2018 年，保险密度远高于全国平均水平的 2724 元。

① 按 2017 年的证券交易额计算。

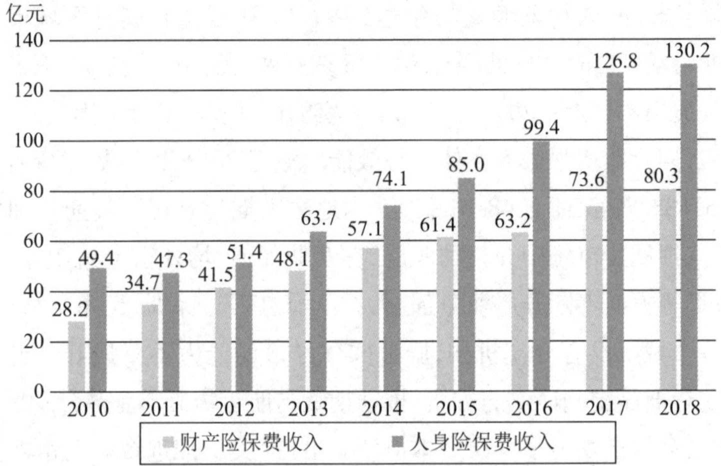

图 7.3.1　2010—2018 年厦门保费收入情况

数据来源:厦门市统计局。

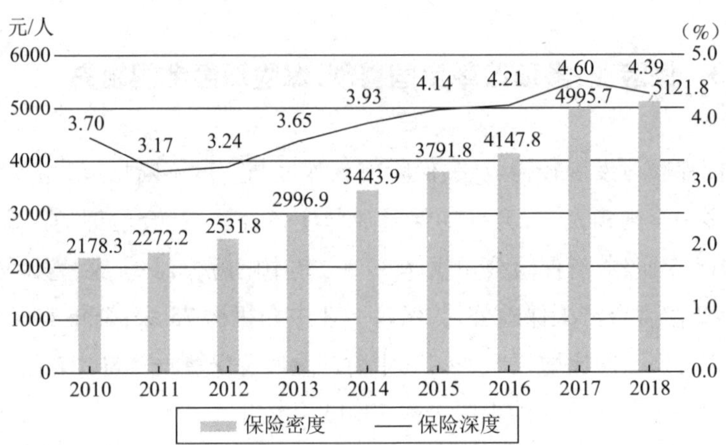

图 7.3.2　2010—2018 年厦门保险密度与保险深度情况

数据来源:厦门市统计局。

第二,大力开展保险改革创新,实现“六个全国首创”。首创道路交通事故一体化调处机制,为交通事故当事各方提供交警定责、纠纷调解、司法确认、诉讼受理及判决、保险理赔等“一站式”服务;首创保险客户健康信息平台,促使核保与理赔的调查时间分别由 3 天和 5 天缩短到 1 天以内;首创反骗保信息比对平台,为公安部门开展保险案件调查提供有力支撑;首创保险电话销售禁拨系统，有效解决保险行业电话销售“扰民”问题；首创保险诉调衔接机制，实现司法调解与行业调解有效对接；首创车辆拆检定损中心，创造出3分钟撤离、10分钟定损、1小时理赔到账的厦门交通事故快速处理纪录。

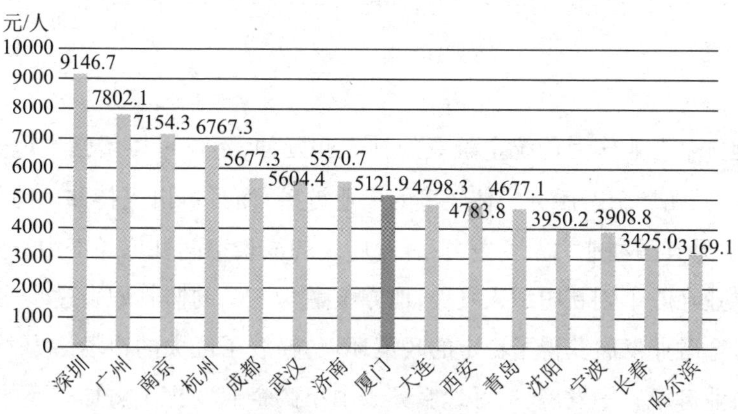

图 7.3.3 2018年副省级城市保险密度对比

第三，利用保险机制化解社会管理风险。厦门市政府与厦门保险业巨灾保险共保体签订《厦门市巨灾保险协议》，通过政府购买保险服务的形式，将保险市场化的风险管理机制引入社会治理体系，使政府从公共服务产品的直接提供方转为统筹协调方。厦门作为国务院职工医疗保障制度改革试点城市之一，全国首创大病“补充医疗保险”，通过向商业保险公司购买大额医疗保障服务的方式，解决参保人员大额医疗费用的经济负担问题。

第八章　厦门地方金融业发展

地方金融业作为传统金融业的补充和延伸，不仅可以增强本地金融市场的活力，拓展金融服务实体经济的产业链条，而且可以支持并反哺传统金融业，提升其盈利能力及竞争力，有着广阔的成长空间和增长潜力。随着我国金融业在改革创新中深入发展，地方金融"7+N"的监管职责逐步明晰，厦门地方金融业发展获得了稳定的政策环境，释放了巨大的市场活力，对于全市金融业健康有序发展、更好地服务于中小微企业发挥了愈加重要的作用，已成为厦门建设两岸区域性金融服务中心的重要抓手和有力支撑。

8.1　地方金融控股平台：金圆投资集团功能作用显著，金融资源整合放大效应突出

厦门金圆投资集团有限公司（以下简称金圆集团）成立于 2011 年 7 月 28 日，是厦门市委、市政府组建，市财政局作为唯一出资人的市属国有金融控股集团，业务领域涵盖金融服务、片区开发、产业投资等，正努力构建包括证券、保险、信托、基金、担保、创投、金融要素市场（产权交易中心、区域股权市场、金融资产交易中心）、融资租赁、资产管理、消费金融、小贷及信用大数据等在内的多牌照、多功能、智慧型综合金融服务，致力于打造一流的企业全生命周期综合型金融服务商。自成立以来，金圆集团在"助推产业转型升级、引领两岸金融融合发展、做强区域金融产业"等方面发挥了显著作用。

第一，助推产业转型升级。金圆集团依托于其运营管理的全市产业投资母基金平台、政策性担保平台、中小企业线上服务平台、金融要素市场等市级平台优势，积极运用金融科技赋能业务生态，持续升级金融服务功能，支持战略性新兴产业，创新发展普惠金融，推动实体经济发展，助力打造千

亿级产业链群,助推区域产业转型升级。

第二,引领两岸金融融合发展。金圆集团发挥厦门对台湾的战略优势,牵头推进两岸区域性金融服务中心片区开发建设及招商运营,建设金融企业总部大楼,运营金融人才公寓,着力优化两岸金融合作环境,积极开展对台湾的交流合作,努力探索两岸融合发展新路,打造两岸金融合作的领航者。

第三,做强区域金融产业。金圆集团借助市属金融控股平台优势,发挥汇聚区域金融产业资源的重要抓手功能,突出国有金融资本的引领作用和集聚效应,通过市场化运作和专业化管理,促进金融要素汇聚,拓展新兴金融业态,推动金融、类金融机构集聚发展,助推厦门金融千亿产业链群高质量发展。金圆集团旗下拥有 41 家子公司,包括厦门唯一的公募基金——圆信永丰基金管理有限公司、唯一的信托公司——厦门国际信托有限公司以及厦门市融资担保有限公司、厦门金美信消费金融有限责任公司等新兴金融机构,管理金融资产规模超过 3000 亿元,利润总额超过 20 亿元。

8.2　私募股权投资行业:政策支持力度较大,初步形成集聚态势

近年来,厦门大力发展以私募股权投资为代表的财富金融,截至 2019 年 3 月底,厦门共有备案私募基金管理机构 362 家,其中股权创投类 227 家、证券类 131 家、其他类 4 家,管理基金 830 只,实缴规模 716 亿元,实际在厦门注册到资基金 1282.2 亿元,已备案登记私募基金产品数 863 个。

第一,出台专项扶持政策,加大支持力度。先后出台《厦门市人民政府关于印发促进股权投资类企业发展若干规定的通知》《中国(福建)自由贸易试验区厦门片区股权投资类企业发展办法》《厦门市股权投资类企业认定管理办法》《厦门市财政局关于促进股权投资类企业发展扶持政策实施细则》等全市及自贸区私募股权投资管理办法和促进政策,同时设立了规模达 10 亿元的产业引导基金,推动了私募股权投资行业的高度集聚和快速发展。

第二,私募股权投资集聚效应初步显现。根据中国证券投资基金业协会的数据,厦门市已登记注册的私募基金管理人在全国 36 个辖区(省级行政单位+计划单列市)位列第 11 位,排名上游。若考虑到经济体量因素,厦

门市私募股权投资机构已显现出较强的集聚效应,是福建省乃至东南沿海最为重要的私募股权投资中心之一。

第三,私募股权投资母基金行业加速发展。2018 年 4 月,金圆集团联合清科集团、天地开发建设公司等机构共同发起设立的金圆清科母基金,目标总规模达 100 亿元人民币,首期规模 20 亿元,以私募股权投资子基金作为主要投资对象。金圆清科母基金以私募股权投资子基金作为主要投资对象,借助清科集团和厦门创投公司筛选基金管理人、优化资金配置的能力,将所募集资金合理分散投资到预期业绩优异的多个不同类型、不同投资风格的 VC/PE 子基金,作为厦门市目前规模最大的专业化管理的市场化母基金,为厦门市私募股权投资加速发展开启了新篇章。

表 8.2.1　按注册地统计私募基金管理人排名前 12 位的地区

排序	地区(省级行政单位与计划单列市)	私募基金管理人数量(家)	私募基金管理金数(只)	私募基金管理规模(亿元)
1	上海	4752	20624	26890
2	深圳	4583	13558	18032
3	北京	4351	13557	30051
4	浙江(不含宁波)	2065	6164	7469
5	广东(不含深圳)	1671	4474	5809
6	江苏	1105	2984	6335
7	宁波	830	2241	3102
8	天津	474	1603	6571
9	四川	418	753	1903
10	湖北	370	659	1285
11	厦门	362	830	716
12	山东(不含青岛)	297	561	1205

注:数据截至 2019 年 3 月。

数据来源:中国证券投资基金业协会。

8.3　融资担保行业:业务增长稳定,服务成效显著

近年来,厦门市融资担保行业发展较为平稳,在助力服务小微企业方面

作用显著。从机构数量来看,截至 2019 年 3 月底,厦门全市共批设 23 家融资性担保机构,其中法人机构 19 家,国有控股法人机构 13 家,民营法人机构 6 家,非独立法人分支机构 4 家,其中 3 家均为从事政策性担保业务的专营机构,1 家为省外融资性担保法人机构在本市设立的分支机构。从资产规模来看,全市 18 家法人融资性担保机构注册资本金为 33.67 亿元,同比增长 22.33%,其中国有控股机构注册资本金为 26.17 亿元,占比 77.72%;资产总额 61.59 亿元,同比增长 38.10%;负债总额 22.44 亿元,同比增长 81.66%;净资产 39.15 亿元,同比增长 21.41%。

第一,担保总额和在保余额实现双增长。截至 2019 年 3 月底,全市担保总额为 158.87 亿元,同比增长 27.10%。其中融资性担保总额 64.60 亿元,同比增长 13.68%;非融资性担保总额 94.26 亿元,同比增长 38.29%。担保在保余额为 128.79 亿元,同比增长 26.17%,在保余额客户数及余额均为福建省第 1。

第二,非融资性担保业务占比高。融资性担保业务规模和非融资性担保业务规模的比例约维持在 4∶6,其中融资性担保业务(与银行合作)总额和在保责任余额占比分别为 40.67%和 38.96%,两者较去年同期的占比皆小幅下降,非融资性担保业务总额和余额占比双升。

第三,对小微企业服务稳中增强。为小微企业融资担保总额同比增长 6.86%,占全市融资性担保总额比例为 61.14%;融资担保余额同比增长 5.35%,占全市融资性担保余额比例为 67.33%;为小微企业融资担保总户数同比增加 39 户,融资担保在保户数同比增加 34 户。

8.4 小额贷款行业:夹缝中生存,发展质量良好

近年来,全国小额贷款行业风险频发,受融资渠道有限、行业地位低等不利因素的影响,其发展日益艰难,机构数量逐年下滑。截至 2018 年 9 月末,全国小额贷款公司减少至 8332 家,从业人员下降至 9.83 万人。厦门小额贷款行业在夹缝中求生存,总体发展势头良好。截至 2019 年 3 月底,厦门市运营小贷公司 14 家,注册资本金为 43.48 亿元,同比增长 23.59%;资产总额为 58.49 亿元,同比增长 15.73%;负债总额 9.01 亿元,同比减少 15.48%;

净资产额为49.48亿元,同比增长24.07%。

第一,政策支持力度较大。厦门出台了《厦门市人民政府关于印发厦门市小额贷款公司管理办法的通知》《厦门市人民政府关于印发进一步促进小额贷款公司发展意见的通知》《厦门市小额贷款公司财政扶持奖励实施细则》《厦门市小额贷款公司主要股东定向借款实施细则》等小额贷款行业管理和促进相关的政策文件,对于小额贷款行业的稳健快速发展起到了巨大的促进作用。

第二,经营资金充裕但使用率下降。截至2019年3月底,厦门小贷公司经营资金总额为60.32亿元,同比增长15.13%;货币资金9.31亿元,小额贷款余额49.77亿元,资金平均使用率为74.90%,同比下降了16.68个百分点。2019年3月末,小贷公司的平均贷款利率为16.23%,环比下降了0.86个百分点,比2018年同期下降了1.25个百分点。

第三,为服务个人和小微企业做出了重要贡献。截至2019年3月底,厦门市小额贷款公司各项贷款余额为49.77亿元,其中个人贷款余额27.36亿元,占总贷款余额的54.97%;小微企业贷款余额22.42亿元,占总贷款余额的45.04%。小额贷款公司成为践行普惠金融的重要主体。

第四,经营状况良好。厦门市14家小贷公司经营较为规范,总体发展良好,先后有4家小贷公司被评为省优、1家被评为国优。2019年3月末,厦门小贷公司不贷款不良率为1.94%,环比增长0.16个百分点,同比上升0.43个百分点,但贷款不良率仍处于较低水平,风险准备金充足,运营风险可控。这主要因为房价不断上升,房屋作为重要抵押品,使得小额贷款资产质量较高。

第九章　厦门特色金融发展

在国家高度重视金融服务实体经济的背景下，厦门金融业始终以服务厦门本地、闽西南地区以及华东、华南地区实体经济高质量发展为目标，以金融科技、黄金金融、绿色金融、航空航运金融作为重点发展方向和特色，加强对高科技、高成长、高附加值"三高企业"以及全市经济转型升级核心产业、重点领域、薄弱环节的金融支持，提高了金融资源的普惠性、针对性与精准性，促进了金融和实体经济、金融体系内部的良性循环。

9.1　金融科技：开展前瞻性布局，推动金融与科技深度融合

依托于厦门软件与信息服务产业的良好基础，加强与"创新创业之城"建设的联动。早在 2017 年，就提出把金融科技作为厦门金融中心的重要发展方向，前瞻性布局金融科技重大项目，支持金融机构加强金融科技资源投入，提升科技水平，推动金融科技在社会民生领域的应用，促进金融科技形成良好的发展态势。

第一，规划建设金融科技小镇。在厦门"两岸金融中心"片区规划建设金融科技小镇，引进知名金融科技企业，金融科技孵化平台、实验室，金融科技研究机构以及行业组织入驻，构建金融科技成果转化产业链，促进金融科技集聚集群发展。

第二，加强与金融科技龙头企业合作。积极对接腾讯公司、京东金融、瀚德金控等龙头企业，推动设立金融科技实验室、金融科技产业孵化平台等项目，形成良好的金融科技创新创业氛围。

第三，加强金融科技应用示范。厦门国际金融资产交易中心，对交易当中存在的信息安全与公开透明的问题，运用区块链技术分布式存储、不可篡

改的优势,将区块链技术运用于金融资产交易中,确保金融资产交易的真实、高效。发起成立以发展区块链技术为核心的 China Ledger 联盟,于 2016 年 9 月成功落地全球第一笔区块链资产转让交易,凭借区块链技术运用,获评福建省自贸试验区十大金融创新项目。

9.2 黄金金融:构建黄金交易平台,有力支持黄金产业链发展

近年来,厦门发挥福建黄金文化浓厚、毗邻紫金矿业等优势,大力发展黄金金融特色产业,立足中国黄金市场向“海上丝绸之路”沿线地区业务辐射的窗口,着力打造集黄金交易商贸、加工精炼、旅游消费、文创设计、金融产品研发等为一体的区域性国际黄金产业中心。

第一,打造黄金金融生态圈。在福建自贸试验区厦门片区内高起点、高标准、高规格地建设厦门海峡黄金珠宝产业园,首期建筑面积 10 万平方米,主要引进黄金产业链企业,开展黄金精炼加工、文创设计、商贸交易、体验消费及金融服务等业务,积极构建有利于黄金金融产业发展的优质营商环境和产业生态圈。2018 年 3 月园区正式开园,紫金矿业、金洲慈航等知名黄金企业已入驻。

第二,打造黄金交易线上平台。厦门黄金投资有限公司于 2017 年启动黄金法人线上代理交易业务,并与众多城商行及中国农商银行发展联盟(60 多家成员)签订战略合作协议。截至 2018 年底,已累计办理法人黄金开户 17 户,实现法人线上代理交易 108 亿元,个人黄金线上代理业务的资格申请已获得上海金交所的正式受理。

第三,积极促进黄金产业金融化升级。大力支持黄金生产企业、黄金加工企业及社会资本发起设立黄金产业投资基金、黄金矿业基金、黄金 ETF 及量化对冲基金等,开展金矿收购以及金融创新等服务,鼓励开展黄金非标交易、典当拍卖、消费金融及黄金 ETF 基金等环境金融业务创新。

第四,加强与上海黄金交易所互动。与上海黄金交易所签署合作备忘录,协力把厦门打造成“一带一路”区域黄金业务中心。厦门海峡金融服务有限公司获得上海黄金交易所“黄金业务认证培训机构资格”,是福建省首家获得该资格的单位;厦门农行嘉禾路 98 号金库获得上海金交所审批,成为

上海金交所指定的黄金交割库。

第五,塑造"海上丝绸之路"黄金文化品牌。以国家"一带一路"倡议的实施为契机,发扬闽南地区黄金和侨乡文化,融入旅游体验、文创设计、展会、商贸消费等特色元素,塑造和提升厦门"海上丝绸之路"黄金产业品牌影响力。

9.3　绿色金融:完善政策支持体系,促进高颜值花园城市建设

围绕创建国家生态文明建设示范市、生态文明先行示范区以及打造高颜值生态花园之城的总体要求,积极发挥政策引导作用,鼓励金融机构开展绿色金融业务创新,支持绿色产业和生态文明建设。截至 2018 年 6 月,厦门绿色信贷余额为 169.61 亿元,比年初增加 18.21 亿元,增长 12.03%。绿色金融发展对节能减排形成良好支撑,2018 年上半年减排标准煤 89.71 万吨,二氧化碳当量 230.74 万吨,节水 300.87 万吨,化学需氧量 0.33 万吨。

第一,在全国率先构建起覆盖信贷、资本市场及保险的绿色金融政策支持体系。先后出台《促进厦门市银行业金融机构发展绿色金融扶持政策实施细则》《关于促进厦门市银行业金融机构发展绿色金融扶持政策的实施细则》(厦金融办《关于促进厦门市保险行业发展绿色金融的意见》《厦门市人民政府办公厅转发市金融办等关于促进厦门市资本市场发展绿色金融意见的通知》《厦门市人民政府办公厅转发市金融办等关于促进厦门市保险行业发展绿色金融意见的通知》等系列文件,在全国率先构建全方位、多层次的绿色金融政策体系,鼓励金融机构开展绿色金融服务。

第二,积极探索绿色金融发展的"厦门模式"。构建绿色金融发展考评体系,从绿色信贷增量奖励、绿色企业上市挂牌奖励、绿色债券投资奖励等多方面对金融机构发展绿色金融进行量化考评,兑现扶持政策。构建"绿色清单"制度,建设绿色项目库,推动金融机构大力支持绿色企业发展。兴业银行厦门分行设立绿色金融中心,配置专门的产品经理、绿色金融联络员等负责区域绿色金融规划、产品创新与落地,截至 2019 年 6 月末,绿色金融融资余额已突破 100 亿元。

第三,大力支持绿色金融业务创新。在巩固绿色信贷等银行业创新的

基础上,鼓励金融机构发行绿色债、绿色资产支持证券等绿色金融业务。鼓励创新绿色保险相关产品和服务,加快发展环境污染和安全生产等责任保险。华夏银行厦门分行首笔理财资金绿色支持专项计划投资业务,该项目也是福建省内首单非金融机构绿色债券。

9.4 航空航运金融:大力发展融资租赁行业,助力东南国际航运中心建设

近年来,厦门依托自贸区政策优势和港口、飞机产业链优势,大力推动航空航运金融创新,鼓励融资租赁、产业基金等多元金融服务进入航空航运领域,开展航空航运金融产品创新,为厦门建设东南国际航运中心提供强力支撑。

第一,领跑全国飞机融资租赁业务。福建自贸区厦门片区将融资租赁尤其是飞机融资租赁作为重点发展业务,目前已有十余家国内知名租赁公司在自贸区内开展飞机租赁业务,在区内设立 SPV 公司 70 个。其中 54 个 SPV 公司已经开展业务,合计引进飞机 100 架,租赁金额近 70 亿美元,成为全国第三大飞机融资租赁集聚区。积极开展飞机租赁业务创新,深航、成都航空和江西航空 3 家异地航空办理承租业务,实现异地航空公司业务突破。天下行租车有限公司和鑫芯融资租赁获得厦门市商务局和国税局内资融资租赁试点审批,实现内资融资租赁试点企业突破。

第二,打造航运金融生态圈。围绕东南国际航运中心建设,推动全球航运服务要素在厦门加速集聚,大力吸引船舶融资租赁、船舶评估机构、船舶经纪人等中高端航运金融及配套服务机构。英国海洋船舶经纪公司入驻厦门航运交易所,金圆、海信升、象屿金控等租赁公司已陆续开展船舶租赁业务,厦门航运交易所积极拓展航运指数及其衍生品、国际船舶交易资金托管、船舶融资、航运保险等业务。

专栏 9.4.1　厦门自贸区创新实现异地航空公司飞机租赁业务

厦门自贸片区融资租赁企业为深圳航空公司引进租赁飞机，首次实现为异地航空公司引进租赁飞机。该空客飞机价值近 4600 万美元，通过融资租赁的方式可节省约 500 万人民币的租赁成本。目前，厦门自贸片区累计引进飞机 23 架，实现进口额 17 亿美元。区内已有工银租赁、招银租赁、建信租赁、国银租赁、浦银租赁多家企业开展进口飞机融资租赁和经营性租赁两种租赁模式，其中融资租赁飞机 11 架，经营性租赁飞机 12 架。

第十章　厦门金融集聚区建设

金融集聚区作为金融交易活动及金融要素集中的平台，其有力的吸引力、辐射力、带动力与影响力，是推动金融产业发展与金融中心建设的强大引擎。近年来，为了提升金融产业集聚效应和区域服务辐射能力，厦门承接两岸区域性金融服务中心建设的国家使命，大力推进两岸金融中心片区载体开发建设，积极吸引金融机构、新型金融组织、企业总部落户，致力于在本岛东岸打造高端商务 CBD，形成具有高度标识性的金融核心集聚区。

10.1　前瞻布局：高规格筹划金融核心集聚区

金融中心的建设和形成过程，也是金融要素在特定区域积聚的过程，正是由于金融要素的集中发展，才使得该区域得以吸引大量的资金供给方和需求方，成为资金的集散地和金融产品的集中交易地，最终演进为金融中心。国际主要金融中心基本沿袭两条道路形成：一是伦敦和纽约的自然形成模式；二是中国香港和新加坡的政府主导模式。两岸金融中心片区是国务院及福建省确定厦门建设两岸区域性金融服务中心之后，厦门高起点、高规格、成片规划开发的金融商务区，属于自然形成与政府主导模式的结合，即在厦门原有金融产业布局的基础上，通过设计并促成存量和增量金融资源向本岛西岸配置转移，有意识地发展高端商务与金融核心集聚区。

作为厦门经济特区实施综合配套改革、深化两岸交流合作、发挥对台先行先试作用的重要窗口，两岸金融中心片区的发展定位和建设路径逐步清晰。2012 年 2 月，由美国 HOK 公司设计的《厦门两岸金融中心城市设计概念方案》通过专家评审会，两岸金融中心片区建设蓝图正式推出。2012 年 11 月，两岸区域性金融服务中心开发建设指挥部成立，片区物理载体空间建设开始启动。2014年7月起,厦门人民政府金融协调服务办公室接替指挥部职责,加强了片区规划建设统筹协调力度。结合顶层设计不断谋划布局,两岸金融中心片区确立了四大发展定位:一是金融引领、产融结合、生态发展的两岸金融深度对接融合发展先行区;二是制度创新、管理创新、运营创新的两岸金融合作综合配套改革先行区;三是要素集聚、人才集聚、机构集聚的区域金融集聚区;四是宜业宜居、宜行宜娱产城融合示范区;五是为厦门产业链提升赋能、驱动经济金融发展的城市新中心。

10.2 科学规划:“一核两带六组团”空间布局

两岸金融中心片区位于厦门本岛东部,东至环岛路,南到会展中心,西临云顶路,北至五缘湾,横跨思明和湖里两个行政区,规划总占地面积为22.8平方公里。片区充分吸收学习国际知名金融集聚区发展经验,已形成“一核两带六组团”的空间布局,高起点规划、高标准建设国际一流“海西金岸”。

“一核”即金融核心区,主导功能为金融企业集聚核心区,重点布局国内外知名金融机构、国际组织、台资金融机构、大型企业、“一带一路”金融机构和平台,适度增加金融公寓及商业配套,形成国际国内知名金融机构、台资金融机构、大型企业集聚品牌优势,成为两岸和“一带一路”金融合作及金融创新发展的引领区和标杆区。

“两带”即环岛路金融办公带、滨海旅游带。其中,环岛路金融办公带贯穿会展、观音山、核心区、五林高通、五缘湾组团,满足大型机构临海景观需求,重点布局国内外大型金融机构、国际组织、高端酒店、国际会展等。滨海旅游带的主导功能为休闲旅游,主要需要完善旅游配套,提升滨海景观,降低开发强度,开发旅游项目。

“六组团”即五缘湾组团、湖边水库组团、五通高林组团、观音山组团、软件园组团、会展组团。其中,五缘湾组团的主导功能为医疗、旅游、商务办公,拓展体检、保健、养老等医疗上下游产业链,布局海西医药交易所、医疗产业投资基金等,增加酒店、体育休闲、文化娱乐等配套;五通—高林组团的主导功能为企业总部、金融办公、商业中心,重点布局财富管理、新兴金融孵化器,绿色金融等金融机构、企业总部、专业服务机构等,增加公寓、商业、教育配套;软件园组团的主导功能为软件信息产业园,重点布局创投机构、新兴金融孵化器,挖掘底层办公商业潜力,增加商业配套;何厝观音山组团的主导功能为企业办公总部,重点布局企业总部、并购金融、产业基金、先进生产性服务业等,增加公寓及商业配套,环岛路沿线强化旅游配套;会展组团的主导功能为居住、会展、旅游,重点布局会展业、旅游业机构、金融监管机构、两岸及国内金融机构、适度引入人力资源机构、培训机构,增加商业配套;湖边水库组团的主导功能为居住、商业,不增加产业导入。

10.3 发展成效:总部机构集聚效应初步显现

按照"高站位、高品位、高效率"原则,两岸金融中心片区从一开始就确立了以金融机构、新型金融组织、企业总部为重点的招商方向。在硬件方面,以项目促征拆、以代建促开发,加快完善高端医疗、教育、酒店、金融公寓等配套服务和基础设施,从"筑巢引凤"到"引凤筑巢",建设金融产业集聚区和岛内东部新城。在软件方面,充分对接国家及省市区出台的金融产业扶持政策,如《福建省人民政府关于支持厦门建设两岸区域性金融服务中心的若干意见》《厦门经济特区促进两岸区域性金融服务中心建设条例》《厦门市人民政府关于促进金融业加快发展的意见》《厦门市高层次紧缺型金融人才计划暂行办法实施细则》等,不断提升政策服务的精准度和效率水平,加快吸引金融机构、新型金融组织及企业总部的落地落户。

高标准的"硬件"加上高规格的"软件",助力两岸金融中心片区招商引资工作稳步推进。截至 2019 年 3 月底,中金资本、京东金融、中国人寿、今日头条、神州优车、瑞幸咖啡等 1072 个金融机构及项目已落户两岸金融中心片区,总注册资金 947.2 亿元;海峡旅游服务中心、英蓝国际金融中心、厦航总部大厦、海西金谷广场等 48 个项目正在建设当中,总投资 559 亿元;厦门银行总部大厦、厦门农村商业银行总部大厦、中金资本南方总部大厦、悦榕庄酒店等一批金融机构总部及高端配套酒店即将落户,两岸资本聚集洼地和金融服务高地逐步成型。

10.4　未来展望:打造两岸金融中心的重要名片

两岸金融中心片区承载着厦门建设两岸区域性金融服务中心的重大使命,未来将进一步优化金融产业空间布局,规划建设基金港、金融科技小镇、台企总部基地等专业集聚区,完善核心区建设运营公司的功能,建设世界一流的软硬件设施,提升集聚区运营水平模式,加快打造成为比肩上海陆家嘴的靓丽名片和最具投资价值的区域,提升厦门金融中心产业集聚效应与区域辐射的影响力。

第一,优化金融产业空间布局。一是打造基金专业集聚区。规划建设低密度、高品质、具有闽南文化印记的基金港,吸引天使投资、VC/PE、并购基金、母基金、二级市场基金、证券投资基金等各类投资基金及基金管理机构入驻。二是打造金融科技专业集聚区。规划建设金融科技小镇,集聚金融科技企业、金融科技研发机构以及金融科技孵化器、加速器等上下游服务企业。三是打造台资企业总部基地。推动全市已有及新设的台资金融机构在核心区集聚发展。推动台湾地区技术密集、知识密集和资本密集的高附加值产业的企业在核心区设立地区总部、配套基地、采购中心、物流中心和研发中心。四是集聚金融产业链上下游企业。加强金融产业链上下游,包括要素交易平台、各类专业机构、金融培训、金融教育、金融研究和企业总部等机构的进驻,保障建设后的金融集聚区有着较好的营商氛围,形成完整的金融产业链优势。

第二,建设世界一流的软硬件设施。一是加快物理空间载体建设。瞄准国际化、现代化的生产生活需求,按照“产城融合”的发展理念,加快建设高端智慧商业楼宇、城市绿化以及国际一流的交通、医疗、教育、文化、休闲、居住等配套设施和公共服务,提升核心区多样化空间承载能力。二是增强优质、高端的运营服务供给。借鉴国内外知名金融集聚区运营经验,为集聚区提供运营管理、企业商务服务、高端物业管理、产业数据统计及科技创新创业孵化等综合运营管理服务,满足区内企业的个性化需求。推动建立集聚区经济信息平台,对集聚区办公资源现状分布、经营主体、入驻企业的产业结构、经营业态、平方税收以及企业进出变动情况等信息实行动态监管,提升运营智慧化水平。

第三,提升集聚区建设运营水平。一是完善核心区开发运营公司功能。借鉴伦敦金丝雀码头、上海陆家嘴、北京金融街、深圳前海等先进金融集聚区开发建设运营模式,提升厦门两岸金融中心建设开发有限公司的专业化开发运营水平,逐步完善产业导入平台、资源整合平台、公共服务平台、金融创新引导平台等功能。构建有效机制,协调市场投资主体利益,统一利用全市公共资源,全面衔接福建省乃至"一行两会"等国家相关部门资源、政策、方针和战略落地。二是创新招商运营模式。积极构建政府与市场化经营主体多方共赢、激励相容的招商引资机制,对市场化开发主体给予招商奖励,同时设置招商引资、租售比例等要求,保证入驻企业符合片区产业规划要求,避免短期行为。推动实现市、区、企一体化联合招商,由市级部门、思明区、湖里区、两岸金融发展公司组建招商联合体,开展联合招商。创新开展资本招商、产业链招商、孵化器招商、合伙人招商、以商引商等多种招商引资模式。

第十一章　厦门金融生态体系建设

厦门作为经济特区与计划单列市，在金融监管体系建设及金融扶持政策出台方面的自主性较强，与其他金融中心相比具有先天的政策优势。与此同时，厦门近年来也在着力打造有利于金融产业发展的“金融生态圈”，对事关金融产业发展的监管环境、政策环境、人才环境等进行了大量的整治和优化，目前已取得了较好成效，有力推动了两岸区域性金融服务中心的建设和发展。

11.1　金融监管：线上与线下联动，有效防范化解地方金融风险

金融监管是金融产业发展必不可缺的环节。只有风险得到良好控制的金融市场才能保证参与各方的合法权益，实现金融系统的健康有序发展。近年来，针对金融风险种类增多、复杂性增强的总体趋势，厦门及时跟进新兴金融业态的监管服务，通过完善监管组织架构、更新监管技术手段、加强风险处置工作等方式，线上与线下联动，现场监管与非现场监管并用，有效防范和化解了地方金融风险，牢筑金融安全的“防火墙”。

第一，挂牌成立地方金融监督管理局。为了更好地对地方金融机构及对新兴金融业态进行监管，根据《厦门市市级机构改革实施方案》，厦门市金融工作办公室在2019年调整设置为地方金融监督管理局，保留金融工作办公室牌子。金融监督管理局挂牌之后，将服务实体经济、防控金融风险、深化金融改革三大任务作为自身的首要使命，强化地方金融监管职责，继续履行金融服务发展职能，协同“一行两局”，进一步夯实金融强监管、防风险、促发展工作。从金融办至金融局的调整升级，展现了厦门对金融改革发展工

作的高度重视和做强、做大、做优现代金融产业的坚强决心,对充分发挥金融服务实体经济作用、全力打好、打赢防范化解金融风险重大攻坚战具有指标性意义,开启厦门金融改革发展和加强地方金融监管的新征程。

第二,稳妥开展不良资产处置工作。为了降低问题信贷导致的金融风险,保障金融业在逆周期下维持稳定,厦门建立了全市不良贷款会商处置机制,强化金融局、银监局及法院的日常沟通协调通道,并与银行创新提出"一行一策"的风险处置原则,化解了众多影响较大的不良资产,如国开行5.5亿美元不良贷款、中盛粮油等企业共计40余亿元额度的信贷风险等,支持风险企业通过剥离过度投资降低财务杠杆、民间融资"债转股"、设备售后返租等手段,盘活资金以配合银行做好续贷、转贷来化解企业金融风险。同时,授权市属国企积极组建地方资产管理公司,开展地区金融企业不良债权批量收购处置业务。2018年,厦门建立全市信贷风险化解工作联席会议制度,核心围绕控新化旧,持续推动不良贷款化解,全年处置不良贷款141.91亿元,不良贷款余额142.58亿元,不良贷款率1.35%,实现"双降",不良贷款率远远低于全国平均水平的1.89%。

第三,强化非法集资及互联网金融风险处置。金融局牵头展开了各项非法集资及互联网金融风险处置工作和宣传教育活动,及时修订《厦门市金融风险防控应急预案》,满足金融业跨境经营、混业经营以及互联网化发展趋势下风险防控的新要求。同时,联合"一行两会"、公安系统及各区政府展开了系统联动,严格落实中央及省专项整治工作要求,对辖区内首批整治整改的24家网贷机构进行以查促改的现场验收,引导辖区内309家未营运机构市场退出,退出率达到67.2%。针对现金贷、校园网贷、互联网资产管理等专项业务进行了深入排查和清理整顿工作,妥善处置胖毛在线、聚融在线、百立宝等平台风险事件。截至2018年底。累计投入6100多人次进行非法集资重点领域的风险排查工作,共计排查辖区内机构5865家次,分类处置一批风险机构,在辖区内常态化开展宣传教育活动714次,开展"六进"活动2403次,举办16次专题培训。

第四,健全金融风险监测体系。金融伴随科技进步迸发出各类新兴金融业态,相较于传统金融对监管手段提出了更高的要求。为了应对新兴金融监管困难带来的风险,金融局利用互联网及大数据等新兴信息技术,自主研发了“天罗地网+特色”厦门市金融风险防控预警平台。其中，“天罗”代表的是互联网关键词抓取技术及大数据实施匹配分析检测预警，是立体化、社会化、信息化的检测预警体系；“地网”指的是预警平台金融风险举报随手拍 APP，可收集社区综合管理网格化信息员及市民群众的举报信息，达到群防群治、贴近一线展开预警防范工作的效果；“特色”为“存证云”系统将 P2P 网贷平台收集资金到放款的全流程及相关交易合同、标的信息等数据进行实时收集，同时匹配相关的银行三方存管数据，对资产端和资金端两个层面开展实时监控，使平台形成全过程、全覆盖、全方位的存证、监测、预警体系。在已有平台的基础上，金融局还引入了电信“鹰眼”体统，实现了“7×24”小时的实时双监控及可疑线索实时移交处置，由工作专班进行研判，2018 年全年实现有效预警并核实处置线索 39 条。

11.2　金融政策：省市区共同发力，强化金融产业发展政策支持

自建设两岸区域性金融服务中心以来，厦门充分利用国家、省层面予以的金融改革创新和两岸金融合作的先行先试政策，从市、区层面出台了各类金融产业发展规划及专项扶持政策，构建起了涵盖金融集聚区建设、金融机构引进培育、金融服务实体经济、资本市场利用等方面的金融产业发展政策支持体系，对于境内外金融机构在厦集聚发展起到了巨大的推动作用。

第一，金融先行先试政策。2011 年国家发展和改革委员会印发的《厦门市深化两岸交流合作综合配套改革试验总体方案》，明确了厦门建设两岸区域性金融服务中心的主要任务，提出了“以集聚金融资源为重点逐步完善区域性”“以金融改革创新为重点提升金融服务经济发展的水平”“以先行先试为重点逐步形成区域性金融要素市场”三大举措，同时支持在厦漳泉地区“探索建立促进金融资源合理流动的市场机制”。2015 年国务院印发的《中国（福建）自由贸易试验区总体方案》，明确了厦门片区的实施范围及功能划分，提出了扩大金融对外开放、拓展金融服务功能、推动两岸金融合作等先行先试政策，支持在厦门片区探索对台资进一步开放，降低台资金融机构准入和业务门槛，适度提高参股大陆金融机构持股比例。

第二,综合类金融政策。《福建省人民政府关于支持厦门建设两岸区域性金融服务中心的若干意见》《厦门经济特区促进两岸区域性金融服务中心建设条例》分别从省、市层面进一步明确了建设两岸区域性金融服务中心的实施方案;《金融业"十三五"发展专项规划》明确了"十三五"期间厦门金融业发展的总体目标及实施举措;《关于印发促进金融业加快发展的意见》及《关于促进金融业加快发展意见的实施细则》明确了加快两岸区域性金融服务中心建设、加快区域性财富管理中心建设、支持金融机构加快发展、营造金融发展良好环境等具体措施及扶持政策;《关于进一步促进总部经济发展的若干规定》明确了对认定的总部企业给予从开设补贴、办公场地补贴、税费返还到人才激励等全方面的激励措施,极大释放了总部企业的落户动力及经营创新活力。

第三,金融市场有关政策。一是出台了银、证、保三大领域绿色金融发展的相关意见及实施细则,在全国率先形成了覆盖信贷、资本市场及保险的绿色金融政策体系。二是出台了小微企业贷款保证保险的实施办法及创建小微企业创业基地示范城市的实施意见,有力支持了全市"三高"企业的发展。三是出台了全市及自贸区促进股权投资类企业的发展办法,明确了开办奖励、投资奖励、经营奖励、购房租房补贴、风险补助等具体政策。四是出台了关于小额贷款公司的管理办法及促进发展意见,明确了对小额贷款公司的财政扶持奖励标准。五是出台了自贸区促进融资租赁发展的有关办法及细则,有力地推动了自贸区融资租赁公司的发展。六是出台了对全市融资性担保机构的监管办法,中小企业融资担保机构风险补充资金以及中小企业融资担保机构专项扶持资金的管理办法。

第四,企业上市有关政策。出台了关于推进企业上市的总体意见及实施细则,明确了企业境内外多渠道上市及再融资、企业到新三板和区域性股权交易市场挂牌融资的奖励措施,对企业在改制上市过程中涉及的不动产及土地使用权转让等予以税费免除及奖励,并对上市公司及上市后备企业申报高新技术企业及技术创新企业资格、申报各类科技计划、专项配套基金及政府引导基金等方面予以优先支持。

第五,各区金融有关政策。除了市级层面的金融有关政策,厦门各辖区还根据各自金融产业发展与实体经济需求,制定了相应的产业扶持政策。

其中,思明区出台了推动企业改制上市的实施办法及补充细则;湖里区出台了促进金融业加快发展的实施意见;海沧区出台了促进金融业加快发展、推进互联网金融产业发展、鼓励企业改制上市做大做强、鼓励企业开展融资业务等相关政策;集美区印发了促进股权投资类企业发展的暂行办法;同安区、翔安区出台了加快推进企业上市的若干意见;厦门火炬高新区管委会印发了加快支持企业改制上市的管理办法。

11.3　金融人才:多措并举补短板,营造金融人才发展良好环境

多元化金融人才高度集聚是金融中心成功发展的重要标志之一,从底层发展规律来看金融业主要的生产要素为机构及人才,因此各类金融人才对于金融中心的发展至关重要。为此,厦门近年来制定了金融紧缺人才引进目录并提出了相对应的人才保障及补贴措施,加强了对金融人才创新创业扶持力度,多措并举补齐金融人才短板,着力打造金融人才发展良好环境。

第一,制定人才创新创业的激励政策。厦门在2016年出台了《关于进一步激励人才创新创业的若干措施》,提出建立市场化的引才机制,并分层次实施人才激励政策,充分发挥企业在引才用才、评价人才方面的主体地位,确保人才及用人单位能够极大地释放发展潜力。该政策为符合条件的人才予以三年内缴纳个人所得税地方留成部分分层次最高予以全额奖励,同时还建立了创业投资引导机制,提升银行对创业人才的支持力度,鼓励银行开展创新业务如应收账款质押贷款、股权质押贷款、知识产权质押贷款等,构建涵盖科技银行、担保机构、小贷公司、保险机构等在内的金融服务体系。

第二,重视紧缺人才的引进、培育。为了更好地推动金融中心建设,厦门出台了《厦门市高层次紧缺型金融人才计划暂行办法》及《厦门市紧缺型金融人才引进目录》,配合《厦门市"海纳百川"人才计划优惠政策暂行办法》《青年英才"双百计划"暂行办法》《厦门市台湾特聘专家制度暂行办法》等已有政策,明确了传统及新兴金融领域各类人才的引进条件与要求。相

关政策为引进的人才提供最高150万元的生活补助,予以其申请职称便利、优先申请国家及省各类项目经费、社会保险市民待遇及个税返还等一系列配套服务,并鼓励相关用人单位为其提供股权、期权等中长期激励手段。

第三,提升人才发展总体环境。厦门针对各类人才的需求配套了众多服务事项。在人才住房方面,引进人才最高可享受长达5年累计30万元的租房补贴或长达10年累计100万元的购房补贴。在人才培育方面,对于取得特许金融分析师(CFA)、金融风险管理师(FRM)等国际公认资格和证券发行保荐代表人、经中国保监会认可的保险精算师资格等高层次职业能力考试的领军型及紧缺型金融人才可享受考试费用40%的补贴,同时还为这类人才提供赴纽约、伦敦、新加坡、中国香港、中国台湾等地知名金融机构和专业培训机构任职或学习的机会。在生活配套方面,厦门推出了“金鹭英才卡”及“银鹭英才卡”,为持卡人提供子女优先入学,最多可享受12类39项优惠政策,涵盖出入境、通关、金融、保险、税收、落户、住房、医疗保险、养老保险、配偶安置、子女入学服务等领域。

第十二章　厦门金融中心建设展望

在深化金融供给侧结构性改革、新一轮金融扩大开放、金融科技快速发展等新时代背景下，厦门金融中心建设未来应该以"金融强市"战略为指导，不断丰富金融产业功能的内涵，围绕助力祖国统一大业和高水平金融开放，强化对台金融融合发展的先行先试功能，争取建设以闽台为先导的"自贸金融港"，围绕服务华东、华南地区和"海上丝绸之路"建设，构建闽南语系财富管理的创新功能，围绕金融产业发展后劲和长期布局，提升金融科技创新发展的引领功能，全力建设两岸金融合作先行区、闽南语系财富管理高地、金融科技创新发展高地"一区两高地"，打造特色鲜明、功能突出、辐射华东华南、连通海峡两岸、链接"海上丝绸之路"的国际化金融中心。

12.1　环境分析：机遇可期，挑战颇多

12.1.1　国际环境

世界经济金融治理结构深度调整，亚太地区全球金融中心强势崛起，为厦门发挥开放程度高的优势提供了机遇。新兴经济体的影响力和国际地位提高，在国际金融中心多元化、多层次格局的变化中得到充分体现，亚投行、金砖国家银行等新兴治理机构和倡议深入推进，俄罗斯也宣布在石油贸易中拒绝石油美元结算。根据英国智库Z/Yen集团和中国（深圳）综合开发研究院共同编制的"全球金融中心指数"（GFCI），来自亚太地区特别是中国金融中心竞争力得分上升迅猛，逐步"挤占"传统欧洲、美国老牌金融中心的领先地位。在2018年发布的第24期GFCI，已有7个亚洲中心排名进入全球前20，包括来自中国的香港、上海、北京、深圳和广州五大金融中心，而欧洲、

美国分别只有3个和5个。在全球经济战略布局向亚太地区转移的背景下,厦门金融业发展获得了集聚国际资本与人才的绝佳契机,可利用自身开放友好的金融营商环境,更大范围参与国际金融竞争合作,更多争取国际会议论坛及组织机构落地,在全球金融中心版图重组中抢占有利位置。

“一带一路”深入推进,人民币国际化进程提速升级,厦门在“21世纪海上丝绸之路”支点城市建设中可以承担更大使命。目前,我国已与100多个国家与国际组织签署共建“一带一路”合作文件,推动国际合作范围和领域不断扩大,重点方向及重点领域建设加快实施。截至2018年6月,我国与“一带一路”相关国家货物贸易累计超过5万亿美元,成为25个相关国家的最大贸易伙伴。在相关国家建设82个境外经贸合作区,总投资289亿美元,为当地创造24.4万个就业岗位和20多亿美元税收。与此同时,人民币走向国际货币的进程不断提速升级。2017年,人民币跨境收付金额合计9.19万亿元,占我国跨境收付比重为22.3%;人民币在国际支付货币中的份额为1.66%,为全球第五大支付货币;境外离岸市场人民币存款、债券余额合计超过1.3万亿元,境外主体持有境内人民币股票、债券、存款等金融资产金额合计4.3万亿元,境内外离岸人民币金融资产总计超过5.6万亿元。截至2018年底,共有60多个境外央行或货币当局将人民币纳入外汇储备,官方外汇储备币种构成(COFER)的人民币储备2027.9亿美元,在全球外汇储备总占比1.80%,位列第5位。厦门是连接“丝绸之路经济带”和“21世纪海上丝绸之路”的战略支点城市,与“一带一路”相关的多双边投融资与进出口贸易加快增长,将为本地企业及金融机构“走出去”提供更大的投资机会和市场空间。同时,厦门拥有国家综合配套改革试验区、自贸试验区、两岸融合发展示范区等多重政策叠加优势,未来可承担更多人民币国际化的使命,拓展对接台湾与“21世纪海上丝绸之路”的跨境人民币业务,推进金融产业发展迈向更高层次。

金融科技引领全球金融创新发展,重塑金融产业发展格局,为厦门金融业后发崛起创造了机会。目前,全球大数据、云计算、区块链、人工智能、移动互联等前沿科技在金融领域应用范围持续扩大,金融科技创新层出不穷,凭借迭代加速化、主体多元化、用户大众化、市场全球化、服务实时化、组织扁平化和要素科技化等特点逐渐成为全球金融和经济发展的全新驱动力和增长点,不断以低成本、高效率优势改造乃至颠覆传统的资金融通、风险管理、资产管理等模式。亚太地区金融科技发展尤为瞩目,根据毕马威和知名金融科技风投机构 H2Ventures 联合发布的“2018 年全球金融科技企业 100 强”,近一半的公司(41 家)诞生并专注于新兴市场。金融科技的细分领域已从最初的网络支付和网络贷款领域,拓展到智能投顾、消费金融、保险科技、监管科技等众多领域。厦门金融中心建设可以抓住金融科技快速发展的机遇,抢占新一轮金融创新发展的制高点,实现后发崛起。

12.1.2　国内环境

资本市场改革发展驶入加速轨道,为资本市场利用创造了条件。2017 年全国第五次金融工作会议提出“让金融回归本源,服从、服务于经济社会发展,把服务实体经济作为金融工作的出发点和落脚点,全面提升服务效率和水平”,立足实体经济融资需求导向,我国将大力发展股票、股权、债券、信托、资产证券化等各类资本市场,扭转“银行独大”的金融体系,构建多元化多层次的资本市场。科创板、注册制等市场化改革加快推进,资本市场发展即将迎来重大变革,在增强市场功能和包容性,丰富金融与实体经济对接渠道的同时,也将对金融机构的投资服务能力和风险管理能力提出更高的要求。

金融业开放进入全面扩大新阶段。2018 年 4 月博鳌论坛年会开幕式,习近平主席宣布“中国开放的大门不会关闭,只会越开越大”,易纲行长进一步宣布扩大金融业对外开放的具体措施和时间表,我国金融业由此进入扩大开放的全新阶段。2018 年以来,各项开放措施相继落地,包括放宽银行、证券、保险股权限制比例,发布《外商投资负面清单(2018)》等。从已有开放成果来看,瑞士银行对瑞银证券的持股比例提升至 51%,安联(中国)保险获准筹建,成为中国首家外资保险控股公司;美国标普公司进入中国信用评级市场,摩根大通证券(中国)有限公司、野村东方国际证券有限公司获准设立。按照“内外资一致”原则,允许更多具有专业管理能力与雄厚资金实力的外资金融机构进入,一方面为厦门引进更多外资金融机构创造条件,另一方面也对本地金融机构带来更大压力和挑战。长期来看,金融业作为竞争性行业,引入新的竞争者和新的竞争机制,也将发挥“鲶鱼效应”促进本地市场充分竞争,从整体上提升本地金融机构的国际化水平与专业服务能力。

表 12.1.1　2018 年以来外资金融机构准入情况

项目	批复/备案	在途处理	合计
银行	5	0	5
证券	3	0	3
基金	8	0	8
保险	2	1	3
支付清算	1	1	2
评级	2	0	2
征信	1	0	1
总计	23	2	25

数据来源:中国人民银行、中国银保监会、中国证监会,时间截至 2019 年 5 月。

资产管理行业将规范稳健发展。资产管理行业在我国 2018 年资管新规推出以后,资产管理行业面临结构调整,银行理财子公司、资产管理子公司、公募基金、私募基金等专业资产管理机构将突出各自的发展特色,提供丰富多元的产品和服务,逐步走上规范、稳健发展的道路。贝恩公司《2018 中国私人财富报告》显示,2018 年中国个人可投资资产 1000 万人民币以上的高净值人群规模达到 197 万人,全国个人持有的可投资资产总体规模达到 190 万亿人民币,预计到 2019 年底将突破 200 万亿大关,但我国个人可投资资产以传统银行存款等方式存在,远高于成熟发达市场,未来高净值人群财富管理、家族财富传承、大众理财等业务将迎来快速发展的机遇。顺应我国社会财富快速增长和保值增值需求扩大的趋势,厦门可立足自身政策优先、市场腹地、海外联系、城市环境等优势,吸引集聚国内外专业机构与金融资本,发展特色资产与财富管理市场。

经济“去杠杆”和金融“严监管”趋势在短期内不会改变。当前我国宏观经济杠杆水平较高,金融风险不断累积和暴露,2016 年以来,“去杠杆”的进程放缓,但“去杠杆”不会停止,宏观经济还将处于深度调整中。随着金融供给侧改革稳步推进,防范化解重点领域金融风险继续成为全国金融工作主线:一是管好货币总闸门,严控企业和居民部门杠杆过快增长,避免资金大规模流向杠杆过高的房地产和地方融资平台,控制重点领域的信用风险;二是稳妥化解影子银行风险，避免“一刀切”，引导影子银行良性发展；三是有序处置各类高风险金融机构，改组改造高风险机构，促进金融机构在市场经济竞争环境下优胜劣汰；四是全面清理整顿金融秩序，加快处置“僵尸”企业，提高市场重组、出清的质量和效率。可预见的是，经济“去杠杆”和金融“严监管”态势将会延续，金融业爆发式增长很难再现，整个行业已进入平稳发展和重新洗牌阶段，行业集中度将进一步提高，从而增加了厦门金融业在短期内实现跨越式发展的难度。

12.1.3　区域环境

对台区位优势存在被弱化的风险。近年来，省内的泉州、福州及平潭试验区、省外的昆山等地都获得国家级或省级对台政策认可或支持，厦门对台优势面临挑战和挤压。福州也提出打造两岸金融合作示范区，落地富邦金融总部等一批台湾金融机构，福州在金融产业规模、金融机构影响力等方面都比厦门略胜一筹。2018 年 2 月，国务院台湾事务办公室、国家发展和改革委员会经商中央组织部等 29 部委出台《关于促进两岸经济文化交流合作的若干措施》，为应对两岸关系严峻复杂局面、维护两岸关系和平发展、扩大两岸交流合作、帮助台企台胞到祖国大陆发展，开辟了更多更好的渠道和平台。厦门要牢牢抓住国家赋予的两岸区域性金融服务中心的“金字招牌”，加快对台金融改革与创新合作，构建政府服务与政策开放的独特优势，巩固优势地位和特色。

海西城市群发展面临区域竞争挑战。海西城市群是横跨省份最多、资源最分散的国家级城市群之一，自规划建设以来就存在区域整合与协调发展的问题。多年以来，大湾区经济快速发展并深度整合，长三角、珠三角城市群在全国发展大局中起到愈加重要的支柱性作用，并不断对临近城市及城市群产生虹吸效应与挤压效应。处于两大湾区城市群之间，如何加强跨省交流合作，引导核心城市协调发展，提升总体竞争力和吸引力，一直都是海西城市群必须面对和解决的难题。2018 年 4 月，福建省委省政府做出以福州都市区和厦漳泉都市区建设为引擎，带动闽东北经济协作区和闽西南经济协作区加快发展的重要部署，在新起点上进一步形成双轮驱动、南北互动、协调推进、统筹发展的良好格局。厦门作为海西城市群及闽西南协作区人均GDP最高的城市,具有拓展经济腹地的动机和能力,更应主动挖掘周边的金融需求,吸引集聚区域金融资源,在下一阶段城市群发展过程中,发挥更加积极的引领示范作用。

厦门经济由高速增长转为高质量发展,数字经济为转型升级提供支撑。近年来,面对复杂多变的国内外形势,厦门经济保持了总体平稳、稳中求进的态势,正在经历由"量变"到"质、量都变"的转换。厦门数字经济快速发展,大数据、物联网、人工智能、5G商用和区块链等先进技术在撬动新产业、新业态蓬勃兴起的同时,也为传统产业转型升级、提质增效提供了有力支撑。数字经济将继续推动福建新旧动能转换与产业升级,进一步扩容金融服务实体经济的空间及潜力,并为金融科技前沿领域应用、金融产品与业务创新提供更多更有利的条件。

12.2 SWOT分析:趋利避害,扬长补短

12.2.1 发展优势

S_1:对台合作特色突出。厦门与台湾距离相近、语言相通、文化同源、习俗相近、血脉相连,是国务院批准的首个也是唯一冠以"两岸"的区域性金融服务中心,对台金融合作不断深入,台资在大陆金融机构数量全国领先,成为台资金融机构登陆大陆的首选地。

S_2:对外开放水平高。厦门外贸依存度居全国第1,外贸综合竞争力居全国百强城市第5位,港集装箱吞吐量居世界第14位,国际旅游外汇收入在全国主要城市排名第5,全市约70%的工业产值、60%的经济增长、40%的进出口、40%的就业和30%的税收收入由外资企业创造,较高的开放水平对外资金融机构具有较强的吸引力。

S_3:生态环境宜商宜居。厦门自然生态环境优美,地方人文氛围浓厚,根据国家发展和改革委员会公布的评价结果,营商环境排名全国第2,超过上海、仅次于北京,对高净值人群、投资机构具有较强的吸引力。

S_4:信息技术产业发达。软件和信息技术服务、计算机与通讯设备制造产业是厦门重要的支柱产业。厦门软件园在国家火炬计划软件产业基地中

综合排名第7,培育了一批国内知名企业,华为、腾讯、阿里巴巴等国内互联网龙头企业在厦门均有布局,发达的信息技术产业为金融科技发展创造了条件。

S_5:经济腹地广阔。虽然厦门本地经济体量较小,但拥有泉州、漳州、龙岩等临近城市以及整个海西城市群作为经济腹地,闽西南经济协作区建设带来新一轮区域发展潜力和发展动力,为金融服务提供了广阔的市场空间。

S_6:华人华侨资源丰富。福建拥有海外华人华侨1600多万人,是我国第二大侨乡,而且大部分为闽南人,分布在全球188个国家和地区,闽籍海外侨胞实力雄厚、人才辈出、恋祖爱乡、乐善好施,为厦门提供了丰富的人才、资本、网络资源。

12.2.2　发展劣势

W_1:法人机构实力不强。厦门本地法人机构少且规模偏小,缺少民营银行、汽车金融等金融牌照,天使、VC、PE等专业投资机构数量仅相当于深圳的1/10,法人金融机构无论在数量还是规模上都具有明显的弱势。

W_2:金融创新意识不强。厦门金融业结构以传统商业银行为主导,私募基金、互联网金融等新兴金融业态发展不足,金融监管以稳健为主、进取性略显不足,自贸区平台利用不充分。

W_3:金融生态有待完善。与深圳、广州、杭州等东部领先的金融中心相比,厦门在金融政策吸引力、公共服务水平、政府资源投入、宣传推广等方面还有明显的差距,服务产业发展、风险分担等配套金融体系还不健全,金融生态短板亟须补足。

W_4:金融专业人才不足。受高房价、低收入的影响,厦门人口净流入较少,本地培养的大学生多数流向外地,年轻人生活压力大,对台湾年轻人的吸引力明显不足,台湾籍中高层管理人员流失,金融人才存在总量不足和结构偏低的双重压力,成为引进高端国际化金融机构的较大障碍。

W_5:地方金融缺乏有效监管。"7+4"类金融机构监管已明确下放地方,但厦门在地方金融监管手段、监管队伍建设、金融风险预警和处置能力等方面仍有不足,与深圳、北京等城市相比还存在较大差距。

12.2.3 发展机遇

O_1:全球金融资源转移。全球经济金融重心向以中国为代表的新兴经济体转移,国际金融机构和市场加快在中国布局,为厦门吸引和集聚高端国际化金融资源、提升金融业国际化水平创造了良好机遇。

O_2:金融改革创新加快。科创板、注册制改革开通标志着资本市场进程加快,利率、汇率市场化改革深入推进,为厦门推进金融创新发展、壮大财富管理行业、优化地方金融监管体制和加快地方金融组织发展提供了良好机遇。

O_3:金融开放水平提升。"海上丝绸之路"建设深入推进,人民币国际化和新一轮金融开放进程加快,为厦门发挥"海上丝绸之路"支点城市等优势,率先推进对台金融合作,面向"海上丝绸之路"沿线国家开展金融业务,推进金融机构"引进来""走出去"和加强华人华侨国际交流带来难得的发展机遇。

O_4:金融科技创新发展。金融科技创新发展将对整个金融业发展格局产生深刻影响,为金融业后发性城市布局金融科技业态,推进金融机构利用金融科技提升金融创新能力与综合实力,加快追赶超越提供了良好机遇。

12.2.4 发展挑战

T_1:金融资源区域竞争加剧。全球各大中心城市争相提出大力发展金融业的目标,出台优惠政策吸引各类金融资源集聚,金融中心发展呈现强者愈强的"马太效应"。厦门金融中心建设不仅面临上海、深圳等全国性金融中心城市的竞争,而且面临杭州、苏州、福州、泉州等区域城市的挑战。

T_2:全球经济不确定性加强。世界处于百年未有之大变局,全球经济复苏不仅十分缓慢而且不平衡,中美关系为两岸关系带来较大影响,厦门对台金融合作具有较大不确定性,金融中心建设受到不利影响。

T_3:经济"去杠杆"、金融"严监管"。国内经济"去杠杆"、调结构存在一定程度的延缓,经济下行和调整的周期拉长。随着 P2P 等互联网金融不断暴雷,实体经济困难拖累银行业,整个金融系统风险加大,金融严监管的趋势在未来一段时期不会改变,厦门金融中心实现跨越式发展困难重重。

T_4:传统金融存在被替代压力。金融科技颠覆传统金融运行模式,进而对金融资源分布格局带来深刻影响,对以传统金融业为主的厦门提出了新的重大挑战。

总体来看,受外部环境和自身劣势的影响,厦门金融中心建设面临的挑战较大,但仍然存在大有可作为的空间。厦门金融中心建设要充分发挥优势,补齐短板,抢抓机遇,大胆创新,实现无中生有、有中生优,开创金融中心发展新格局。金融建设 SWOT 分析开发矩阵如表 12.4.1 所示。

表 12.2.1　厦门金融中心建设 SWOT 分析开发矩阵

	优势(S) S_1 对台合作特色突出 S_2 对外开放水平高 S_3 生态环境宜商宜居 S_4 信息技术产业发达 S_5 经济腹地广阔 S_6 华人华侨资源丰富	劣势(W) W_1 法人机构实力不强 W_2 金融创新意识不强 W_3 金融生态有待完善 W_4 金融专业人才不足 W_5 地方金融缺乏有效监管
机遇(O) O_1 全球金融资源转移 O_2 金融改革创新加快 O_3 金融开放水平提升 O_4 金融科技创新发展	SO 战略 大力引进外资金融机构、大力引进华人华侨资本和人才、深化对台金融开放合作、大力推进金融创新、大力发展金融科技	WO 战略 培育壮大法人机构、大力发挥新兴金融业态、培育引进高端人才、鼓励金融创新、优化金融生态、积极争取政策支持、加强金融科技应用
挑战(T) T_1 金融资源区域竞争加剧 T_2 全球经济不确定性加强 T_3 经济“去杠杆”、金融“严监管” T_4 传统金融存在被替代压力	ST 战略 丰富金融产业功能内涵、加大金融产业政策支持力度、完善地方金融监管和风险防范体系、优化金融生态、加强金融科技应用、加快地方金融组织发展	WT 战略 培育壮大法人机构、加强金融科技应用、鼓励金融创新、完善金融生态、优化金融集聚区建设、培育专业金融人才

12.3　路径与策略:顺势而为,突出特色

12.3.1　突出对台合作优势,打造两岸金融融合发展先行区

鉴于金融产业无论在国外还是国内都是一个受到严格监管的行业,尤其在国内受到政策影响比较大,厦门将继续争取国家相关政策支持,建设以对台金融为先导的内外分离型“自贸金融港”,开展金融开放“先行先试”,大力发展离岸金融业务,探索具有中国特色的“自贸金融港”模式。以国内庞大的市场需求为依托,以海峡两岸民间交流合作为突破口,以自贸试验区建设为切入点,争取率先开展台资金融机构准入前国民待遇加负面清单管理,在对台跨境人民币业务创新、本外币账户一体化管理、跨境非标金融市场发展、离岸金融业务等方面率先开展“先行先试”,打造台商开拓大陆市场、台湾青年登陆大陆“第一家园”第一站,引领和带动两岸经济贸易的深度融合,促进两岸经济融合、民心相通,在祖国统一大业中发挥好桥梁纽带作用,联合台湾地区金融机构共同参与“海上丝绸之路”建设,提升厦门金融在“海上丝绸之路”沿线的国际影响力。

第一,积极申请建设内外分离型“自贸金融港”。早在2010年国务院批准的《关于支持福建省加快建设海峡西岸经济区的若干意见》,以及2011年国务院批准的《厦门市深化两岸交流合作综合配套改革试验总体方案》等文件,就支持厦门建设两岸区域性金融服务中心,“先行先试”一些金融领域重大改革措施。厦门要牢牢抓住国家赋予的功能定位,做实两岸区域性金融服务中心的独特地位,与时俱进升级对台金融合作内涵,积极开展“先行先试”。2018年海南特区成立30周年,习近平总书记宣布支持海南稳步推进中国特色自由贸易港建设,赋予海南探索新时代对外开放新使命。厦门是我国第一批经济特区,拥有全国最好的生态环境,本岛是相对独立的地理单元,面积适宜,对外贸易活跃,外资金融业发达,具有建设“自贸金融港”的独特优势。厦门要勇担使命,向国家申请建设以对台金融为先导的内外分离型“自贸金融港”,探索具有中国特色的自贸金融港模式,在人民币国际化、大国金融体系建设中承担更大的使命。

第二,深化两岸金融创新合作。一是开展对台跨境人民币业务创新。大力支持跨境人民币贷款、跨境双向发债、跨境双向资金池等业务,开展跨境双向股权投资等业务试点,探索合格境内个人投资者对台投资试点,进一步降低投资门槛、简化流程、扩大投资范围,为合格的境内外投资者开展跨境投资提供便利;发挥自贸试验区、国家跨境电商综合试验区等金融改革创新平台作用,积极探索对台资本项目可兑换的有效途径,率先探索本外币账户一体化管理新模式,完善更加便利的跨境资金管理制度。二是深化两岸金融业务和产品合作。推动设立台资全牌照证券公司、金融资产管理公司、基金管理公司、专业保险公司及征信评级机构。支持本地金融机构加强与台湾及东南亚等“海上丝绸之路”沿线国家和地区金融机构开展支付清算合作,扩大人民币结算代理清算覆盖面。支持金融机构开展两岸异地抵押融资等特色金融业务,代理台湾及“海上丝绸之路”沿线国家和地区金融机构证券投资买卖等业务。大力支持台胞信用卡业务,推动两岸信用信息交换共享,完善征信产品互认机制。支持两岸保险业在资金运用、离岸保险、防灾理赔、产品研发、从业人员资格互认等领域探索资源共享和业务合作。三是深化两岸多层次资本市场合作。支持两岸股权交易中心“台资板”创新发展,争取政策支持,推动台湾中小企业挂牌展示,研究两岸股权交易中心对台投资者准入等制度创新。探索开展不良资产、私募股权等非标金融资产的跨境交易。

第三,以对台业务为先导发展离岸金融业务。创造有竞争力的税收政策和值得信赖的监管环境,大力吸引外资尤其是台资金融机构在厦门设立从事离岸金融结算、财富管理等业务的分支机构。大力支持境内具有离岸金融业务资质的金融机构在厦门开展面向台胞、台企以及“海上丝绸之路”沿线非居民离岸金融业务。允许厦门自贸区试行对台离岸人民币业务,有效吸引、拓展台湾地区的银行间离岸人民币业务。建立健全对台人民币资金拆借业务实施细则等制度文件,完善离岸金融监管规则。

12.3.2　发挥文化纽带作用,打造闽南语系财富管理高地

海外华人华侨拥有巨大的财富管理需求,也有回报家乡的精神需求,国内庞大的市场对其也具有巨大的吸引力。厦门将抢抓我国金融扩大开放的

战略机遇,以及“一带一路”资金融通、民心相通的发展需求,积极营造与国际接轨的营商环境和制度惯例,构建闽南语系人才资源网络,畅通资金流动通道,集聚海内外保险资金、养老金、公益基金、宏观对冲基金、避险策略基金等长期资本集聚,引进一批华人华侨主导的财富管理机构、资产管理机构,创新开展面向海外华人华侨的在岸、离岸财富管理业务,形成闽南语系财管特色,打造闽南语系财富管理和配置的“第一目的地”。

第一,大力集聚财富管理机构。一是大力引进国内外知名财富管理分支机构。大力支持国内外知名商业银行在厦门设立家族办公室、私人银行业务部、私人银行专营机构。大力支持券商、信托、公募基金等财富管理机构在厦门设立财富管理区域总部、功能总部、分支机构及办事处。二是集聚新型财富管理机构。大力引进第三方理财机构、财产信托机构、家族信托公司、家族办公室、投资顾问公司等各类新型财富管理机构以及配套的律师、会计师、税收筹划服务机构。

第二,大力发展各类基金产业。一是大力发展股权投资基金。优化税收奖励等支持政策,完善政府引导基金体系,引导天使基金、创投基金、并购基金、母基金等风险投资基金集聚发展。鼓励大型企业集团设立公司创投基金(CVC),围绕企业上下游产业链、创新项目开展战略投资。二是大力发展证券投资基金。发挥基金业理财优势,大力支持公募基金、私募证券投机基金多元化、规模化发展。支持本地基金公司申请开展跨境业务和全球投资业务资格,为闽南语系华人华侨提供理财服务。三是大力发展另类投资基金。引导和鼓励各类产业投资基金、基础设施投资基金、房地产投资基金、黄金投资基金、文化艺术品投资基金、绿色投资基金等另类投资基金发展。四是积极发展人民币国际投贷基金。争取政策支持,吸引境内外机构在厦门发起设立人民币国际投资基金,为企业参与对台项目合作、“海上丝绸之路”建设提供股权、债权资金支持,拓宽企业和个人开展境外人民币直接投资渠道,促进人民币跨境流动。积极推动本市金融机构、投资机构谋求与亚投行、中非基金、中拉基金等机构的多元合作,通过银团贷款、资产证券化、共设基金等方式快速融入“一带一路”建设项目。

第三,积极拓宽跨境财富管理通道。一是创新利用跨境资金流通政策。利用自贸区政策,开展跨境双向人民币资金池、人民币跨境支付结算、跨境理财融资、跨境再保险、保税展示交易等创新业务，扩大人民币跨境使用范围。支持金融机构和企业利用“深港通”“沪港通”、债券通、QFII、QDII 等渠道，开展证券、保险、期货等跨境金融业务，扩大跨境资金流通规模。二是探索跨境理财通“先行先试”。借鉴内地与香港的基金互认模式，依托自贸区积极争取国家政策支持，率先探索厦门与台湾地区以及东南亚国家等“海上丝绸之路”沿线国家基金互认模式，开展金融产品跨境代售。借鉴“沪港通”“深港通”等管道化封闭模式，探索厦门与台湾地区以及东南亚等“海上丝绸之路”沿线国家投资理财产品的互联互通。

第四，发挥金融会议会展的产业孵化器作用。20 世纪 90 年代初，新加坡在建设财富管理中心的时候，每年都会召开数百场国际会议，几乎天天都有国际会议，每年与会人数达几万人。同时，新加坡还依靠其自由港的优势和优质的服务、一流的基础设施，吸引着世界各国的人才。厦门可借鉴新加坡发展经验，依托国际旅游城市优势，加强与各类国际金融组织、国际大会及会议协会（ICCA）等国际权威组织合作，争取“一带一路”峰会及国际金融组织年会、大型国际金融机构年会和培训会等会议在厦门落地。同时，大力提升厦门 98 投洽会、海峡金融论坛、两岸企业家峰会金融论坛等会议品牌的影响力，打造一批具有国际影响力的金融会展品牌，吸引全球金融机构、金融人才参会、参展，开展招商引资、招才引智，以人流、信息流带动资金流，促进厦门财富管理行业发展。

12.3.3　开展金融科技前瞻性布局，打造金融科技创新高地

金融科技是金融业改革创新浪潮的前沿，其本身就是深化金融供给侧结构性改革、提升金融服务实体经济质量和效率的重要方式，引领着未来金融业的发展方向。依托于厦门软件与信息服务产业的良好基础，厦门金融中心建设将加强与“创新创业之城”建设的联动，构建有利于金融科技创新创业的良好生态，大力集聚金融科技创新创业资源，活跃创新创业氛围，打造一批金融科技新锐企业，发挥金融科技在动传统金融机构转型升级、新兴金融发展及金融风险管理中的“引擎”作用，率先推动金融科技在两岸金融服务创新、金融监管、社会民生等领域的拓展应用，软件和信息服务等优势向金融领域延伸，抢占未来发展制高点，力争成为两岸金融科技创新高地。

第一,提升金融科技服务实体经济水平。一是推动银行业利用金融科技提升金融普惠度。推动银行业金融机构利用互联网、大数据、物联网等技术探索融资服务创新,借助感知设备和智能终端采集技术,拓展基于物联网的大宗商品动产融资、仓单管理、供应链金融等业务创新。二是推动保险业利用金融科技提升实体经济保障水平。引导支持保险机构,开展物联网保险业务创新,探索引入机械设备工时指数保险、UBI 汽车保险等基于物联网技术的创新产品,提升社会保障范围。引导支持保险机构,加强大数据、人工智能等技术应用,提升人脸识别、风险画像、智能定损、自动理赔水平,开发差异化金融产品,推动保险业务升级。三是推动金融科技公司业务创新提升小微金融服务水平。鼓励金融科技公司借助大数据、人工智能等技术开展数据挖掘、企业画像、大数据征信,加强与银行等金融机构合作,解决小微企业的融资需求。

第二,加强金融科技企业培育。一是加强金融科技企业引进培育。加大招商引资力度,积极吸引平安金融科技、腾讯金融科技、阿里金融科技等行业巨头在厦门设立子公司、研发中心、事业部。积极联合国家级科研机构及工农中建交等大型金融机构,在厦门设立金融科技实验室和研发机构。创造条件支持厦门国际金融技术有限公司等本地金融科技企业开拓全国市场,实现做大做强。二是加快金融科技培育孵化体系建设。发挥厦门软件园的产业优势,规划建设金融科技小镇,加快建设一批金融科技众创空间、孵化器、加速器,加大政策奖补力度,营造良好发展环境,培育一批金融科技领域新锐企业,抢占金融科技发展制高点。三是鼓励金融机构加强金融科技投入。完善税收、奖补政策,鼓励本地法人金融机构设立金融科技子公司、金融科技事业部,引进金融科技研发团队,增强金融科技创新能力。

第三,加强金融科技全方位应用。一是推动金融机构加强金融科技应用。大力推动厦门金融机构加强与金融科技企业全方位合作,积极利用互联网、大数据、云计算、区块链、物联网等新技术探索金融新模式、新服务、新工具,开展合规管理,提升金融服务效率、风险管理水平和市场竞争能力。二是推动金融科技在社会民生领域的应用。扩大金融科技在医疗卫生、公共交通等领域的应用范围,提高金融科技在社会民生等领域的覆盖面和便利性,打造全国金融科技应用示范区。

第四,完善金融科技发展配套体系。一是加强金融科技底层技术攻关。发挥厦门软件和信息服务产业的研发优势,引导设立金融科技研发机构、组建专项研究团队、加大专项研究投入,强化人工智能、大数据、区块链、物联网等金融科技底层关键技术、前沿技术领域的理论研究和技术攻关。二是探索金融科技统计及标准体系建设。积极探索构建金融科技统计和风险监测体系,有效把握金融科技的发展演进和风险变化。积极参与金融科技国家标准、地方标准的研究制定。三加强金融科技智库研究。组建一批金融科技智库、研究院,加快推动金融科技 50 人论坛落地厦门,加强对金融科技未来发展趋势的研判。

12.3.4　完善金融组织体系,增强法人金融机构实力

厦门金融产业发展存在法人金融机构规模实力弱、地方金融组织发育不足、金融辐射服务能力弱等明显短板,需要加大力量填补金融牌照空白、补足短板,持续壮大法人金融机构实力,增强金融产业发展主体力量。

第一,增设持牌法人金融机构。抓住我国金融体制改革和金融行业准入适度放宽的契机,利用自贸区等平台,大力支持厦门市内外各类社会资本、大型企业以及国际金融机构在厦门发起设立银行业、证券期货业、保险业等各类持牌金融机构,积极填补民营银行、汽车金融、专业保险公司、再保险公司等金融牌照空白。抓住当前金融业务专营化和金融组织创新趋势,创造良好经营发展条件吸引国内银行、证券、保险、基金、期货等金融机构在厦门设立资产管理、风险管理、投资银行、直接投资等专业化子公司,积极推动条件相对成熟的厦门银行、厦门国际银行等设立理财子公司,进一步丰富和完善法人金融机构体系。积极构建金圆控股集团的社会资金动员、招商引资、产业培育、金融创新发展等功能,以新设、参股、并购等方式,引进、培育金融资源,在金融资源集聚引导和重大项目投资合作中发挥强大带动作用。

第二,做大做强本地法人机构。推动本地法人机构市场化经营机制,通过增资扩股、整合重组、引进战略投资者、公开发行上市等方式增强资本实力,促进本地法人金融机构完善现代企业制度和市场化经营机制,优化激励约束机制,大力引进优秀金融人才,加强商业盈利模式创新和金融产品创

新,打造本地法人金融机构知名品牌。加强政府公共资源向法人机构倾斜,在政府采购金融服务、财政资金存款等方面,优先考虑政府公共资源配给厦门本地的法人金融机构,促进本地法人金融机构提升业务规模和实现做大做强。建立健全支持本地机构"走出去"发展的公共服务平台和优惠政策体系,建立本地金融机构"走出去"的风险分担和救助机制,支持本地金融机构积极拓展东部沿海、中国台湾地区及东南亚国家或地区市场,加强资本和人才输出,鼓励本地大型法人金融机构积极开展兼并重组,跨区域整合金融资源,快速提升经营规模。依托政府、行业协会举办本地法人机构业务对接会、项目推进会、企业联谊会等各类活动,推动法人机构建立业务联系,开展业务合作,抱团"走出去"。

第三,加快培育地方金融组织。创新地方金融组织发展模式,支持有实力的地方金融组织实现集团化发展,以厦门为总部基地拓展区域及全国市场,形成一批资金实力雄厚、竞争优势突出、业务模式领先的骨干企业。发挥地方金融协会的作用,推动地方金融组织与银行、保险、信托、基金等机构合作,为中小企业提供"投保联动""投贷联动"等创新金融服务。支持产业集团有针对性地发起设立地方金融组织,利用产业集团信用和业务关系,为产业链上下游企业提供金融服务。拓宽地方金融组织融资渠道,支持地方金融组织股权多元化,引入符合条件的社会资本,扩大资本金规模。支持地方金融组织利用国内外资本市场联合开展资产证券化,发挥本地股交、金融资产交易等要素市场的作用,发行可转债,开展资产转让等业务,拓宽融资渠道,降低融资成本。

12.3.5 构建"四最"金融生态环境,夯实金融产业发展基础

在国内外金融中心竞争加剧、金融要素资源流动加快的背景下,厦门将依托海内外华侨华人广泛联系,积极弥补金融人才短缺、人才流失的短板,打造法治化水平最高、配套服务最优、监管运行最安全的"四最"金融生态环境,吸引国内外人才、资本、机构在厦门集聚发展,夯实金融产业发展和金融中心建设的底部基础。

第一,加强华人华侨的引进与金融人才的培养。一是打造闽籍华人华侨朋友圈。发挥厦门环境舒适优美,宜居宜业宜游的天然优势,营造更加开

放包容、多元和谐的文化氛围和国际化的生活环境，吸引华人华侨回乡创业、回乡生活，以人才带资本、带产业。发挥华人华侨社团、商会等组织的联络作用，建设闽商闽才信息库，有针对性地开展人才走访、人才引进。二是创新金融人才培养模式。大力引进国际知名商学院、教育培训机构在厦门设立分支机构，开展专业化教育培训，发展壮大金融教育培训产业。政府及大型国有企业联合国内外知名金融商学院及金融机构设立金融学院、金融研究院，加强财富管理、金融科技等专业人才培养。支持厦门大学等本地高等院校与金融机构等共建金融研究院、实训实践基地，订制化培养实践型金融人才。鼓励金融机构单独或联合高校博士后流动站设立博士后工作站、创新实践基地，吸引一批高层次金融人才。制定私人培训机构鉴定标准，开展资格认证，学员在获得认证的私人培训机构培训，可以获得培训费补贴。支持厦门大学金圆研究院等本地研究机构提升研究能力和人才培养能力。三是完善金融人才引进政策。树立“人才是第一资源”的发展理念，加强对高级顾问人才、中层管理人才、底层业务人才等各层级人才的引进，根据人才需求痛点制定精准扶持政策，采用灵活的引进方式。出台针对华人华侨及其他外籍人士办理出入境签证、永久居留、社会保障、子女就学等方面的便利措施；针对高管着力完善税收奖励返还、子女入学等激励措施；针对应届大学生、外来年轻人才着力解决住房保障等问题。树立“不求所有、但求所用”的人才理念，变“刚性”引进为“柔性”集聚，创新运用顾问指导、短期兼职、候鸟服务、退休返聘、特聘岗位等形式在厦门工作服务。

第二，加强金融法治体系建设。一是探索地方金融立法。用好厦门地方立法权，加强地方金融立法，加快推动制定地方金融监管条例，填补部分地方金融监管法律空白，着力解决地方金融监管授权缺位、手段缺失、有效性不足等问题。二是加强金融司法体系建设。不断推动司法体系改革创新，努力建设与两岸区域性金融服务中心相匹配，适应开放型经济发展的金融司法体制机制。支持法院设立金融审判庭，择机申请推动金融法院，推动金融案件集中管辖，提升金融审判效率和专业化水平。研究与台湾地区司法交流机制，推动与台湾地区司法机构之间相互认可与执行判决裁定。不断优化涉港、澳、台金融案件的审判机制。借鉴前海“一带一路”国际商事诉讼对接中心和“一带一路”法律公共服务平台的发展经验，建立厦门“海上丝绸之路”国际上市诉讼对接中心和法律公共服务平台,为区域内外商事主体提供便捷、高效、权威的纠纷化解服务。二是构建金融联合执法体系。充分发挥地方政府的行政组织优势和人民银行、银保监会、证监会等金融监管机构的专业监管优势,整合多方资源,形成地方管理部门与金融监管机构共同组成的地方金融监管与联合执法体系,加大对非法集资、非法证券、内幕交易、非法外汇、非法支付结算等金融犯罪行为的打击和整顿,妥善处置各类地方金融风险。以政府购买服务等方式委托行业组织、专业机构辅助开展执法调查。

第三,完善地方金融监管服务体系。一是提升地方金融监管能力。顺应金融互联网化、高科技化的发展趋势,加强监管科技应用,加快推进地方金融机构非现场监管系统建设,优化提升“鹰眼”系统,提升金融风险预警能力。加强行业自律建设,依托厦门银行业协会、地方金融协会等行业协会,完善地方金融行业自律监督机制,推动自律监管创新。强化地方金融监管组织建设,增强人员配备,提升地方金融监管能力和效率。二是加强地方金融风险防范。持续打击非法集资,加强信用违约风险、互联网金融及交易场所风险等重点领域金融风险防范。加强对本地中小银行资本充足率、拨备覆盖率、不良贷款率以及公司治理、风险防控能力的关注,防止引发区域性金融风险。加强对本地重点企业、平台公司等债务情况的摸底分析,防止债务违约对金融系统的冲击。三是提升地方金融发展服务功能。大力提升政府服务效率,持续优化投资发展环境,不断降低制度性交易成本,激发市场主体活力。构建“金政企”合作常态机制、重大项目绿色通道机制,支持金融产业集聚发展。开展常态化金融宣传推广,构建与台北、香港、深圳等金融中心城市常态化合作交流机制,提升厦门金融中心的影响力。增加地方金融服务和监管人员配套,提升服务和监管能力。四是加大政府资源投入力度。借鉴深圳、成都、济南等地的做法,设立金融发展专项资金,为金融机构引进、重大金融会议论坛举办、金融创新发展、重大金融研究项目给予资金支持。在政府引导基金、风险补偿基金等方面加强财政资金支持。

附录一：中国金融中心指数评价方法

CDI 中国金融中心指数(CDI CFCI)是在前人研究的结论基础上，综合运用产业发展、金融发展和城市发展等方面的理论，充分考虑我国城市统计数据特征，并听取、借鉴大量来自政府部门和金融机构专业人士意见后，形成的一个适用于中国境内金融中心竞争力评价的动态评估指标体系。

一、研究框架："钱才"集聚论

金融中心实际上是金融资源相对集聚的场所，其中金融资源包括金融资本、金融机构、金融市场、金融人才、金融信息等方面。因而，金融中心的建设机理很大程度也就是金融资源的集聚机理。

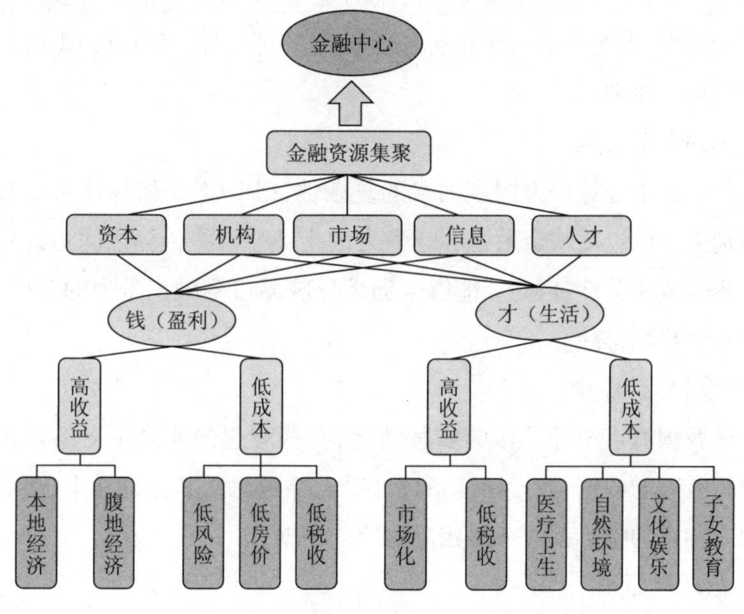

附图 1.1　金融中心的"钱才"集聚论

关于金融资源的集聚机理,我们在第 3 期指数报告提出了“钱才”集聚论(附图 1.1 所示):从本质上来说,金融中心的形成和发展可以归结为“钱才”集聚,“钱”指的是金融资本,“才”指的是金融人才。

“钱才”集聚全面体现了各类金融资源的集聚,“钱才”本身是最重要的两类金融资源,其他资源如金融机构、金融市场、金融信息、金融产品等都是“钱”“才”的结合。

金融中心的“钱才”集聚论可以较好地解释金融中心形成和发展的客观规律。

“钱”即金融资本集聚方向是什么?资本有着逐利的本性,“钱”往高处流,即资本流向能够带来高盈利的地方。

“才”即金融人才集聚方向是什么?“才”往“两高”流,即人才流向高收入和高生活质量的地方。

二、指标设计原则

设计科学合理的指标体系是开展金融中心竞争力评价的基础。在设计指标体系时,既要考虑金融竞争力构成的理论要素,评价指标对金融中心竞争力的代表性,也要考虑所选指标原始数据的可得性。CDI CFCI 指标体系设计遵循以下原则:

1. 全面性原则

基于金融中心竞争力构成因素的复杂性,CDI CFCI 指标体系设计尽可能全面地囊括可以反映金融中心竞争力的指标。一些指标之间也许存在一定的相容性或相关性,但为了能够全面地反映城市金融竞争力的不同方面,并不将这些指标排除。

2. 可操作性原则

基于我国城市统计工作的实际情况,有些理想的或理论上的评价指标很难获得有效的数据,在指标体系设计时需要考虑用其他指标来加以代替,以确保所确定的指标都能获得相应的统计数据。

3. 启示性原则

编制 CDI CFCI 的目的除了能够全面反映我国各金融中心发展概况之

外,期望能够为更好地进行我国金融中心建设提供一定的启示,因此指标体系设计也围绕这一基本目的而展开。

4. 层次性原则

为了能够更好地发现和分析各金融中心城市金融业发展的优势和差距,在设计指标体系时需要对众多的指标进行归类,建立起分级、分层次的指标体系。

三、指标框架体系

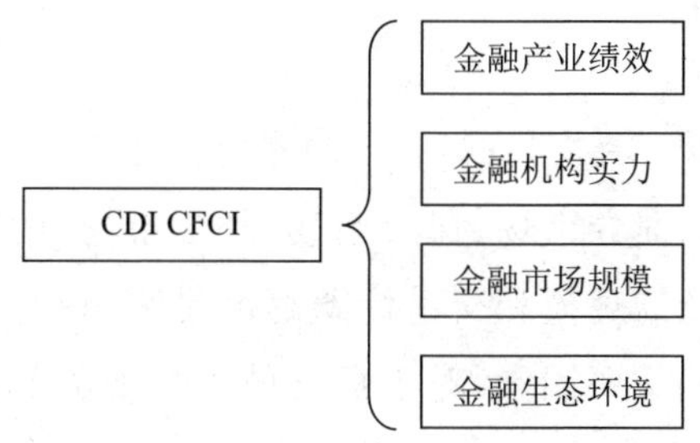

附图 1.2 CDI CFCI 指标框架

基于"钱才"集聚论的框架模型,我们建立了中国金融中心竞争力评价体系。CDI CFCI 一级指标体系有四个:金融产业绩效、金融机构实力、金融市场规模和金融生态环境,前三类为显示性指标,最后一类为解释性指标。"金融产业绩效"是金融产业发展的直接结果体现,也反映了一个城市进行金融中心建设给城市发展带来的利益;"金融机构实力"体现了一个金融中心金融市场主体发展概况及其金融业务开展的状况;"金融市场规模"体现了一个金融中心在国家或区域金融集中交易市场中的地位;"金融生态环境"则反映了金融中心发展的基础和潜力。在本指数的四个一级指标中,"金融产业绩效""金融机构实力"和"金融市场规模"是"钱才"集聚的面相,而"金融生态环境"是"钱才"集聚的背影,从而可以较全面地反映一个城市的金融产业发展水平和发展趋势。

1. 金融产业绩效

金融产业对一个城市的社会经济发展有着重要的推动力,根据产业经济的乘数理论,这一推动力的大小依赖于金融产业的直接产出,以及金融产业所控制的金融资源。本期我们将金融产业绩效划分为产出带动水平和业务发展水平两个评价维度,三级指标包括金融产业增加值、金融业从业人员、金融业务规模、业务相对水平等,是金融竞争力的直接和综合体现。

2. 金融机构实力

金融机构通常包括银行、保险、证券三类,是城市金融产业的主体。有影响力的金融机构的集聚对于推动金融创新和城市金融业的发展能够起到支撑性作用,一个城市金融机构的综合实力很大程度上反映了城市金融竞争力。此外,金融机构实力还反映出一个城市金融业务量的大小,如人民币存款、贷款等。

3. 金融市场规模

金融市场是金融工具交易的场所,也是金融创新的重要场所,主要包括货币市场、股票市场、债券市场、黄金市场、外汇市场、衍生品市场和产权交易市场等。金融市场的规模和交易活跃程度是吸引和汇聚金融交易者、金融机构和金融人才的重要因素,对于提升城市金融辐射力起着至关重要的作用。

4. 金融生态环境

城市金融业发展不仅有赖于金融产业本身,更与城市社会经济发展的各个方面息息相关。城市金融业发展的外部环境统称为金融生态环境,是城市金融竞争力的解释性因素。CDI CFCI 评价体系中,金融生态环境是构成综合竞争力的四大一级指标之一,主要通过衡量金融人才环境、商业环境以及国际化程度来反映金融业发展所需的外部环境优良度。

四、具体指标设计

第 11 期 CDI CFCI 对指标体系进行了较大程度的优化和调整,新增了评估地方金融组织的指标,增加了各城市对资本市场利用的评估指标,同时将金融人才环境的指标做了重新分类和精简,并在金融生态环境下独立出国际化程度的评估指标组,指标总量较上期增加了 3 个,目前指标体系的二、三和四级指标如附表 1. 1 所示,共有四级指标 94 个。

表 1.1 CDI CFCI 四级指标体系

一级	二级	三级(四级)
金融产业绩效	产出带动水平	金融业增加值(金融业增加值及其近三年平均增长率、金融业增加值占当地 GDP 比例)
		金融从业人员(金融业从业人员数及其近三年平均增长率、从业人数占常住人口比例)
	业务发展水平	金融业务规模(金融机构本外币存款余额、贷款余额、本地证券交易量、保费收入)
		业务相对水平(存、贷款余额与 GDP 之比,本地证券交易量与 GDP 之比,保险深度,保险密度)
金融机构实力	银行类机构	商业银行(本地法人商业银行数量、法人商业银行资产总规模、商业银行支行数)
		其他信贷类机构(法人信托公司、法人财务公司、汽车金融公司、消费金融公司)
		证券公司(本地法人机构数量、资产规模、证券营业部数量、证券类资管公司量)
	证券类机构	公募基金管理公司(本地法人机构数量、资产管理规模)
		期货公司(本地法人机构数量、资产规模)
		私募基金(管理人数、基金产品数量)
	保险类机构	本地法人保险机构(法人保险公司数量、资产规模、保险类资管公司)
	地方金融金融机构	小额贷款机构数量
		融资租赁机构数量
		融资担保机构数量
		第三方支付机构数量

续表

一级	二级	三级(四级)
金融市场规模	货币市场	同业拆借市场(成交金额)、回购市场(交易金额)、票据市场(贴现总金额)
	股票市场	市场规模(上市公司数量、上市公司总市值、成交金额)、市场融资能力(股票发行金额)
	债券市场	银行之间债券市场(现券交易金额)、交易所债券市场(现券交易金额)
	黄金、外汇及衍生品市场	黄金市场(黄金交易金额),外汇市场(日均成交金额),金融衍生品市场(股指期货成交金额),商品衍生品市场(商品期货交易金额)
	资本市场利用	上市水平(A股上市公司数量、"新三板"挂牌数量、新增IPO数量)
		直接融资水平(本地A股市场累计融资金额,年度新增融资规模)
	区域要素市场	区域股权(挂牌企业数量、挂牌企业注册资本合计规模)
金融生态环境	人才环境	教育环境(普通高等学校在校学生数量、普通高等学校数、"双一流"高校量数、每一数量普通中学专任教师负担学生量数、每一个小学专任教师负担学生量数)
		医疗卫生(具备器官移植资质的医院数量、每万人拥有医院病床数量、每万人拥有的医生数量)
		城市环境(人均公园绿地面积、空气质量优良率、城市交通健康指数,每百万人城市轨道交通里程)
		生活质量(金融业在岗职工年均收入,城镇居民家庭人均消费支出,住宅房价收入比)
	商业环境	经济基础(地区生产总值、人均地区生产总值、GDP增速)
		专业服务(执业律师数量、注册会计师数量、专业保险中介机构数量)
		政策环境(金融业发展促进政策支持力度、产业政策友好度)
		地方风险控制(地方政府负债率、地方政府债务率、银行业不良贷款率)
	国际化程度	机构国际化(外资金融机构营业性机构数量、外资金融机构代表处数量)
		经济外向度(FDI、进出口总金额、国际旅游收入)
		国际影响力(入境游客接待数量、国际航班起降架次、金融中心国际知名度)

五、数据处理方法

确定指标体系后,我们通过多种渠道搜集城市数据,并对数据进行标准化和指标赋权,最终计算出 CDI CFCI 指数。

1. 数据来源

CDI CFCI 所采用的客观数据,以各城市公布的统计年鉴数据为基础,结合使用金融监管机构和金融机构的统计数据。

2. 数据标准化

CDI CFCI 对各项指标“锚定”一个基准值,各城市在该项所获标准化得分取决于城市指标原始值与锚定基准值之间的比例关系。也即:

对于正指标(即数值越大越好的指标),

标准化得分=指标原始值/锚定基准值;

对于逆指标(即数值越小越好的指标),

标准化得分=锚定基准值/指标原始值。

3. 指标赋权

各指标对上级指标的贡献权重由众多专家打分确定。给 CDI CFCI 各指标赋权专家,包括各地政府金融办人员、金融监管机构人员、金融机构从业人士、金融业知名专家,以及 CDI CFCI 课题组成员。

4. 计算指数

将各城市相关指标的标准化得分与指标权重相乘并汇总,即可得 CDI CFCI 指数,包括综合竞争力指数和分项竞争力指数。

5. 指数更新

CDI CFCI 研究秉持客观公正原则以及可持续、包容性理念,在计量分析模型总体保持不变的基础上,每期对相关评价指标的统计方法和权重进行优化调整,保持评价结果的科学性、连续性和一致性。

六、样本城市

与第 10 期 CDI CFCI 指数相同,本期 CDI CFCI 的样本城市共有 31 个,布局情况如下所示②。

---

② 根据国务院发展研究中心发展战略和区域经济研究部的课题报告《中国(大陆)区域社会经济发展特征分析》提出的划分中国(大陆)区域新方法,分为六大区域。

全国性金融中心有3个,分别是上海、北京和深圳;

东北区域金融中心,主要包括辽宁、吉林和黑龙江三省,有4个样本城市,分别是大连、沈阳、长春和哈尔滨;

北部沿海区域金融中心,包括北京、天津、河北、山东二市两省,有4个样本城市,分别是天津、济南、青岛和石家庄;

东部沿海区域金融中心,包括上海、江苏、浙江一市两省,有6个样本城市,分别是杭州、南京、苏州、宁波、无锡和温州;

南部沿海区域金融中心,包括福建、广东、海南三省,有3个样本城市,分别是广州、厦门和福州;

中部区域,主要覆盖黄河中游和长江中游的地区,包括山西、河南、内蒙古、湖北、湖南、江西、安徽六省一区,有5个样本城市,分别是武汉、长沙、郑州、合肥和南昌;

西部区域,云南、贵州、四川、重庆、广西、甘肃、青海、宁夏、陕西、西藏、新疆共六省一市四区,有6个样本城市,分别是成都、重庆、西安、昆明、南宁和乌鲁木齐。

附录二：主要指标说明

金融从业人员：本指标体系采用单位从业人员统计口径，即指在各级国家机关、政党机关、社会团体及企业、事业单位中工作，取得工资或其他形式的劳动报酬的全部人员。包括在岗职工、再就业的离退休人员、民办教师以及在各单位中工作的外方人员和港澳台人员、兼职人员、借用的外单位人员和第二职业者。不包括离开本单位仍保留劳动关系的职工。

金融业增加值三年平均增长率：该指标选用最近三年的金融业增加值同比增长率（按照可比价格计算），按照算术平均法计算。

本地证券交易量与 GDP 之比：本地证券交易量指地区所在的所有证券营业部当年证券交易量之和。

境内股票累计融资量与 GDP 之比：境内股票市场主要指沪、深 A 股市场，累计融资量包括公开发行和后续增发的部分，数据来源上交所和深交所公示的历年股票筹资发行信息。

商业银行：包括大型商业银行、股份制商业银行、城市商业银行、农村商业银行和外资银行。

商业银行支行数量：数据来自银保监会金融许可证查询系统。

商业银行不良贷款率：除直辖市及个别计划单列市有该项统计数据外，其他自身无该项统计数据的城市皆以当年银保监会年报公布的全省数据替代。

外资银行在本地的营业性机构：统计口径为当地外资银行分行数量加上支行数量的总和。

本地法人证券公司：指总部注册地在本地的证券公司，信息来自证券业协会官方网站。

基金管理公司资产管理规模：指基金资产净值，数据来自中国证券投资基金业协会。

保险深度:指当地保费收入占该地区生产总值(GDP)的比重,计算公式为:

保险深度=保费收入/地区生产总值

保险密度:指按当地人口计算的人均保险费金额,本文计算公式为:

保险密度=保费收入/常住人口

黄金交易额:仅为黄金成交金额,不包括铂金和白银。

普通高等学校:以当年教育部公布的数据为准。

人均公园绿地面积:以当地常住人口数量为统计口径。

住宅房价收入比:计算公式为:

住宅房价收入比=住宅销售均价*100/(3*在岗职工平均工资)

人均地区生产总值:以常住人口统计口径计算。

本地上市公司数量:包括境内和境外可查询得到的上市公司数量。

城市交通健康指数:直接引用高德地图《中国主要城市交通分析报告 $2019Q_1$》关于城市道路交通健康指数的计算结果。

金融中心国际知名度:直接引用全球金融中心指数(GFCI 25)的最新评价结果。

附录三：CFCI 11 原始数据

序号	四级指标	时间	全国性金融中心			东北区域金融中心				北部沿海区域金融中心			
			北京	上海	深圳	长春	大连	哈尔滨	沈阳	济南	青岛	石家庄	天津
1	金融业增加值数额/亿元	2018	5084. 6	5781. 6	3067. 2	—	674. 0	443. 6	489. 6	831. 1	800. 4	547. 4	1966. 9
2	金融业增加值三年平均增长率/%	2018	7. 8%	9. 7%	5. 8%	6. 0%	3. 5%	5. 3%	4. 0%	7. 1%	8. 7%	13. 7%	8. 1%
3	金融业增加值占当地 GDP 的比例/%	2018	16. 8%	17. 7%	12. 7%	—	8. 8%	7. 0%	7. 8%	10. 6%	6. 7%	9. 0%	10. 5%
4	金融从业人员总数/万人	2017	56. 7	35. 5	11. 5	5. 0	7. 1	8. 1	6. 9	10. 6	6. 4	5. 4	23. 8
5	金融从业人员三年平均增长率/%	2017	7. 3%	1. 1%	2. 0%	4. 1%	7. 0%	13. 0%	8. 3%	17. 5%	5. 2%	1. 8%	14. 9%
6	金融从业人员占常住人口比重/%	2017	2. 61%	1. 47%	0. 92%	0. 64%	1. 01%	0. 74%	0. 83%	1. 44%	0. 69%	0. 49%	1. 53%

续表

序号	四级指标	时间	全国性金融中心			东北区域金融中心				北部沿海区域金融中心			
			北京	上海	深圳	长春	大连	哈尔滨	沈阳	济南	青岛	石家庄	天津
7	金融机构本外币存款余额/亿元	2018	157092	121112	72550	11551	13999	11616	17746	17060	16121	13225	30983
8	金融机构本外币贷款余额/亿元	2018	70484	73272	52540	11488	12006	11080	14912	16060	16098	10095	34085
9	本地证券交易量/亿元	2018	911466	1617933	163501	13881	20915	—	26765	28000	27268	—	51574
10	保费收入/亿元	2018	1793	1406	1192	257	335	344	329	416	439	398	560
11	存款余额与GDP之比/%	2018	518.1	370.6	299.5	161.0	182.6	184.4	282.0	217.1	134.3	217.4	164.7
12	贷款余额与GDP之比/%	2018	232.5	224.2	216.9	160.1	156.6	175.9	237.0	204.4	134.1	166.0	181.2
13	本地证券交易量与GDP之比/%	2018	3006.2	4950.9	675.0	193.4	272.7	—	425.4	356.4	227.2	—	274.2
14	保险深度/%	2018	5.9	4.3	4.9	3.6	4.4	5.5	5.2	5.3	3.7	6.5	3.0
15	保险密度/元每人	2018	8325	5800	9147	3425		3169	3950	5571	4677	3638	3591
16	本地法人商业银行数量/个	2018	17	24	9	9	2	8	4	6	2	8	7
17	本地法人商业银行资产总规模/亿元	2018	228576	112052	111725	6611	5224	8895	10546	3610	6118	3423	22428
18	商业银行支行数量/家	2018	3360	3304	1789	1063	1249	1121	1111	1032	1087	1104	2194

续表

序号	四级指标	时间	全国性金融中心			东北区域金融中心				北部沿海区域金融中心			
			北京	上海	深圳	长春	大连	哈尔滨	沈阳	济南	青岛	石家庄	天津
19	本地法人信托公司数/家	2018	13	7	2	2	1	1	0	1	1	1	2
20	本地法人财务公司数量/家	2018	74	24	10	2	2	2	0	9	5	4	7
21	汽车金融公司	2018	7	7	0	1	0	0	0	1	0	0	2
22	消费金融公司	2018	1	2	1	0	0	1	1	0	1	1	1
23	本地法人证券公司数量/个	2018	18	18	18	2	1	1	2	1	1	1	1
24	本地法人证券公司资产总规模/亿元	2018	10846	19077	16995	655	80	336	303	1360	169	331	490
25	证券营业部数量/个	2018	548	777	452	81	97	91	107	91	120	7	155
26	证券类资产管理公司	2018	0	8	4	0	0	0	0	0	0	0	0
27	本地法人公募基金数量/个	2018	21	56	28	0	0	0	0	0	0	0	1
28	公募基金资产管理规模/亿元	2018	20037	43100	33293	0	0	0	0	0	0	0	13421
29	本地法人机构数量/个	2018	19	34	14	2	1	2	1	1	0	1	6
30	法人机构资产规模/亿元	2017	608.3	1322.3	575.0	4.4	2.5	2.2	6.4	58.1	0.0	1.0	42.1

续表

序号	四级指标	时间	全国性金融中心			东北区域金融中心				北部沿海区域金融中心			
			北京	上海	深圳	长春	大连	哈尔滨	沈阳	济南	青岛	石家庄	天津
31	私募基金管理人数量/家	2018	5700	5047	3710	89	132	66	75	224	208	130	296
32	私募基金数量	2018	19041	21968	11783	130	343	106	132	431	383	253	622
33	本地法人保险公司数量/个	2018	63	43	18	2	3	1	1	3	1	0	6
34	本地法人保险公司资产规模/亿元	2018	78336	29377	37814	84	1176	52	0	81	13	0	6131
35	保险类资产管理公司数量	2018	10	6	5	0	1	0	0	0	0	0	1
36	小额贷款机构数量/家	2018	132	127	129	—	70	—	78	41	50	—	95
37	融资租赁机构数量/家	2018	225	2151	2505	0	84	3	6	39	130	3	2007
38	融资担保机构数量/家	2018	64	29	100	—	112	—	46	29	42	—	—
39	第三方支付机构数量/家	2018	48	47	19	0	2	2	0	4	5	3	4
40	同业拆借成交金额/万亿元	2018	0	139. 3	0	0	0	0	0	0	0	0	0
41	回购交易额/万亿元	2018	0	722. 7	0	0	0	0	0	0	0	0	0

续表

序号	四级指标	时间	全国性金融中心			东北区域金融中心				北部沿海区域金融中心			
			北京	上海	深圳	长春	大连	哈尔滨	沈阳	济南	青岛	石家庄	天津
42	商业票据贴现总额/万亿元	2018	0	9.9	0	0	0	0	0	0	0	0	0
43	交易所上市公司数量/家	2018	10691	1450	2134	0	0	0	0	0	0	0	0
44	交易所上市公司总市值/亿元	2018	34487	269568	165409	0	0	0	0	0	0	0	0
45	股票市场成交金额/亿元	2018	888	403200	499774	0	0	0	0	0	0	0	0
46	股票发行筹资额/亿元	2018	604	6114	3945	0	0	0	0	0	0	0	0
47	银行间债券市场现券交易额/万亿元	2018	0	150.7	0	0	0	0	0	0	0	0	0
48	交易所债券市场现券交易额/亿元	2018	0	51300	7700	0	0	0	0	0	0	0	0
49	黄金交易额/亿元	2018	0	106600	0	0	0	0	0	0	0	0	0
50	外汇市场日均成交额/亿美元	2018	0	796	0	0	0	0	0	0	0	0	0
51	股指期货市场成交额/亿元	2018	0	261200	0	0	0	0	0	0	0	0	0

续表

序号	四级指标	时间	全国性金融中心			东北区域金融中心				北部沿海区域金融中心			
			北京	上海	深圳	长春	大连	哈尔滨	沈阳	济南	青岛	石家庄	天津
52	商品期货市场成交额/亿元	2018	0	942800	0	0	522000	0	0	0	0	0	0
53	本地A股上市公司数量	2018	317	287	285	24	29	27	23	26	30	15	51
54	新三板挂牌公司数量	2018	1382	865	613	42	86	55	62	136	100	66	190
55	年度新增IPO公司数量	2018	9	9	11	0	0	0	0	0	1	0	1
56	本地A股市场累计融资额	2018	19379.7	11210.4	6858.8	534.1	1456.7	601.7	483.0	851.8	408.4	882.0	1012.0
57	年度新增直接融资规模	2018	2380.6	610.4	1007.2	29.6	187.0	4.7	10.2	1.3	29.9	81.0	27.6
58	区域股权市场拥有的挂牌公司数量/家	2018	4525	9806	13556	476	561	449	1712	0	1476	1759	902
59	区域股权市场所有挂牌公司注册资本规模/亿元	2018	549.4	1895.1	6957.2	98.3	138.1	165.4	382.9	0.0	286.8	221.9	317.9
60	普通高等学校在校学生数量/万人	2017	89.3	66.6	9.7	49.1	32.9	61.8	45.9	54.4	38.3	47.6	57.5
61	普通高等学校数量	2018	93	64	8	40	30	51	48	43	21	44	57
62	“双一流”高校数量	2018	42	18	0	3	3	5	3	2	3	0	8
63	每一普通中学专任教师负担学生数量/人	2017	6.5	10.0	12.8	9.7	10.1	10.8	10.9	11.9	10.7	12.1	9.8

续表

序号	四级指标	时间	全国性金融中心			东北区域金融中心				北部沿海区域金融中心			
			北京	上海	深圳	长春	大连	哈尔滨	沈阳	济南	青岛	石家庄	天津
64	每一小学专任教师负担学生数量/人	2017	16.3	14.3	19.0	15.2	16.3	13.4	16.5	15.3	15.9	20.2	15.1
65	具备器官移植资质的医院数量/个	2018	16	11	2	0	2	2	3	6	2	2	3
66	每万人拥有医院病床数量/张	2017	52.3	47.9	31.8	57.9	59.3	64.5	77.4	65.0	57.4	47.9	38.6
67	每万人拥有的执业医师数量/人	2017	48.7	28.2	26.6	27.3	29.1	20.1	34.0	39.7	33.2	31.7	26.4
68	人均公园绿地面积/平方米	2017	14.3	8.2	15.9	8.3	5.8	12.8	8.2	4.7	8.4		7.0
69	空气质量优良率/%	2018	62.2%	81.1%	94.5%	90.4%	86.8%	84.9%	78.1%	55.6%	84.1%	41.4%	56.7%
70	城市交通健康指数	2018	56.1%	60.2%	61.3%	66.3%	69.6%	63.9%	69.8%	66.7%	71.0%	77.7%	82.0%
71	每百万人城市轨道交通里程/公里	2018	27.9	27.8	21.9	13.4	22.6	2.1	7.2	0.0	18.2	2.8	14.2
72	日航班次数量/个	2018	1804	2114	975	254	402	401	377	347	500	246	492
73	金融业在岗职工年均收入/元	2017	306462	231192	274471	110697	102370	100422	107627	110605	130074	106604	132451

续表

序号	四级指标	时间	全国性金融中心			东北区域金融中心				北部沿海区域金融中心			
			北京	上海	深圳	长春	大连	哈尔滨	沈阳	济南	青岛	石家庄	天津
74	城镇居民家庭人均消费支出	2018	42926	46015	40535	28901	29928	27348	32235	32977	32890	21620	32655
75	住宅房价收入比	2017	8. 37	6. 34	16. 18	3. 09	4. 08	3. 90	3. 57	3. 83	4. 01	4. 60	5. 20
76	地区生产总值/亿元	2018	30320	32680	24222	7176	7669	6301	6292	7857	12002	6083	18810
77	人均地区生产总值/元	2018	140748	134830	185942	95817	109738	58026	75666	105310	127746	55541	120605
78	GDP 增速	2018	6. 6%	6. 6%	7. 6%	7. 2%	6. 5%	5. 1%	5. 4%	7. 4%	7. 4%	7. 4%	3. 6%
79	执业律师数量/人	2018	31125	25570	13358	1780	3855	2217	4335	5572	5331	4161	7433
80	注册会计师(CPA)数量/人	2018	12957	6491	3152	1243	1086	1718	1343	2033	1044	1392	1980
81	专业保险中介机构数量/家	2017	1147	521	391	499	111	520	432	436	541	310	267
82	金融业发展促进政策支持力度	2018	3. 9	3. 9	6. 9	2. 8	3. 3	1. 5	3. 7	5. 7	4. 0	1. 5	2. 2
83	产业政策友好度	2018	8. 2	8. 8	10. 0	2. 6	8. 5	1. 5	6. 5	9. 1	8. 2	2. 4	7. 6
84	地方政府负债率	2018	31. 4%	18. 7%	3. 1%	60. 8%	30. 0%	63. 5%	102. 7%	134. 9%	17. 3%	122. 7%	43. 4%
85	地方政府债务率	2018	164%	86%	21%	913%	327%	1040%	897%	1408%	168%	1436%	387%
86	银行业不良贷款率	2018	0. 34%	0. 78%	1. 31%	4. 28%	3. 22%	2. 20%	4. 90%	1. 36%	1. 87%	2. 64%	2. 60%
87	外资金融机构营业性机构数量	2018	117	181	68	2	20	12	26	28	30	11	46

续表

序号	四级指标	时间	全国性金融中心			东北区域金融中心				北部沿海区域金融中心			
			北京	上海	深圳	长春	大连	哈尔滨	沈阳	济南	青岛	石家庄	天津
88	外资金融机构驻华代表处数量	2018	142	90	16	0	5	0	1	1	3	0	2
89	当年实际利用FDI 总额/亿美元	2018	173. 1	173. 0	82. 0	3. 3	26. 8	36. 5	14. 3	27. 0	86. 9	15. 0	48. 5
90	当年进出口总额/亿美元	2018	4111. 2	5143. 8	4534. 9	159. 4	711. 1	31. 7	148. 9	124. 8	804. 8	138. 5	1221. 6
91	当年国际旅游(外汇)收入/亿美元	2017	51. 3	68. 1	49. 8	3. 6	5. 5	1. 3	3. 5	2. 1	69. 4	1. 0	37. 5
92	接待入境旅游者人数量/万人次	2017	392. 6	873. 0	1207. 0	46. 5	106. 4	23. 9	69. 5	23. 2	14. 4	20. 5	79. 2
93	国际航班起降架次数量	2018	145142	218530	32531	3999	15644	6354	11217	8649	24553	3725	19964
94	金融中心国际知名度	2018	738	770	730	—	520	—	—	—	694	0	589

序号	四级指标	时间	东部沿海区域金融中心						南部沿海区域金融中心		
			杭州	南京	宁波	苏州	温州	无锡	广州	福州	厦门
1	金融业增加值数额/亿元	2018	1197. 0	1473. 3	564. 1	1520. 6	—		2079. 5	—	524. 2
2	金融业增加值三年平均增长率/%	2018	7. 2%	8. 8%	3. 8%	8. 6%	12. 2%	11. 2%	8. 1%	8. 8%	7. 7%
3	金融业增加值占当地 GDP 的比例/%	2018	8. 9%	11. 5%	5. 2%	8. 2%	—		9. 1%	—	10. 9%
4	金融从业人员总数量/万人	2017	11. 6	4. 7	8. 5	6. 2	6. 4	4. 2	12. 0	3. 7	3. 8
5	金融从业人员三年平均增长率/%	2017	6. 2%	2. 1%	3. 5%	-0. 7%	8. 9%	10. 6%	-0. 4%	1. 6%	9. 1%
6	金融从业人员占常住人口比重/%	2017	1. 23%	0. 57%	1. 07%	0. 58%	0. 70%	0. 64%	0. 83%	0. 48%	0. 95%
7	金融机构本外币存款余额/亿元	2018	39811	34525	19150	30523	11966	16057	54788	14204	10995
8	金融机构本外币贷款余额/亿元	2018	36598	29066	19936	26546	10051	12103	40749	15364	10554
9	本地证券交易量/亿元	2018	—	—	47000	40000	18522	23900	53232	55040	38400
10	保费收入/亿元	2018	664	604	321	630	265	374	1163	303	211
11	存款余额与 GDP 之比/%	2018	294. 7%	269. 3%	178. 2%	164. 1%	199. 2%	140. 4%	239. 7%	180. 8%	229. 5%
12	贷款余额与 GDP 之比/%	2018	270. 9%	226. 7%	185. 5%	142. 7%	167. 3%	105. 8%	178. 3%	195. 6%	220. 3%
13	本地证券交易量与 GDP 之比/%	2018	—	—	437. 4%	215. 1%	308. 4%	208. 9%	232. 9%	700. 5%	801. 4%
14	保险深度/%	2018	4. 9%	4. 7%	3. 0%	3. 4%	4. 4%	3. 3%	5. 1%	3. 9%	4. 4%
15	保险密度/元每人	2018	6767	7154	3909	5873	2867	5694	7802	3916	5122
16	本地法人商业银行数量/个	2018	12	9	10	6	13	3	3	7	4
17	本地法人商业银行资产总规模/亿元	2018	31897	34357	14209	8530	5016	3220	36378	69603	11698
18	商业银行支行数量/家	2018	1556	1281	1320	1504	1014	1057	2307	1145	573

续表

序号	四级指标	时间	东部沿海区域金融中心						南部沿海区域金融中心		
			杭州	南京	宁波	苏州	温州	无锡	广州	福州	厦门
19	本地法人信托公司数量/家	2018	4	2	1	1	0	1	3	1	1
20	本地法人财务公司数量/家	2018	6	4	1	2	1	2	8	1	3
21	汽车金融公司数量	2018	1	0	0	0	0	0	1	0	0
22	消费金融公司数量	2018	1	1	0	0	0	0	1	0	1
23	本地法人证券公司数量/个	2018	3	2	0	1	0	2	3	2	1
24	本地法人证券公司资产总规模/亿元	2018	1158	3934	0	842	0	223	4705	1966	127
25	证券营业部家数量/个	2018	278	161	163	181	107	150	294	139	111
26	证券类资产管理公司数量	2018	2	0	0	0	0	0	0	1	0
27	本地法人公募基金数量/个	2018	1	0	1	0	0	0	2	2	1
28	公募基金资产管理规模/亿元	2018	214	0	1213	0	0	0	668	1961	180
29	本地法人机构数量/个	2018	10	5	1	1	0	0	7	3	2
30	法人机构资产规模/亿元	2017	505.4	61.7	26.2	9.6	0.0	20.3	375.2	118.6	67.4
31	私募基金管理人数量/家	2018	1365	410	258	318	53	140	1125	188	363
32	私募基金数量	2018	4826	1065	698	799	175	302	3571	772	863
33	本地法人保险公司数量/个	2018	3	3	1	1	0	1	5	0	2
34	本地法人保险公司资产规模/亿元	2018	433	367	15	153	0	43	745	0	34
35	保险类资产管理公司数量	2018	0	0	1	0	0	0	0	0	0

续表

序号	四级指标	时间	东部沿海区域金融中心						南部沿海区域金融中心		
			杭州	南京	宁波	苏州	温州	无锡	广州	福州	厦门
36	小额贷款机构数量/家	2018	54	97	45	96	41	63	107	—	14
37	融资租赁机构数量/家	2018	217	46	112	100	5	20	447	36	383
38	融资担保机构数量/家	2018	123	26	46	—	27	21	32	—	18
39	第三方支付机构数量/家	2018	10	8	2	2	0	4	9	3	4
40	同业拆借成交金额/万亿元	2018	0	0	0	0	0	0	0	0	0
41	回购交易额/万亿元	2018	0	0	0	0	0	0	0	0	0
42	商业票据贴现总额/万亿元	2018	0	0	0	0	0	0	0	0	0
43	交易所上市公司家数/家	2018	0	0	0	0	0	0	0	0	0
44	交易所上市公司总市值/亿元	2018	0	0	0	0	0	0	0	0	0
45	股票市场成交金额/亿元	2018	0	0	0	0	0	0	0	0	0
46	股票发行筹资额/亿元	2018	0	0	0	0	0	0	0	0	0
47	银行间债券市场现券交易额/万亿元	2018	0	0	0	0	0	0	0	0	0
48	交易所债券市场现券交易额/亿元	2018	0	0	0	0	0	0	0	0	0
49	黄金交易额/亿元	2018	0	0	0	0	0	0	0	0	0
50	外汇市场日均成交额/亿美元	2018	0	0	0	0	0	0	0	0	0
51	股指期货市场成交额/亿元	2018	0	0	0	0	0	0	0	0	0
52	商品期货市场成交额/亿元	2018	0	0	0	0	0	0	0	0	0

续表

序号	四级指标	时间	东部沿海区域金融中心						南部沿海区域金融中心		
			杭州	南京	宁波	苏州	温州	无锡	广州	福州	厦门
53	本地 A 股上市公司数量	2018	132	84	75	107	20	77	98	43	47
54	新三板挂牌公司数量	2018	299	205	119	249	48	142	372	98	150
55	年度新增 IPO 公司数量	2018	3	6	2	2	1	4	1	0	1
56	本地 A 股市场累计融资额	2018	2287.0	3192.0	1402.1	1552.2	175.5	667.9	2790.0	3019.4	585.3
57	年度新增直接融资规模	2018	112.0	492.6	125.5	687.5	2.4	112.9	173.8	17.5	43.3
58	区域股权市场拥有的挂牌公司数量/家	2018	6642	4473	1663	0	0	0	3824	2316	2347
59	区域股权市场所有挂牌公司注册资本规模/亿元	2018	753.5	787.4	212.3	0.0	0.0	0.0	436.8	395.7	299.5
60	普通高等学校在校学生数量/万人	2017	48.4	84.1	15.6	23.7	8.9	11.3	106.7	31.4	15.8
61	普通高等学校数量	2018	47	52	14	24	11	13	82	36	16
62	“双一流”高校数量	2018	3	14	1	1	0	1	7	1	2
63	每一位普通中学专任教师负担学生数量/人	2017	11.1	10.0	11.9	11.5	11.7	11.0	11.9	13.2	13.6
64	每一位小学专任教师负担学生数量/人	2017	16.2	15.6	17.7	19.1	17.5	17.9	18.3	19.6	18.7
65	具备器官移植资质的医院数量/个	2018	6	4	2	1	1	1	15	5	2
66	每万人拥有医院病床数量/张	2017	74.1	56.3	42.6	52.5	39.4	55.8	56.4	37.7	35.2
67	每万人拥有的执业医师数量/人	2017	44.2	32.2	30.3	28.3	28.9	29.9	34.3	25.9	31.7
68	人均公园绿地面积/平方米	2017	9.3	12.0	7.0	6.6	3.0	5.8	18.5	5.0	8.0
69	空气质量优良率/%	2018	73.7%	70.4%	87.7%	73.7%	95.1%	70.7%	88.9%	92.3%	98.6%

续表

序号	四级指标	时间	东部沿海区域金融中心						南部沿海区域金融中心		
			杭州	南京	宁波	苏州	温州	无锡	广州	福州	厦门
70	城市交通健康指数	2018	75. 1%	67. 6%	79. 8%	79. 0%	78. 6%	80. 1%	63. 2%	72. 8%	72. 9%
71	每百万人城市轨道交通里程/公里	2018	12. 0	44. 8	9. 1	11. 2	0. 0	8. 5	30. 6	3. 2	7. 4
72	日航班次数量/个	2018	781	605	234	0	237	154	1308	302	530
73	金融业在岗职工年均收入/元	2017	186137	247421	173504	198925	111387	128120	223457	162115	161242
74	城镇居民家庭人均消费支出	2018	41615	33537	36712	37403	36709	35016	42181	29849	34929
75	住宅房价收入比	2017	7. 32	5. 01	5. 14	5. 88	6. 14	3. 91	5. 98	4. 68	12. 39
76	地区生产总值/亿元	2018	13509	12820	10746	18598	6006	11439	22859	7857	4791
77	人均地区生产总值/元	2018	137765	151969	131011	173457	64932	173985	153374	101509	116579
78	GDP 增速	2018	6. 7%	8. 0%	7. 0%	7. 4%	7. 8%	7. 4%	6. 2%	8. 6%	7. 7%
79	执业律师数量/人	2018	7242	6767	2498	4318	2054	2413	13450	3429	2955
80	注册会计师(CPA)数量/人	2018	3510	2011	678	835	295	525	3517	1077	1264
81	专业保险中介机构数量/家	2017	384	395	103	139	99	93	735	162	131
82	金融业发展促进政策支持力度	2018	4. 1	3. 0	2. 4	2. 2	1. 4	1. 3	5. 6	3. 6	5. 0
83	产业政策友好度	2018	8. 5	7. 6	7. 9	7. 1	4. 8	4. 8	9. 7	2. 9	8. 8
84	地方政府负债率	2018	75. 4%	119. 9%	23. 2%	11. 0%	5. 7%	12. 3%	47. 8%	77. 1%	22. 2%
85	地方政府债务率	2018	558%	1046%	181%	96%	66%	139%	669%	891%	141%
86	银行业不良贷款率	2018	1. 15%	1. 21%	1. 24%	0. 72%	1. 29%	1. 04%	0. 96%	1. 60%	1. 35%

续表

序号	四级指标	时间	东部沿海区域金融中心						南部沿海区域金融中心		
			杭州	南京	宁波	苏州	温州	无锡	广州	福州	厦门
87	外资金融机构营业性机构数量	2018	39	46	10	28	0	9	66	25	19
88	外资金融机构驻华代表处数量	2018	2	1	0	5	0	0	8	2	3
89	当年实际利用 FDI 总额/亿美元	2018	68. 3	38. 5	43. 2	45. 3	5. 3	37. 2	66. 1	8. 2	16. 2
90	当年进出口总额/亿美元	2018	793. 3	654. 9	1297. 1	3541. 1	228. 0	934. 4	1483. 7	366. 9	907. 8
91	当年国际旅游(外汇)收入/亿美元	2017	35. 4	7. 6	9. 9	23. 0	6. 9	4. 3	63. 1	15. 0	32. 2
92	接待入境旅游者人数/万人次	2017	402. 2	71. 8	186. 9	227. 3	139. 1	112. 8	900. 5	131. 5	386. 3
93	国际航班起降架次	2018	30511	19071	9130	0	3093	7160	103947	15772	27136
94	金融中心国际知名度	2018	561	—	—	—	—	—	708	—	—

序号	四级指标	时间	中部区域金融中心					西部区域金融中心					
			长沙	合肥	南昌	武汉	郑州	成都	重庆	昆明	西安	南宁	乌鲁木齐
1	金融业增加值数额/亿元	2018	737.8	—	—	1233.3	1145.8	1729.0	1938.9	438.2	874.9	490.0	312.9
2	金融业增加值三年平均增长率/%	2018	6.0%	—	—	—	12.2%	8.3%	8.4%	6.9%	6.8%	8.6%	7.6%
3	金融业增加值占当地 GDP 的比例/%	2018	6.7%	—	—	8.3%	11.3%	11.3%	9.5%	8.4%	10.5%	11.2%	10.1%
4	金融从业人员总数量/万人	2017	7.1	9.1	3.4	7.9	8.6	12.7	14.4	3.6	11.5	5.3	2.2
5	金融从业人员三年平均增长率/%	2017	7.1%	6.2%	4.1%	6.9%	22.7%	16.8%	-1.4%	2.0%	13.4%	15.5%	-3.5%
6	金融从业人员占常住人口比重/%	2017	0.89%	1.14%	0.62%	0.72%	0.87%	0.79%	0.47%	0.53%	1.20%	0.74%	0.63%
7	金融机构本外币存款余额/亿元	2018	18634	15677	10733	26332	21767	37826	36887	13584	21267	10093	8428
8	金融机构本外币贷款余额/亿元	2018	18361	14197	12125	28271	21202	32637	32248	16225	19892	12052	6982
9	本地证券交易量/亿元	2018	—	17020	12575	—	—	84000	51412	—	32892	—	—
10	保费收入/亿元	2018	412	304	201	621	709	927	806	265	479	202	198
11	存款余额与 GDP 之比/%	2018	169.3%	200.4%	203.5%	177.3%	214.6%	246.5%	181.1%	260.9%	254.7%	230.9%	271.9%
12	贷款余额与 GDP 之比/%	2018	166.9%	181.5%	229.9%	190.4%	209.0%	212.7%	158.4%	311.6%	238.2%	275.7%	225.2%
13	本地证券交易量与 GDP 之比/%	2018	—	217.6%	238.4%	—	—	547.5%	252.5%	—	393.9%	—	—
14	保险深度/%	2018	3.7%	3.9%	3.8%	4.2%	7.0%	6.0%	4.0%	5.1%	5.7%	4.6%	6.4%
15	保险密度/元每人	2018	5050	3765	3633	5604	6993	5677	2599	3869	4784	2780	5587
16	本地法人商业银行数量/个	2018	8	7	7	3	8	3	4	3	6	4	4
17	本地法人商业银行资产总规模/亿元	2018	10788	12072	5049	8286	11267	12340	16240	2474	6847	1891	1527
18	商业银行支行数量/家	2018	1266	851	930	1451	1160	1937	2396	932	1782	750	658

续表

序号	四级指标	时间	中部区域金融中心					西部区域金融中心					
			长沙	合肥	南昌	武汉	郑州	成都	重庆	昆明	西安	南宁	乌鲁木齐
19	本地法人信托公司数量/家	2018	1	2	2	2	2	2	2	1	3	0	3
20	本地法人财务公司数量/家	2018	4	1	3	6	3	2	5	5	4	1	1
21	汽车金融公司数量	2018	1	1	0	0	0	0	1	0	1	0	0
22	消费金融公司数量	2018	1	1	0	1	1	1	1	0	1	0	0
23	本地法人证券公司数量/个	2018	3	2	2	2	1	4	1	2	3	1	2
24	本地法人证券公司资产总规模/亿元	2018	1890	1225	425	1531	422	1060	637	698	787	632	132
25	证券营业部家数量/个	2018	136	98	102	200	118	221	212	85	148	72	45
26	证券类资产管理公司	2018	0	0	0	0	0	0	0	0	0	0	0
27	本地法人公募基金数量/个	2018	0	0	0	0	0	0	2	0	1	1	1
28	公募基金资产管理规模/亿元	2018	0	0	0	0	0	0	414	0	0	282	312
29	本地法人机构数量/个	2018	3	3	1	2	2	3	4	2	3	0	2
30	法人机构资产规模/亿元	2017	28.6	51.2	4.0	50.2	81.5	48.9	72.9	9.0	27.6	0.0	4.2
31	私募基金管理人数量/家	2018	285	160	91	358	273	515	287	104	278	67	55
32	私募基金数量	2018	603	414	187	743	570	1050	632	278	562	116	93
33	本地法人保险公司数量/个	2018	1	1	1	2	1	3	6	1	1	1	1
34	本地法人保险公司资产规模/亿元	2018	135	77	28	867	34	2548	1376	100	139	38	16
35	保险类资产管理公司数量	2018	0	0	0	0	0	0	0	0	0	0	0

续表

序号	四级指标	时间	中部区域金融中心					西部区域金融中心					
			长沙	合肥	南昌	武汉	郑州	成都	重庆	昆明	西安	南宁	乌鲁木齐
36	小额贷款机构数量/家	2018	51	66	40	114	—	82	274	—	39	87	—
37	融资租赁机构数量/家	2018	2	20	1	10	4	16	82	7	23	2	0
38	融资担保机构数量/家	2018	0	19	16	84	—	76	132	—	65	14	—
39	第三方支付机构数量/家	2018	4	3	2	4	2	5	6	3	4	2	1
40	同业拆借成交金额/万亿元	2018	0	0	0	0	0	0	0	0	0	0	0
41	回购交易额/万亿元	2018	0	0	0	0	0	0	0	0	0	0	0
42	商业票据贴现总额/万亿元	2018	0	0	0	0	0	0	0	0	0	0	0
43	交易所上市公司家数量/家	2018	0	0	0	0	0	0	0	0	0	0	0
44	交易所上市公司总市值/亿元	2018	0	0	0	0	0	0	0	0	0	0	0
45	股票市场成交金额/亿元	2018	0	0	0	0	0	0	0	0	0	0	0
46	股票发行筹资额/亿元	2018	0	0	0	0	0	0	0	0	0	0	0
47	银行间债券市场现券交易额/万亿元	2018	0	0	0	0	0	0	0	0	0	0	0
48	交易所债券市场现券交易额/亿元	2018	0	0	0	0	0	0	0	0	0	0	0
49	黄金交易额/亿元	2018	0	0	0	0	0	0	0	0	0	0	0
50	外汇市场日均成交额/亿美元	2018	0	0	0	0	0	0	0	0	0	0	0
51	股指期货市场成交额/亿元	2018	0	0	0	0	0	0	0	0	0	0	0
52	商品期货市场成交额/亿元	2018	0	0	0	0	382200	0	0	0	0	0	0

续表

序号	四级指标	时间	中部区域金融中心					西部区域金融中心					
			长沙	合肥	南昌	武汉	郑州	成都	重庆	昆明	西安	南宁	乌鲁木齐
53	本地 A 股上市公司数量	2018	61	45	19	57	28	75	50	23	34	14	32
54	新三板挂牌公司数量	2018	120	88	42	243	139	209	128	63	139	30	31
55	年度新增 IPO 公司数量	2018	3	1	0	5	1	5	0	0	0	1	1
56	本地 A 股市场累计融资额	2018	1488. 4	789. 4	452. 0	1329. 3	496. 8	1616. 6	1406. 9	766. 8	1487. 1	306. 3	935. 2
57	年度新增直接融资规模	2018	197. 8	15. 7	8. 5	76. 4	40. 2	243. 7	14. 9	37. 8	66. 2	19. 7	163. 3
58	区域股权市场拥有的挂牌公司数量/家	2018	3059	2890	4579	5707	5221	1020	746	0	1529	1323	740
59	区域股权市场所有挂牌公司注册资本规模/亿元	2018	342. 8	447. 4	1006. 1	832. 9	809. 1	181. 5	5. 7	0. 0	583. 0	187. 7	203. 7
60	普通高等学校在校学生数量/万人	2017	64. 6	65. 9	63. 8	94. 8	93. 5	81. 7	86. 4	50. 4	122. 5	42. 7	19. 4
61	普通高等学校数量	2018	57	55	53	83	62	57	65	52	63	34	27
62	“双一流”高校数量	2018	6	4	1	9	3	9	3	2	11	1	2
63	每一位普通中学专任教师负担学生数量/人	2017	12. 7	12. 8	11. 6	10. 1	12. 9	11. 4	13. 8	12. 7	11. 4	15. 2	13. 3
64	每一位小学专任教师负担学生数量/人	2017	21. 0	19. 0	23. 6	18. 3	22. 1	18. 4	16. 8	17. 0	19. 5	18. 3	19. 4
65	具备器官移植资质的医院数量/个	2018	4	2	3	7	6	4	5	5	3	5	3
66	每万人拥有医院病床数量/张	2017	83. 9	53. 6	50. 0	72. 0	80. 7	68. 9	48. 9	—	61. 1	61. 3	78. 1
67	每万人拥有的执业医师数量/人	2017	37. 0	26. 3	25. 9	33. 3	38. 5	36. 3	22. 2	40. 2	32. 3	32. 8	41. 1
68	人均公园绿地面积/平方米	2017	5. 1	6. 8	7. 8	7. 7	8. 3	6. 5	9. 1	—	6. 4	5. 3	—
69	空气质量优良率/%	2018	77. 2%	73. 7%	89. 6%	69. 9%	46. 0%	68. 8%	86. 6%	98. 9%	51. 5%	93. 4%	69. 9%

续表

序号	四级指标	时间	中部区域金融中心					西部区域金融中心					
			长沙	合肥	南昌	武汉	郑州	成都	重庆	昆明	西安	南宁	乌鲁木齐
70	城市交通健康指数	2018	63. 8%	68. 8%	62. 4%	62. 0%	65. 4%	66. 3%	53. 9%	64. 4%	62. 9%	69. 1%	66. 3%
71	每百万人城市轨道交通里程/公里	2018	8. 4	6. 5	8. 7	27. 5	9. 2	13. 8	10. 4	13. 0	12. 7	7. 3	4. 7
72	日航班次数/个	2018	512	244	298	514	574	965	824	988	905	311	483
73	金融业在岗职工年均收入/元	2017	178629	137005	120113	148102	147951	100439	179477	166978	114884	155704	143382
74	城镇居民家庭人均消费支出	2018	36775	25339	26081	31201	26256	27312	24154	26093	25374	17279	34017
75	住宅房价收入比	2017	2. 85	4. 92	3. 72	4. 79	3. 94	3. 61	3. 01	4. 30	3. 48	3. 40	2. 82
76	地区生产总值/亿元	2018	11003	7823	5275	14847	10143	15343	20363	5207	8350	4372	3100
77	人均地区生产总值/元	2018	134933	96734	95117	133989	100072	93955	65650	76013	83468	60269	87317
78	GDP 增速	2018	8. 5%	8. 5%	8. 9%	8. 0%	8. 1%	8. 0%	6. 0%	8. 4%	8. 2%	5. 4%	7. 8%
79	执业律师数量/人	2018	7596	3242	492	5040	7317	1575	9898	4774	5786	3184	630
80	注册会计师(CPA)数量/人	2018	2593	1610	871	3151	2787	5187	2054	2050	2057	1098	761
81	专业保险中介机构数量/家	2017	268	236	125	314	335	613	346	287	479	147	93
82	金融业发展促进政策支持力度	2018	3. 0	1. 8	2. 9	3. 2	2. 1	5. 6	2. 0	2. 8	4. 6	3. 2	0. 4
83	产业政策友好度	2018	7. 9	7. 4	7. 4	8. 2	2. 6	8. 5	7. 6	8. 8	8. 8	7. 9	0. 9
84	地方政府负债率	2018	93. 5%	90. 9%	107. 8%	55. 7%	77. 7%	74. 1%	41. 1%	171. 1%	85. 8%	145. 4%	136. 0%
85	地方政府债务率	2018	1170%	997%	1231%	541%	684%	798%	370%	1496%	1046%	1771%	920%
86	银行业不良贷款率	2018	1. 75%	0. 85%	2. 68%	1. 52%	2. 86%	2. 20%	1. 08%	2. 90%	0. 96%	2. 60%	1. 54%

续表

序号	四级指标	时间	中部区域金融中心					西部区域金融中心					
			长沙	合肥	南昌	武汉	郑州	成都	重庆	昆明	西安	南宁	乌鲁木齐
87	外资金融机构营业性机构数量	2018	17	14	7	28	20	40	30	10	20	8	2
88	外资金融机构驻华代表处数量	2018	0	0	0	0	0	4	1	0	0	0	0
89	当年实际利用 FDI 总额/亿美元	2018	57. 8	32. 3	45. 8	109. 3	42. 1	120. 3	32. 5	8. 5	63. 5	13. 7	0. 01
90	当年进出口总额/亿美元	2018	194. 1	308. 1	119. 1	324. 6	620. 9	753. 7	789. 9	131. 2	499. 7	111. 7	77. 6
91	当年国际旅游(外汇)收入/亿美元	2017	5. 2	3. 3	1. 0	16. 9	2. 0	13. 1	19. 5	5. 3	10. 5	2. 6	4. 3
92	接待入境旅游者人数量/万人次	2017	129. 2	45. 9	27. 9	250. 3	50. 3	301. 3	358. 4	134. 1	151. 9	59. 1	32. 1
93	国际航班起降架次数量	2018	15136	4755	4126	18067	11380	36710	22071	35304	18061	8538	9177
94	金融中心国际知名度	2018	—	—	—	—	—	583	—	—	—	—	—

注:“—”表示数据缺失。

后　记

本期 CDI CFCI 有关厦门金融中心的资料得到了厦门市地方金融监督管理局的大力支持，深圳市综研软科学发展基金会对本书的编制出版给予了资助，在此一并致以衷心感谢。

本书的主体部分共分为两个部分，共十二章。参与第十一期 CDI CFCI 编制工作的研究人员包括：余凌曲、刘国宏、张建森、胡彩梅、张祥、余鹏、张佩、肖钦、梁姣姣、陈材杰、彭晓钊等。此外，华南师范大学杨雳同学和华南理工大学冯罗媛同学参与了本书的编制工作。

在本书的成书过程中，各城市统计数据的准确获得是编制工作的最大困难，一些城市统计年鉴出版时间滞后，也直接影响到本书发布时间的及时性。为了更及时地获取数据并听取社会各界对本书的意见，CDI CFCI 特别建立了中国金融中心信息网（http://www.cfci.org.cn），衷心希望各城市的统计部门和金融主管部门能够积极参与指数评价工作，提供更及时准确的数据，并提出修正、完善意见。同时也欢迎相关专业人士加入本书的编委会，直接参与指数编制工作。

CDI CFCI 课题组联系方式如下：

网站：http://www.cfci.org.cn

联系人：张祥

电话：0755-82470464

传真：0755-82470202

Email：zx@cdi.org.cn

本书课题组

2019 年 8 月